U0036101

大師不外傳的風水場大揭秘

鹿溪星籽◎著

實相宇宙分裂投射到幻相世界的過程

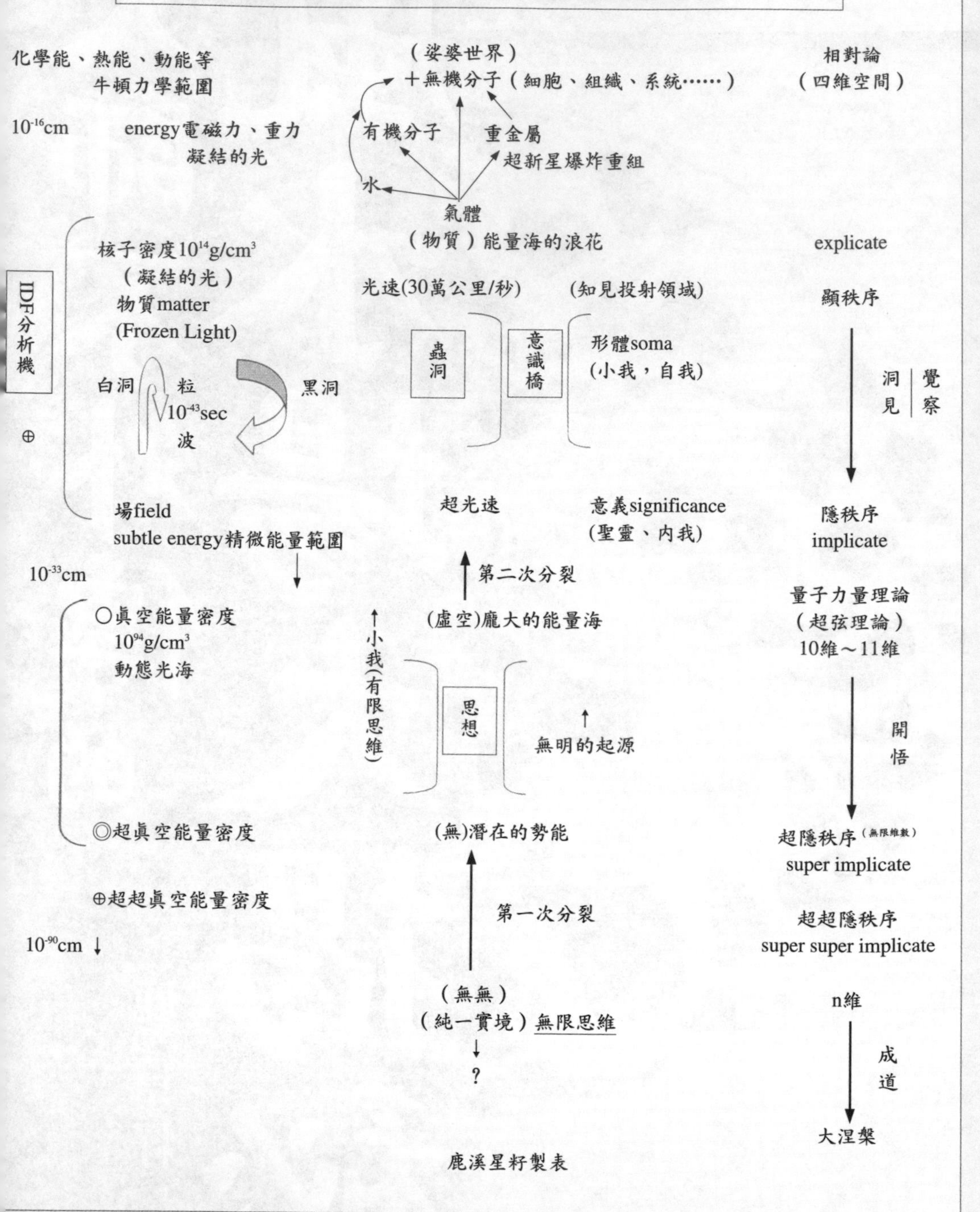

鹿溪星籽製表

【推薦序1】

統一集團前總裁　林蒼生

在好友曾坤章博士的介紹下，有緣先接觸本書的初稿，直覺上就感受到本書有一股新的觀念，直擊中國傳統的神秘堪輿領域。本書作者鹿溪星籽，他引用科學上的量子力學與超弦理論，架構出意識的單元，也就是波動與頻率的編碼，這是個創舉。

三次元的空間加上一次元的時間，就是我們現在意識所感覺得到的時空場，這個「場」就是風水的探索範圍。以往堪輿古籍都用「氣」來解說吉凶悔吝之兆，而實際的內涵卻無法明確表示。本書作者引用曾坤章博士所開發的光子密碼評量技術，將千古之謎的「氣」明確的以「波動頻率」所代表的光子密碼，一項一項地將之解碼並破譯出來。作者很技巧地將風水理論正式導入「意識」科技的範圍中，是融合中西文化的創舉。

「天無旋則毀、地無旋則墜、人無旋則枯」，這就是波動。從被日本人所公認為是「日本的頭腦」的關英男博士的研究，在其《重力子的科學》中更進一步將能量推到比光子還小的「重力子」世界。任何可見的物質如加以再細分就可成為「分子」，分子再細分就成為「原子」，原子再細分又可成為「質子、中子、電子」，如再細分則為「夸克」，這是衆所周知的，而夸克如再細分就是「重力子」了。

重力子是在量子論，甚至超弦理論中小到不可捉摸，頻率卻大到不可想像的次元。在此次元中，很有趣的是居然也可測量出來，善念的次元，可以與地方的好能量磁場相呼應。這更印證了「福地福人居」的古來明訓，而且重力波的能量尚有一些與物理規則類似的性質，例如：

A.同性質的波會相吸、互補而增強：在相同時空場（結界）內，人的意識只要有一點正念，就會與相同時空場內所放出的正波共鳴，而再提升增強時空場的能量。

B.異性質的波會相斥、抵消而減弱：在相同時空場內的人如有負念，就會與相同時空場內的正波相抵消，而減弱其正波的影響，並使時空場的能量降低。

C.因果報應的法則：自己放出去的念波會與同性質的念波共鳴而增強，再Feed Back回來自己身上，這就是善有善報、惡有惡報的因果報應法則。

D.較強的波（高頻率波），可影響較弱的波（低頻率波）：在相同時空場內有較高級的正波，可逐漸影響內化相同時空場內的人員，使其意識提升，能量增強。

可見，古來堪輿的論說，並非玄學怪談，而是一門可以用現代科學印證的經驗法則，作者用「光子密碼」的方法，對大家不易懂的學問，逐步分析說明，實在是一件劃時代的傑作。有人說21世紀是西方科學與東方文明互相融合的重要時代，相信本書應該是在此時的一本重要著作吧！

統一企業因為要研究如何使食品更健康，使人吃了更有保障，所以多年來，用了很多精神、人力，研究能量波動的原理，並以之為測量食品健康導向的指標，所以在研究之餘，也發現了能量波動與環境及人類的關係，所以我們在21世紀剛開始的時候，推出了「千禧之愛」的理念，希望大家「尊重生命，彼此關懷，親近自然，樂觀進取」來共同趨向更為「健康、快樂」的明天。今天讀了本書才發現，我們談的完全是相同的能量理念，所以樂於為序，希望大家時時心存善念，來共同建立一個高能量「時空場」的環境，使大家和諧共榮，快樂生活。

【推薦序2】

小海豚意識研究機構所長　曾坤章博士

風水，給自己多一個選擇機會

讓我問你一個問題，只給你*3*秒鐘思考：風水是什麼？*3*……*2*……*1*。

喔喔！你是不是眼前出現了一個身穿道袍或中山裝，手拿風水盤的人，對著一間房子這裡比比，那裡比比的畫面啊？

還是你的眼前出現了「木火土金水」這五個大字，想著它們是如何相生相剋的？或是想到對面鄰居的門窗上出現了一個可惡的八卦鏡？

諸如此類，你已經盡量發揮你的想像力了嗎？

可是，這就是風水嗎？

風、水，這兩個字在情感上讓人覺得好清涼啊！好溫柔啊！怎麼當它合起來變成「風水」時，就跟我們產生了這麼大的距離呢？叫人又愛又怕！「風水」對於一般人來說，就好像如神秘學般的艱澀與難懂，使人不敢「再靠近我一點」，因此多半都是風水師說了算。由於大多數的人不懂風水，所以它才顯得神秘，結果呢？信風水的人變成了迷信的人，看風水的人變成了騙子，你我不懂得風水的人也變成了呆子！

其實我們可以嘗試著用最粗淺、最簡單的方法來瞭解風水。

風就是風的流動，水就是水的流動；風如果流動順暢，就沒有臭氣滯留；水如果流動順暢，就不會有死水淤積，滋生蚊蟲。風與水的流動皆順暢，則令人心曠神怡。如果還要講深入一點，初級的風水就是「環境能量學」，中級的風水就是「意識學」，終極的風水就是「生命與愛」。

過去由於科學的不發達，我們很難用科學的理論去解釋風水、證明風水，因此不信風水的人認為那只是一個機率，只是風水師剛好說對罷了。

由於西方科學的量子論、弦論的崛起，以及新紀元New Age思潮的風行，而有了能量與能量場的概念，再加上光子密碼科技的如虎添翼，祖先所留下來的數千年風水知識，終於在科學上找到了一個出口，一個可以好好的向大衆解釋箇中玄機神秘的風水學了！作者研究中國風水學有三十多年的光陰了，科學背景深厚、風水實力卓絕，由他來闡釋中國古老的風水智慧是如何的科學，如何的有遠見，是最適合不過的人選了。

一般人都認為風水與「氣」有相當大的關係，氣的概念是抽象而難解的，一個人如何知道這裡的氣比較強，那裡的氣比較弱？同一間房屋，為何七運時氣比較強，而八運卻比較弱了呢？如何證明？各派說法各有不同？這讓人對風水很沒信心，但透過「光子密碼」尖端科技卻可以正確的測量出來，作者在這方面已有卓越的成就。

光子密碼科技已有八十年的歷史，源自於醫學，但由於當時量子論尚未普遍為人們所接受，而被譏為是一種「巫術」，今天，這種巫術醫療被稱之為「量子醫學」，或「能量醫學」，其實光子密碼是一種測量「精微能量」（Subtle Energy）的科技，萬事萬物都有精微能量場，是可以透過光子密碼測量儀測出其中的訊息，人體的氣是一種精微的能量場，所以是可以被檢測的；同樣的，風水地理位置也是一種精微的能量場，所以也可以被測量出來。這門學門，你可以稱它為「量子風水學」或「光子風水學」比較適當，至於測量者，你也可以戲稱他為「量子巫師」！

我們都知道，量子力學是一門關於「機率」的物理學，它打破了人類對物質世界的既有看法；根據量子論，我們每一個人都處在一個充滿機會的環境中，它提供各種的可能性，供我們去選擇。

由於有些人不太瞭解生命的內涵，因此常常抱怨這個世界沒給他機會，他們認為機會是上蒼給的，而不是自己創造出來的，並且還悲觀的認為人的一生只有少許的幾次機會，錯失了良機，一生就沒有希望了！這種思考模式，常讓人身陷困境中，無法跳脫，殊為可惜！

風水提供一個能讓我們加速去創造機會的工具，你可以選擇使用它，或者不去理會它，全憑是否願意給自己這個機會，而一個封閉的思想，是沒有任何機會的。大家都知道，我們已由資訊的時代進入了所謂「知識創新的時代」，具有尖端知識的人，未來的前途將是光明的！

光子密碼科技不僅可測量人體、風水的精微能量，它還可測量「意識」這種更精微的能量。

我們的物質世界是由能量與意識所創生出來的，這也就是為什麼量子科學家到最後都要談到意識的問題。同樣的，談風水而不談意識也是有所欠缺的，大家都知道，好的意識會帶來好的氣，有正面想法的人，氣也會比較強，居住環境風水的好壞與一個人的意識是息息相關的。

意識來自於愛，好的意識來自於純淨的愛，而純淨的愛在風水學上稱之為「龍穴」；當純淨的愛被污染之後，則稱之為「煞氣」，而煞氣來自於我們內在的恐懼所賦予的能量。

這本書可稱之為全世界第一本「光子風水學」的著作，以意識及愛為基石，紮下堅實科學的理論架構，精準的測量技術，蓋出一棟前所未有的大氣魄華宅風水，堪稱一絕。

【推薦序3】

聖塔山耕者　阿里悉達

鹿溪星籽君，學貫古今，乃人中之龍也。在本著作中，將中國古老的堪輿科學作系統的整合、介紹，並以他珍貴的研究心得公諸於世，殊為難得。而應用光子密碼於堪輿之中，融合西方現代科技與古中國堪輿科學於一爐，充分展現了博古通今的天縱才華。

鹿溪星籽君出生於鹿港世家，本人早他多年出生於鹿港鹿溪之濱，有同鄉之誼，特為之序。

宇宙體以九重陽體與九重陰體組合，兩者相摩而生出十三個體系，當十三個體系以其內涵相摩相乘，又成就了第十四個內涵，人法天地而生造，所以人體中也已俱足。乃至地球或銀河系亦同。

個人長期以「無」耕於聖塔山西麓，吾觀地球有一氣場，中心在中央核心。有一磁場，中心在南、北兩極。另有一能量場，其中心位在臺灣中部的聖塔山群，從人造衛星的空照圖中，可見其廣大的山水配置，形成一朵奇葩，而聖塔山群即在其中央。

當上述的三大場導引地球體內的「道質體」、「法質體」、「靈質體」等十三體系內涵相摩時，成就了一個地球生命的根，位於帕米爾高原上，本書作者明確的提示了祂的位置。如果地球的深層內涵形同一棵樹，上述的「三大場」與地球「十四重內涵」相摩而成就了樹根，那麼這裡即是地球樹諸根相結合的生長點，由這裡吸收全地球地的水、火、風之地靈，當此一生長點以內涵進行二次方相乘，另以其內涵相乘再成就二次方，此新成就的二大體系再相乘時，即在帕米爾高原與崑崙山脈之間成就了地球樹的成長點，等同樹木頂端的樹成長點，地球生命的根由此接入宇宙虛空中天的水、火、風天靈。由地球生成的第一個神人即集合上述之生長點與成長點所接入地的水、火、風與天的水、火、風相摩相乘而成就。

在此同時，由帕米爾高原與崑崙山向全世界分佈了十二大支脈，支脈又分細脈，猶如樹木的枝枝葉葉，在各支脈也分別成就了可接入天的水、火、風和地的水、火、風的龍脈穴心與光束，如同樹枝上綻開的花朵。穴心、光束若再接入同等的天、地之靈，即可因二次方的成就而為菩薩，在佛經中，稱為地涌菩薩。上述乃是地球堪輿中的山、水配置與穴場、穴心、光束的空間追求。

堪輿是地球空間、時間與人文的良性配合工程，世人在吉祥地靈旺盛之地造了地上或地下建物後，若建物朝的虛空中，為當下高密度吉祥氣、磁、能場匯集之處，此高壓的內涵即依循宇宙高壓流向低壓的自然法則進入建物內的虛空，成為所謂的生旺之氣，被建物與當中者接納，此乃堪輿科學的時間應用。

人法天地而生、造，世人在靈修中，若能夠融合身體左、右不同內涵，打通上、中、下三焦內涵，進而接通任、督二脈，人體就解除物質身的原罪，沒有煩惱，回歸為先天宇宙世代的人身，即可由淺而深入窺人體堪輿、地球堪輿、地球系堪輿、太陽系堪輿、銀河系堪輿，乃至宇宙堪輿之秘。

人身的「道質體」即指有能量又具質量的物質體，人身的「法質體」即指有能量而不具質量的光質體，人身的「靈質體」即無能量亦無質量的精神體、意識體，或稱念力；因念力有磁，故能動對方的磁和天地的磁。人體「法質體」有六個區，位在左、右大腦的黏膜內表，左右小腦的黏膜內表，腦腔與體腔內表，此六大區域的內涵相乘，即是人體的佛性，光子密碼可以有效的作這一方面的解讀。而所應用的拍立得軟片，因具有光質內涵，所以能夠在此領域展現它特殊的功能。

光由光子組合，故光子應為光的分子，光子又依光譜而生成，光子之外原有一胎衣，當光子出生之後，胎衣即行脫離，當今西方科學已發現宇宙虛空中充滿了黑暗物質，並稱當光與黑暗物質相遇時，光體即出現彎轉曲體現象，西方科學所困惑的黑暗物質即是光子胎衣的世界，也是聖經中所說的黑暗世界，應也是光子密碼中所謂的黑暗指數。

人體的任何部位，若有黑暗物質入侵，該部位的功能與健康即被障礙，世人的生命體已被救贖，而肉身體系累世皆輾轉輪迴於貪、嗔、癡、慢、疑的煩惱與黑暗物質的干擾之中，期望這些障礙在當世能被一一克服，順利回歸先天宇宙時的內涵，並擇用真理而成就。

鹿溪星籽君對生命科學的熱忱與尊重生命的美德，令人印象深刻，堪稱鹿港人之光，個人一介平凡，渺如深山輕煙，僅以微言淺見，申表喝彩。

序於聖塔山西麓　寒溪呢

二〇〇七年元月

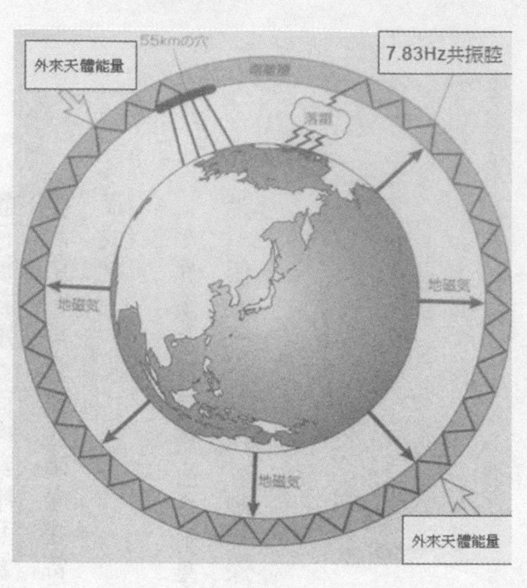

風水場是地球表面電離層包圍下的空間，藉舒曼共振腔來產生共振的一個人類「共業」的意識能量體系運作的空間。
圖引用渡邊延朗之光子帶一書。

自序

首先要謝謝紅螞蟻圖書公司的李錫東兄，願意出版這本目前尚屬於冷門的意識科技新創作，本人企望藉著他的遠見，讓東方的傳統堪輿思潮能夠與西方的新紀元大潮流有一個新交集的漩渦出現，如果這個舞台能夠建立起來，將使得西方科技也能夠在東方古老的堪輿學中找到值得開拓的新疆界。

本書的問世，繫著一個奇特的因緣，因為這本書是首度將西方的「光子密碼」意識科技應用於中國的「玄空學」風水理論，以此新的創意來探討風水這一門華人圈近千年來最信賴的生存環境學。筆者認為這個「玄空學」，是古來華人在東方土地上為了永續生存，經過先人的不斷實際體驗與反覆研究後，終於藉由內證之路而感應到自我心靈本質會與地球整體環境的內在本質，兩者會發展出交互影響與交互消長的一種相對待的關係，我們所稱的「風水」內涵就是這個原理；而筆者更進一步指出，這個風水與人類集體潛意識的理念有極大的關係。

從本書中，讀者會漸漸認識到風水學的內涵，它的架構範圍是從地球的核心，延伸到地球外太空的范挨倫帶溝漕；這範圍中的地表與電離層間，有一個7.83Hz的同心圓共振腔存在著，就是風水學中「氣」運作的時空場所。地球的陸地，特別是夏天大氣對流強烈時有較多的閃電發生，這些閃電以及往上沖出的閃光精靈等會清理這一區間的干擾幅射粒子，它們保護電離層使人類的各種電子通訊不會受影響，太陽閃鋑、太空核爆都會嚴重影響電離層也干擾這個共振場，地球本身也有環球的雲層以向上的紅、藍「精靈」與向下的閃電，這種磁電機制來復原我們的通訊平台，這個平台其中除了目前我們電子通訊（Telephone）的架構外，也包含目前意識科技正發展的光子波動遙感（Telepathy），這個同心圓的共振區域實在很玄妙，筆者初次研究到這些資料就很興奮，也花了很多心血到國外收集參考資料，為了與讀者分享我的看法，筆者會由淺入深，詳細將這些近代地球科學與太空科學的新發現，用來說明該共振頻率與人類心靈間有一個轉譯的「核心程式」資料庫，它就是本書特別用來解答各式各樣風水效應的「光子密碼」。至於對中國人常常提到的龍脈，我簡單告訴大家，它就是地球星光體層面的神經網路，如通訊最佳的材質「全反射光纖」，風水的資訊傳播是應用另一類的光索，要用到水晶的共振以便超距傳輸。

「光子密碼」是曾坤章博士將美國發展的一種頻率意識科技做為基礎，再參考英、德兩國等先進國家後續發展的量子醫學理論，經過驗證與改良發展後，廣泛的應用於各種領域。「光子密碼」主要是用來提升人類內在生命的本質，進而讓人類了解「生命的究竟實相」，屬於一種新紀元意識科技。

經驗過「光子密碼」各種評量的人來說，它有點像我們的身分證字號背後的密碼程式，透過它就能夠分辨每一個人的不同身分；也有人說它像銀行帳户的個人設定密碼，能知道你帳户內存款的內容；更有人認為它頗像我們的個人病歷號碼，藉此就能夠查到身體的所有健康資訊；最特別的是有位修行人說，它是開啟宇宙圖書館的鑰匙密碼，藉由此密碼輸入指令，人的意識就能進入另一時空場，可以一探高次元宇宙的究竟。

聽起來，好神奇！遇到「光子密碼」就像聖經說的：「太陽底下，沒有任何可以隱藏的事！」近來廣受注目的多瑪士福音裡，也記載著耶穌的開示：「認清你面前的東西，隱藏的東西將會對你展現，沒有東西會被隱藏而不顯現。」這個隱藏的東西，就是我們眼睛看不出、耳朵聽不到的各種「意識」，「光子密碼」就能夠透過波動頻率的解碼，將任何隱藏的各樣「心靈、情緒等意識」，清楚展現在我們眼前。

肉體上，個人誕生到此娑婆世界成為一獨立個體，由於每個人基因組不同，所以每個人有不同的識別編碼。這是由於基因組是由螺旋狀DNA依據不同的遺傳組合而形成，

DNA有電磁性，不同的DNA排列就會有不同的電磁振動模式，所以只要用振動模式解碼，就能夠分辨不同的個體，「光子密碼」儀器就是利用掃瞄振動頻率，來標定每個人在次原子尺度下的「指紋」，這種方法也能夠判定該振動組合是否屬於正常範圍。

它到底是何種東西？這麼令人好奇！

我認為把個人的「光子密碼」當作現代通訊手機的通訊編碼來做比喻，還比較相近。意思是說，只要我們彼此的手機聯上通訊的平臺，我們彼此的聲音變成電子信號，在通訊的網路架構上，就能夠彼此遠距聊天聯繫，只要你喜歡，不論距離多遠，我們都能夠聊到開心滿意。當然，這中間還是要有電子儀器來編碼、解碼與傳輸。光子密碼則是以光子的波動信號，透過地球的星光層次光子網狀通訊系統，進行個體與個體間遠距聯繫。這種屬於微宇宙的通訊過程，就是屬意識科技發展的領域。

各位讀者請你放一百個心，它是非常安全而且有益於每個人的身心。在此，我要特別強調「光子密碼」這種意識科技，是架構於「聖愛」的磐石基礎上。

沒有愛與慈悲的心胸，就啟動不了該密碼，因為該密碼必須靠一種「聖愛的思想系統」來傳輸與運作，它是用我們肉眼看不到的光索（又稱光子網路線）來傳遞，也就是要用到心靈中「聖愛」產生的力量，才能夠將它解碼推展到這個世界來，所謂的「聖愛」是沒有條件、要求、分別的終極關懷。

沒有慈悲與愛心，這個「光子密碼」就只是一組數字，不具任何意義。

由於國外開發與研究「光子密碼」這種屬於意識的科技，都以修行的人士為主；在西方較廣受歡迎的人體能量場的研究，如氣輪、光體、心理分析、花精、水晶療法等都已經小有規模，而中醫體系的經絡也有相當多的研究報告，但是對於中國風水學的應用及探討還沒有看到，所以在工作之餘，就依據數年間的案例整理，與個人三十年間對風水與命理的研究心得，把它們編入光子密碼的科技範圍裡面，當做一個新的嘗試。

對於寫下這本書的定位，我原則是設定為已經對中國五術有基本認識，但是對於風水形成的基礎理論還想一探究竟的讀者，有一個新的理論觀念來突破。

根據多年來與一些五術界朋友的談論中發現，他們花了數年的時間與巨額學費，就是無法學到風水的真正內涵，只知其然，不知其所以然。學生一直困在中國道家的陰陽、八卦、五行與山向的迷陣中。

由於風水、命理這些東西，是屬某種高次元集體程式的運作，命理是個人的DNA解碼後程式的運作，再與風水場的地球能量時空程式相互交流運作，吉凶就發生於兩者間彼此對應產生的結果，這一切運作的依據背景資料庫可以稱為「業」，它運行於人類集體意識投射下產生的娑婆世界中。以往，大家都不了解此真相，基本的理念不清楚，雖努力學習並用心將口訣背誦得滾瓜爛熟，一經應用，往往也是靠機率。通常媒體出現的大師，往往事先鐵口直斷，但事後卻非所料時，就編出另一種理由來搪塞，如果風水不能夠驗證，就是不合乎科學，就是迷信了。通常被吹捧的名師，都是屬於事後諸葛這一型的比較多，量子力學的或然率還是最主要的判斷根據。當自己沒有見解的時候，有人建議到廟堂，用擲筊的方式來問自己潛意識的意向，這比隨機的或然率還有參考價值。

針對這種情況，我非常了解學習真正的風水學的困難，因為我也是從這樣子的泥淖陷阱中熬出來的，我很能夠體會他們研究此學問所遇到的複雜心境。

本書的完成，對於開始學風水的朋友，亦可提供一種全新的角度，從意識科技領域來透視風水的真正本質，如此一來，讀者就能加速對風水有更深層的認知。

一開始，讀者可以先輕鬆看，照次序慢慢看，漸漸由淺入深。

本書是用比較符合現代科學的數理觀點，很審慎來解開這一門未來會受到重視的風水學問。我引用的有西方古代的的神秘幾何學、非歐幾理得數學，還有近代的量子重力論、超弦理論、膜理論等來解釋風水在科學上的究極原理。我嘗試用這些西方古典力學與新潮的量子理論來解釋中國古代的陰陽學說，並以此破解現代廣受歡迎的氣功、命理與風水等依據的「氣學」理論。

「引今說古」，是本書的一種嘗試，願讀者能夠體會到，中國傳統的風水堪輿，其實是很先進的「生活環境工程學」，看完本書，讀者會對我們老祖宗的智慧更為欽佩。

當你建立了「意識」是風水中「光子密碼」程式運作的最根本的基礎單位，許多的吉凶剋應，就能夠了然於胸。有了好的理論基礎，以後讀者再進修各種高級風水課程時，就比較容易進入狀況。本書的目的，除了讓讀者更清楚了解風水的真正奧祕以外，也能夠對某些風水大師級的作品，有更高的鑑賞能力，不會人云亦云，被人家牽著鼻子走，第三章後半部就是考驗自己的功夫。

從一九九九年開始，我首先架設個人「風水手札」網頁在Geocities的網站，第一次在網路上提出實數與虛數以及藉由超弦理論中的封閉振動弦模式，來解釋我研究多年風水學的理論基礎。它是以遠遠超越奈米（十的負九次方米）以下的普朗克尺度（十的負三十五次方米）來探討風水的真相。

讀者不要怕風水用深奧的物理學的「超弦理論」來解釋，這個「弦論」是講物質形成的最小單位，是一些振動弦的組合，雖令人覺得玄之又玄，卻是最接近實相的描述。這個娑婆世界的一切，在極微的尺度下，也是由各式各樣複合振動的弦所做出來的綜合表現。「光子密碼」就像音樂的符號，藉由這些密碼，就能直接來評量這個娑婆世界的各種表現了，時間不是像線一樣連續著，時間也是一格一格的跳躍在普朗克的超小空間，一個單位間格約十的負四十四次方秒。

我們可以這麼想像：小提琴所拉出來的美妙音樂，是由琴上的弦在空氣中的振動旋律。至於記錄這些振動、解釋這些美妙音樂的豐富內容，就是音符。音符只是一種記號，它就是轉譯這些複合振動的「密碼」符號。只要懂樂理，就能透過這些符號的內容，進行編碼而複製出它的完整旋律。所以只要有完整的光子密碼，我們也可以充分了解事物的全貌。

我們生活的空間裡，就有許許多多的背景音樂，不斷的振動存在於我們周遭，有些聽得到，有些就聽不到。如果聽得到的是悠揚的樂曲，不會造成思考與情緒的干擾，當然就能接受；相反的，如果是一堆噪音，一定要有好的消音與隔音設施，否則我們整個的生活品質勢必受到干擾。耳朵聽得到的，我們會警覺來處理，但是某些耳朵聽不到的一些振動組合，就很神祕與重要，它們會影響意識，它們會在我們的神經網路的各別路徑產生不同的解讀。聰明的讀者，這方面就是風水的實際內容；而最神奇的則是這些環境場微小波動的內容，還能透過「光子密碼」這種儀器來判讀，而這最精彩的部分就是本書特別要探討的主題了。舉個商業上很有趣的例子來說；最近就有聰明的手機業者開發出能夠產生17Hz頻率的來電顯示音響，讓上課的年輕學生感覺得到，而年紀較大聽覺退化的老師們卻感覺不出這些低頻，因為一般人過30歲，30Hz以下的聲音就聽不清楚了。手機業者利用年輕人對較高頻與較低頻的音域都有敏銳的聽覺或能夠感覺得到一種振動，於是有了這個創意，使該號稱有「火星響鈴」的手機，廣受一群稱得上機不離手的年輕學子歡迎。

二〇〇二年初，我在小海豚意識科技研究機構接受曾坤章博士的「光子密碼」技術轉移，幸運的取得該機構的認證，不久也獲得腦波意識評量師的認證；接下來三年多，一有空檔時就收集風水案例，做風水方面的各種評量研究，歷經上百件陰陽宅案例的風水實際驗證，我發現用「光子密碼」所獲得的數據，與高明風水師的堪驗結果都非常的符合。近來有幾件是跨海的案例，一件在北美洲加拿大的多倫多，一件為瑞士日內瓦，另一件則在南半球的澳洲雪黎，即使是遠距遙測評量，也是很清楚的顯示出它的準確性。因此，本人很興奮的提筆寫下本書，願與所有愛好堪輿風水的朋友們分享此中奧妙。因為我發現研究「光子密碼」與操作它的過程，讓我更能夠漸漸了解並接近生命的實相，它的出現對人類的精神進化有極為正面的助益，當人們悟出生命實相，就會讓我們當下與神佛同在，並進而與神佛合而為一。

這個世界的時空場，充滿了精微的「資訊頻率」，有的學者用「信息波動」表示，名稱雖異，其實都指出同樣的事實。更精確的說法，就是指這個由人類整體潛意識投射出來的娑婆世界，所發生的一切事件，都能夠以光子振動的模型來解釋事件的形成及其所依據的因果法則。

一個事件就是一個特殊振動，而每個振動都有各種不同共振的頻率（密碼）相對應。事件的影響力尺度，就是該頻率波動的振幅大小，振動幅度越大表示能量越高，振動幅度越小代表能量也越小。這個振動幅度（Amplitude）數據，就是我們「光子密碼」意識科技的大小數據單位，風水中納氣的吉凶好壞，可以用該組密碼頻率的共振幅度來顯示出來。

例如，一間房子的吉凶程度，首先要觀察的指標是總體的生物能量，它的波動頻率「9 - 49」。這種波動頻率密碼是由一九〇〇年代史丹福大學的亞伯蘭醫學博士所發現的RATE（率）演進出來的，「率」就是本書所談到的「光子密碼」的原始碼，它被用來表示生命中個別事件的能量指標，經過數十年來，極多次的驗證，皆充分證明其可信度極高，由於光子密碼儀器的科技日益精緻，應用也越來越成熟了。

檢測的步驟是這樣進行的：我們將被評量房子的拍立得照片放進儀器後，先校正微電腦與光子密碼（簡稱IDF）儀器，偵測程式庫內建的各種干擾波動頻率，當這些干擾沒問題下，評量師就能夠開始掃瞄照片中的「9-49」這組頻率，找到它與儀器的共振產生的振幅大小是多少，所獲得的數據，就得出這間房子的總體能量是多少。

雖然以上這套科技的風水理論基礎，離宇宙「純然一體」的完美實相或是「究竟涅槃」之境，還有很大差距，但依照當前物理科學的發展，這套理論多少也足夠提供我們未來數十年在意識科技發展的領域下，有一個相對比較適切的風水理論架構來當作依據。

透過這一種意識領域的研究，希望讓讀者容易了解，風水也有科學理論的依據，當然這個學問仍然是有待更進一步研究發展的新科技。寫本書最重要的目的，乃是讓讀者明白真正的風水內涵，遠離江湖術士所編織之怪力亂神謬論，這些人強調各式各樣神煞，讓人心生恐懼，而令人迷惑失去判斷力，並在誇口能夠幫人改風水以便改運時，大肆斂財斂色，使得這門古老的環境生態學被批評為迷信。因此，本書希望經由提出的意識科技理論架構，對認定現代主流科學為真理的社會知識分子與賢達人士，有一個比較能夠接受與討論的空間。

奧修（OSHO）大師就認為科學可以分成三個層次，較低的第一層面是研究客體，也就是說物質科學、社會科學等，在我們的周圍，我們感官能夠報告它；較高的第二層面則是研究主體的意識，這層次有心智、情感等。我們有幸把風水的研究提到這個意識層次來討論，讓風水的能量，經過意識層次的調整，得以改善人類的身心；當然如果能夠將它進一步提升到最高第三層面的靈性察覺，就更殊勝無比了，有關這部分筆者會留到最後一章來討論。

意識科技在西方已經有數十年的發展，鄰國的日本近年來也急起直追，像江本勝就以文字、音樂或圖案等與水瓶做近距離接觸，水會感應其意識場，江本勝獲取該水結冰的結晶顯微照片，水感應到的和諧對稱的就產生美麗晶形，來彰顯出各式各樣人類高尚的意識，反之，則結晶混亂不對稱；這些美麗的照片，讓人們看得到意識是有能量的，它能左右水結晶的形態。日本這種創新的技術，讓意識這種形而上的東西，能夠用形而下的圖像來表現到物質層面來，江本勝的成就廣受全球讀者的注目與歡迎。台灣這方面起步雖慢，卻也有一批遊學美國的人士，將最前衛的意識科技帶進來，我們應該對他們致敬，這些先鋒將帶領台灣的心靈層次進入更高的境界，總之，這股擋不住的趨勢，就是要教導人們，不要繼續被困於肉體的物質世界，讓大家放開眼界，一窺宏觀且奧妙的靈性宇宙。

本書中評量風水所應用的科技，是「光子密碼」科技，個人將它的的理論架構於相對論與量子力學的弦論下，初看到這些物理學上的論述時，雖然會感覺到有些艱深，但是只要慢慢的看下去，讀到後面時，相信大多數的讀者能夠體會到新紀元來臨時，意識能量的觀念會突破物質肉體的限制，而帶領我們走進另一個嶄新的華嚴世界。

前兩章，我以實際應用「光子密碼」來評量風水的幾個案例，配合提出的理論，一件一件剖析它們的內容以及形成的因素，個人認為風水最好能評量出數據，這樣才能夠讓人有比較客觀的參考依據。

第三章，我特別將千古以來最受堪輿師喜愛的一些經典之作，錄之於書中，而在頭尾部分，用個人感受頗為適用的「弦論正負波動」這個理念，來審視這些經典所闡釋的「玄空陰陽對待」觀念。讀者若覺得一時消化不下，可以先跳過去，或只看我提出的重點就好，等對風水涉獵到一個程度後，再來慢慢品味這一部分。引古說今的嘗試，是企盼古賢的文字能量，能夠延伸到新紀元來。如果是新接觸風水的讀者可以跳過，等以後學會傳統風水堪輿學再來說讀，會發現原來古賢的心法是如此如此！當有「會心的一笑」的感覺。

人類（智人）在地球生存的歷史記載約數十萬年，以地球創生四十六億年的線性時間來看，算起來極其短暫，而現代人們對地球的風水場（本質資訊能量場）之認識，也還很幼稚；因此，我們開發這一個新的意識科技領域供大家一起來遊戲與探索，相信不久的將來，中國幾千年來的風水堪輿學，應該能夠更加獲得全球知識分子的認識與認同，並能與起另一波學習的熱潮。

人類靈性（高我自性）是上主本身的一部分，也是祂自我創造出來，具有高智慧與高創造力的生靈，所有開悟者皆會察覺到其本身與每個人皆有永恆的內在自性。只要越來越多的人類其集體意識，透過大愛與寬恕的洗禮，憶起上主，就能回歸其圓融的自性，這時就會將我們人類生存所在的地球蓋亞意識大幅提升，換句話說，人類要透過意識的進化來創造一個嶄新的地球，唯有如此，當人類的意識進入大愛的實相中，取代現在被恐懼籠罩的幻相時，人類社會才有可能達到世界大同的目標。

我們肉體生存的領域，一直都被有形的空間與無形的時間所限制，但是屬於意識領域的心靈卻能超越有限的時空，超越肉體的限制。透過寬恕與大愛，就能與內在的創生大能以及透過光子形成的「大愛網路」接好軌道，那時，就能任我自在遨遊於超次元時空場了。大愛的真義很難說清楚講明白，就像「道可道，非常道」一樣難解釋，但我還是套句我最敬佩的曾坤章老師在他很多著作中，常常用的幾個字來送給讀者：「愛就是讓生命成為他自己。」真正的愛是沒有佔有、控制、干涉，只有無條件的付出與祝福而已。

本文中所出現的人物與情節，都是真實的故事，為尊重當事人，故將人名與地點加以更改；筆者是想要透過文章中這些對話，將知識分子一向視為迷信的風水，套上另類的面孔，將它們搬上世界的舞台，讓大家能用另一種嶄新的眼光來接觸與體會大自然風水的玄妙；我更想藉此書，呼籲大家在這個「共生共業」的地球，一起以「寬恕與大愛」的心念，來強化穩定地球的波動頻率，繼續支援地球場的大進化。我相信人類最終會與內宇宙高我自性，也就是上主的創生核心，更緊密的共振與結合，然後同歸於「一」。

總之，本書是個人嘗試將中國千年來所研究的風水效應，以波動振幅數據來表示吉凶程度，為了提出這種新的風水論調，過程頗為艱辛，皆靠自己摸索與研究，因此本人所作的論述如果有所偏頗，尚請諸位先進大師與專家們諒解；也企盼對中國偉大堪輿文化真正學有所專的仁人達士，不吝予以指正。光子密碼科技於目前對風水場的應用，還只是入門級的程度，未來的發展，實在無法預測，我衷心期待大家能重視這方面的長期進展。

還是再次祝福各位讀者，能夠讓充滿愛的光子風水理念，或多或少融入你的生命活動空間，也許能因此大大提升你的生活品質，讓你享受短暫人生中內在的充實與靈性的美滿。

二〇〇六年十二月一日

感謝

我先要感謝十幾年來，一直支持與關照我的公昌工礦公司陳正平董事長，讓我在公餘之暇能從事我喜歡的意識開發研究副業。還有好友侯瑞榮兄常常在我們聚餐閒聊時給我極多的佛學開導，這些善知識與我的基督信仰產生交融讓我有極新的體悟。我也想念在石狩診所一起同甘共苦的胡一君醫師、戢翠蓉護理長及林雅惠小姐，他們協助我更深入了解光子在醫學上的應用，很可惜台灣還沒有福氣能合法的讓它幫助需要自我療癒（Healing）的人們，讓這一群充滿熱情的光子醫學先鋒部隊，無法施展工夫，而只好全部偃旗息鼓，對於這種境遇，實在讓我痛心惋惜。對於經營花、茶美食的「追溯本緣工作坊」徐湘芸花藝老師，提供我寶貴的麥基洗得修行資料及善意的協助，在此特向她致意。至於讓我能夠對風水靈氣本質獲得深入的了解，我也要感謝這位極為低調的鹿港鄉親，本世紀真正堪輿上師，法號玄通的施力文老師，他曾經給我不少特別的風水高層次指導。而小海豚意識研究機構的謝仁美小姐，不但在我擔任顧問工作中提供無償又周全的協助，更將啟發心靈意識的各種書籍資料介紹並借給我研讀，對我靈性的探索幫助極大。形上學大師曾坤章博士對我在意識科技領域的啟蒙令我感激，他並提供諸多珍藏絕版的寶貴修行資料給我參考；也特別要讚賞他對研習的所有學生都毫無保留的傾囊相授「光子密碼」應用技術，這部書沒有他的催生與對我諸多指導，我是寫不出來的。對以上這些尊貴的賢達聖士，除了感恩還是感恩！當然，我太太慧蓉對我細膩的照顧與支持，讓我不必分心能夠以半年多時間完稿，連我自己都認為不可思議。寫完本書，我也要好好休息，不會再幫朋友評量風水了；每個人來這個世界不管有沒有帶著「業」來，都有課程要修習，但只要心靈能沉澱下來，用第三眼看穿此世間是幻相，就能早點回歸到聖愛的思想體系了。

目錄

第四節：光子風水評量法的初試啼聲 69

第五節：宇宙與光子的本來面目 77

第六節：風水場中的各種靈氣 101

第五節：量子力學與風水 289

第六節：台北幾家代表性五行樣本建築物 297

第七節：各家風水口訣大補帖 303

第一章

以意識科技來探索地球能量場的神秘

一群日本的心理學家，針對環境噪音對影響健康的研究，發現只要在房間的隔音下一點工夫，對家人的情緒有很大的改善，特別是對長時間停留在家中的主婦們最爲明顯；有時，加上一塊厚窗簾布，就可以消除外界一半的噪音；家裡面用某些能夠吸音的建材，使得居住的人情緒比較穩定，身體也會比較健康。像這種資訊，有科學根據，易被人們接受，對國民生活水準的提升很有幫助。

地球空間充塞著意識波動

第一節：空間的音波共振引起我的好奇

本人並非風水師或堪輿師，我的本業是礦物化工與生物科技的研發工作，對於風水學純粹是好奇與興趣，最初探討風水也是從生化學和物理學的角度來研究，我算是個異類的業餘堪輿探索者。

大學由於讀的是食品化工系，有一次進到學校寬敞的實習工廠做冰淇淋時，聽著工廠機器馬達帶動冷凍壓縮機與可調速的攪拌機變速（VS）馬達低沉的嗡嗡振動聲，我站的位置剛好讓兩耳收到一種聲波差，這種模式竟然引起腦部的共振，一下子感到靈魂有種要飛出去的感覺，詫異中，我就跑到工廠不同的角落聽它的聲波振動，發現只有在特殊位置，才會出現共振的效果，這是我有生以來，第一次深刻感受到振動頻率與空間回音引起的共振，會影響到腦部，產生意識變化。

每一間房子，都有不同的結構，即使構造相同，但裝潢一經改變，就會有不一樣的共振出現。大型音樂廳就很講究回音的問題，設計上就必須使音樂的表現不受干擾，因爲我們是生活在一個充滿振動的時空中。

二〇〇五年夏，日本NHK電視台，就提供民衆這些資訊。一群日本的心理學家，針對環境噪音對影響健康的研究，發現只要在房間的隔音下一點工夫，對家人的情緒有很大的改善，特別是對長時間停留在家中的主婦們最爲明顯；有時，加上一塊厚窗簾布，就可以消除外界一半的噪音；家裡面用某些能夠吸音的建材，使得居住的人情緒比較穩定，身體也會比較健康。像這種資訊，有科學根據，易被人們接受，對國民生活水準的提升很有幫助。二〇〇六年夏天，Discovery頻道也介紹美國有專門處理辦公室噪音的專業公司，應用科學的電子儀器收集影響工作人員辦事效率的噪音來源，例如行走時皮鞋與地板碰擊聲，影印機、打字機的敲擊聲，冷氣機馬達聲等，並依環境特色提供改善辦法，來設法減低噪音分貝到不會干擾的程度，如此可以降低工作人員情緒壓力，非常受歡迎。

反觀國內，前陣子遇到母親節假期，我與

宇宙進化的層次與物質化是相反的，要精神進化，必須回去原點。

家人到台北信義區一家知名的大型百貨公司，正準備好好「血拼」一下，沒想到由地下停車場上到賣場，震耳欲聾的重金屬音樂，直讓人頭皮發麻，讓我們全家人感受到壓力，待不到五分鐘就落跑了，什麼東西也沒有買到，只好開車到別家消費去了。下電梯時，旁邊一位推娃娃車的時髦少婦，跟他的老公，也皺眉頭推著車趕緊閃人！噪音也是一種煞氣，不知道該百貨公司的管理處是怎麼管理的，把一堆財神們都趕跑了。

看在眼中，覺得我們政府也該重視一下環境對國民身心健康的長期影響，近來人民的生活壓力越來越大，情緒變化造成的疾病越來越多，我們若能透過住宅環境風水的改善，我國健保局相對也能夠省下很多醫藥費支出，人民的福祉增加，何樂而不爲？

家庭是社會結構中最爲基礎的單位，而婚姻是家庭成立的必要因素，近年來離婚率居高不下，統計上二〇〇四年約11萬對結婚，卻有四萬多對離婚，從這些數據可以感覺到台灣的社會穩定性是變差了。陽宅是一家人終極調和狀態的反映，地上的家就是天上的家所投射的影像。建築物是安置人類心靈的容器，有愛、有幸福感的房子，才是吉祥的住宅。建築是在原一無所有的地方，去創造形態，產生內外之分的空間架構，作爲空間本質的一環，必須和處於該處的動物、植物、礦物等各式各樣物質，產生能量的交換，進而產生變化，其結果發生出各種吉凶效應，而最重要的是建築物的空間所創造出來的「空間共振頻率」，這個頻率要與周圍的萬物取得和諧的共振。

人們既然來到這個地球上存活，最重要的是你要讓自己的潛意識認同這個居住的地球，如果你家裡面的空間格局，能收納地球表面穩定的共振頻7.83Hz，這個頻率是我們在輕鬆時情緒安定與心智清明的基本共振頻率，我發現一些家中缺乏此穩定的共振頻率，容易出現情緒與心智異常的人物，造成一家人的不幸。

1-1 風水手札網站新觀念受歡迎

一九九七年開始，我認爲風水的內涵，是因爲有某種信息波，作爲風與水來傳遞的內容；我以這個前提爲假設，開始來建構風水的理論。一九九九年時，我第一次學習電腦的網頁製作，純粹爲了好玩，就把多年來整理的風水筆記，以「風水手札」的標題，打成HTML檔後，就上傳到免費的美國Geocities網站供大家瀏覽分享。第一次用物理與數學的觀念看風水與所謂的「氣」。其中的一篇廣受討論：

談風水前先談宇宙，《易經》中談的宇宙論，要以道教元祖老子的言論來闡明：「道生一，一生二，二生三，三生萬物。」

《道德經》云：「有物混成，先天地生，寂兮寥兮，獨立而不改，周行而不殆，可爲天下母。吾不知其名，強字之曰道。」簡言之，道就是太虛，圖示之爲虛體的◯，是混沌世界，由此太虛生出了太極☯。此由「無→有」，就是宇宙之原始眞相。用數學式表示即ki。$k=a$（常數），i（虛數）$=\sqrt{-1}$它是一虛的球狀，直徑是ki。地球是宇宙中各種粒子結構的巨大粒子球體，唯其中也蘊含巨大的能量，而宇宙太空中則有無限多波粒性物質充塞，卻也有不少的星團存在。

在人的腳下是陰中有陽，頭上又是陽中有陰，而風與水就在這兩個介面上扮演非常巧妙的角色。中國人有特別名詞「气」，它不是空氣的氣，是一種波性旋轉的能量，對萬物有特別的功能，它就存在於大氣中，而且會集結在水的分子能量中。生物存在的指標是DNA，DNA呈雙股螺旋，由A.T.G.C四種物質對對編碼排列，每三個編成一個組，共有六十四組，它們有專屬的組合，配合成密碼鍊，來指揮細胞合成各種蛋白質，這些蛋白質爲荷爾蒙、酵素、生物組織與器官的基本原料。DNA的64組基因碼與易經的64卦組合編碼的架構頗類似，兩者之關聯尙待人們破解！

純粹是玩票性質，只單純提供新的風水觀念與大家分享，我利用數學中的實數，來代表物質世界的實體萬物，另外用虛數來代表看不到的「氣」，它才是「道」的根基，只是科學儀器還找不出這類屬於「無」的運作軌跡。我在網頁上也大膽的將虛的「氣」，這種波動的能量，帶入風水的領域，還提出一種新鮮論調，就是說：人類DNA螺旋式的基因結構與波動的「氣」此兩者間，彼此有共振的聯繫管道，「氣」可以藉此管道進行波動的解碼與編碼，來修正受損的DNA。新觀念是萬物乃「有」，它是有形有聲的，卻會變化與毀滅；而這個「無」，就是道，則無形無聲，永不變也不會毀滅。

這個概念上到網路的空間後，沒想到竟然頗受歡迎，不到一年就被一家提供排行榜的瀏覽統計公司，入選為前十名最受歡迎的中國五術網頁之一。

這時候，我才了解全球的華人喜愛命理風水，真是出名的瘋狂，像我這種小人物的隨興之作，也會受歡迎，感到受寵若驚！也更進一步想到需要有更好的理論來解釋風水的現象，就誤打誤撞的跑到玄之又玄的超弦理論來嘗試，不覺一試就連續好幾年，直到學習意識科技的光子密碼後才眞的「通了」！

1-2　風水是屬於形上學意識主導的領域

對於風水學，從唸大學時，我就用物理、化學、數學的方式研究它，將近三十年，雖有許多結論，卻一直深藏在自己心中不敢公開；因爲這個風行中華文

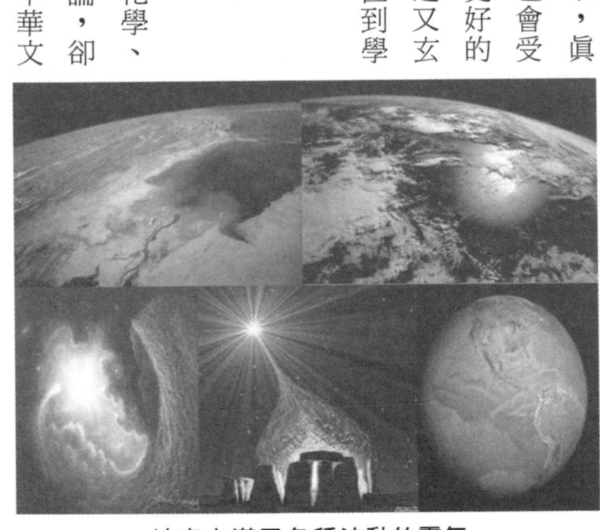

地表充滿了各種波動的靈氣

化圈數千年的風水，與中醫一樣，理論架構於中國的傳統陰陽五行，在牛頓力學當家的今日，易被批評爲缺乏理性。特別是對一些學理工科有學術背景的人，就認爲相信風水者太迷信了，是很沒水準的人。

科學最重視的是懷疑的態度，就是對每一事物採取保留的態度，仔細審視，詳細找出漏洞，再尋求突破的可能，這就需要經驗與傳承，而突破的關鍵在於創新的理念。這個新理念叫做「互補」，也是量子力學祖師爺波耳想出來的，光子有時像是種波，有時又像是粒子，從這個觀念可以說：認知一個事物，有種種不同的像，甚至是相對立的，一切只在於你看它的觀點與角度。

風水是中國「堪輿學」的簡稱，眞正的定位應該是「生活環境全像資訊場」，所有影響到的因素不只是風與水這兩項，其他的土與金，木與火等五行元素通通很重要，本書特別強調的是居住者內心的意識、心理與情緒等皆與風水有密切的關係。本書所論及的金、木、水、火、土五行元素，將之歸類在意識的範圍裡，不是看得到、摸得到的三次元物質界的東西，而是屬於第四次元存在的一種心靈意識的向量，因此談風水就是在談四次元以上的空間，不能只執著在看得到的三次元物質界，必須考慮它牽涉到人類的思想、情感與經驗上。既然談到超越物質界的形上學，就不得不提到東方哲學的導師老子了，他將人類的觸角拉升到物質以外的境界，使我們了解天地萬物的創生與風水的形成到底有什麼關係。

老子《道德經》就說：「無，名天地之始；有，名萬物之母。」老子說得很明白：天地本來就是以無可名狀的自然永恆存在著，是有了人類，才開始以自我的意識賦予這個萬事萬物有各種名稱，有了這些名稱就建立起相對性存在的意義。人類因爲意識的觸角是有限的，對於空間環境的體認還是極其有限，所以老子繼續說：「故常無，欲以觀其妙；常有，欲以觀其徼。」也就是說出人類需要跳脫出唯物觀，從「無」來觀察出宇宙奧妙的所在，也要從「有」來了解其運作的法則及範圍。老子的境界極爲超越，他提醒我們要從這個有限的世界，去體悟到其內還有「眞空妙有」的時空場在運行，要達到「外其身而身存」的悟境。當然，老子的東方哲學思維是屬於「我不思，我也存在」的看空自我想法，跳脫主觀意識後才能與宇宙常存；這種意識和西方笛卡爾強調「我思故我在」的主觀思維大相逕庭。但這兩者並不會與我的「中道」觀念中有衝突。我的看法是老子談的是形上學的永恆理念，人的大腦只有在放空（Let go）的潛意識下，才能體認這種超越時空的無限思維；另一方面，笛卡爾則是以邏輯與推理爲主，用這種完全清醒（Alert）的顯意識來體明辨形而下的物質科學思維，但現代物理學家卻從兩個在眞空中的金屬板實驗裏，發現眞正的實情是「物質是受限於時空，且不斷在生滅中質變」，所以目前科學家已經進步到認爲物質本身是很無常的。

唯物觀點的科學，在基本粒子的理論發展以後，起了很大的變化，特別是量子力學的出現，人類的視野也從有限的尺度漸漸往無限大與無限小的尺度伸展。根據愛因斯坦的相對論，時間與空間會因爲重力場而改變，時間與空間都不是絕對的，都是可以變動的幻相與幻覺，因此這個不斷變異的娑婆世界時空場不是絕對的實境，而是屬於幻相，從這個視界看世界，跟心經開宗明義就說：「色即是空，空即是色。」這一句眞的是一語道破相對論中，時間、空間與意識彼此之間的玄機。本來，仍然對風水採取懷疑它是不符合科學的我，也在開始接觸量子論後，漸漸跳脫牛頓力學的框架，改從形而上的意識與心靈的領域來研究風水這個東西。

美國的亞伯蘭醫學博士，是最早發現振動在人體醫學上有極爲有效的功用，帶動意識在醫學的新領域，雖然沒有被主流的對抗醫療體系接受，卻引領人類打開了另一扇窗戶，去探索宇宙萬物眞實的另一個面目。在西方有研究波動的一些電子工程師，就延續他的創見而開創了新的科技領域，來探討物質以外的意識，這個屬形而上且無法簡易言狀的層面。

他們研究的方法，一種是從腦波下手，以此溝通介面來探討人類大腦的物質架構與非物質的意識間的相互關係。科學家收集並放大腦部呈現的各種波動頻率，將它們分類與歸納成幾種型態，藉此來研究並發展出提升與改善人腦運作效率與維護的「腦波意識科技」，我本身也經過小海豚意識機構曾坤章博士的指導，取得腦波意識評量師的資格，在一些案例中發現潛意識**θ**波強的，尤其是腦波在2.5Hz有尖峰值的人，特別容易感受到風水場的變化。有這種特殊能力的人，也能訓練來做對地震的預測，或許對人類避免天災有很大的幫助。

另一種則是以電子儀器放大所有物質的特定波動頻率成類似電子信號的密碼，這些試驗樣本包括固定不動的礦物、流動的水，以及看不見的空氣、美麗的花朵，還有各種動物、人體的細胞組織器官和特別的環境空間等，這是由於這些樣本都會發出特定的波動頻率；更有甚者，像是生物體內情緒的表現，例如恐懼與憤怒等，這些情緒本質，也都含有特定的組合頻率，評量師可以用這種儀器來調合並穩定目標物的波動，促使他們與大地宇宙間達成和諧共振，進而讓心靈獲得健康與幸福，這個科技就是應用一些量子式另類療法儀器來輔助完成；而我所學到的技術則是其中最精彩的光子密碼儀，最寶貴的是該科技對風水場的評量，有精密的波動情報研究數據

醫學博士亞伯蘭是振動醫學的始祖

資料庫。

以上所談到的這些科技，都牽涉到波動頻率，它與意識間有某種密切的關聯。幾年前，常常看到一些討論超弦理論的專刊與書籍，深有所感這個先進的理論頗搭配我認爲風水是「波動的組合弦」的這種假設。爲此，我就開始試著用弦論的振動模式，來解釋風水的各種現象，我發現這些風水效應就是環境中各種振動頻率會產生對人類的吉凶剋應。爲了做這方面的研究，我收集許多案例來分析，經過這幾年的實驗與應用檢討後，很幸運的發現它的數據和我先前假設的風水理論，頗符合科學所強調的再現率，讓我甚感雀躍。

第二節：生物科技與風水也有交點

2-1 床位影響睡眠，睡眠影響腦下垂體與松果體的荷爾蒙分泌

五年前，因爲朋友送我一瓶HGH（人類生長激素）噴劑，使用效果不錯。在朋友盛情難卻下，爲了與大家分享抗老化知識上的需要，特別是在生物科技有突破性的領域上，寫了一本書叫《給生命奇蹟的HGH》，將美國最先進的HGH營養補充品介紹給讀者，讓不少人了解控制人類老化的機制，有很大的部分在人的腦子裡運作。

腦波的研究越來越受到研究大腦意識的科學家重視，簡單的說，我們依照大腦表層所收集再放大的波動頻率快慢，區分爲最慢的得耳塔δ波（0.2～4Hz）是深沉睡眠時無意識的波型，再快一點是西塔θ波（4～8Hz）是睡眠時屬潛意識的波型，再來是阿發α波（8～12Hz）是冥想禪定放鬆的波型，至於12～30Hz的是貝它β波，乃是人清醒時顯意識的波型，也有新的理論探討30 Hz以上的γ波是專注緊張的波型，它們常出現在密宗喇嘛持咒練功時。

人們只有在進入深沉的睡眠中，腦波呈現δ波，腦下垂體前葉才能充分的分泌HGH，這是一種促進發育、修補細胞、減緩老化、瘦身美容、回復青春的最重要內分泌物質，緊跟著HGH後在肝臟就分泌類胰島素生長因子一號（IGF-1）與二號（IGF-2），這些內分泌物質對身體成長、神經系統發展與免疫力等很重要，而這些內分泌絕大部分是在當我們在睡覺的床上進入深沉睡眠時才能夠充分產生出來。

睡床品質的軟硬適合度、床擺設位置的好壞、臥室的環境等，以及光線的明暗都會影響到睡眠的品質，光線太亮會抑制褪黑激素的分泌，褪黑激素很重要，它能夠讓我們的神經系統放鬆，使我們進入睡眠的狀態。如果一個人睡眠品質不好，無法讓他進入深層的δ波，使得最重要的HGH無法充分的分泌，就易造成人體內分泌失調，這會造成人體加速老化，免疫力變差，長期下來會明顯影響身體的健康。

風水和內分泌有關係，內分泌亦影響人的身體、情緒，透過以下科學家所做的研究，相信會給大家一個關於風水與身體健康會互相影響正確的答覆。

地球磁場與臥床的方向也有醫學上的研究發表，俄國學者發現人體處於和地球子午線的位置不同時，腦部的活動以及睡眠的深度就有不同的變化，睡眠時與子午線平行的人，和與子午線呈四十五度斜角交會而睡的人，他們的腦波活動值有明顯差異，後者比前者的δ波與θ波這種深度睡眠波少了13.3%，而腦波振幅則多出6.8%。此顯示睡床與地磁的磁力線角度對休息與睡眠有關係。我國也有報告指出地磁場的突然變化，與心血管也有關聯；在一九六〇～一九六三年間，列寧格勒統計當地磁場干擾強烈的日子，患心肌梗塞者需急救的患者是磁靜日的好幾倍。中國近來也有報導，指出氣溫、氣壓、濕度等因素對人體血壓變化的影響，比不上地磁變化這個因素的強烈影響，對地磁與健康有所關聯這方面的研究，北韓就很深入，已經將磁能應用到人體醫學健康的範圍，只是知道的人很少。

我們一天中約有三到四分之一的時間都離不開的地方就是「床位」，它是陽宅中最重要的風水位，一般人在傍晚到黎明前，松果體會因爲光線減少，開始分泌褪黑激素，讓我們鬆弛下來，我們的副交感神經也較活躍起來，會使我們心跳緩和血壓降；如果床位附近音響與電視不停止演出，我們精神當然無法安定下來；臥室只是睡覺的地方，越單純越好，我被邀請勘察過一些豪宅大戶，常常發現布置最好的房間卻是外傭在睡覺的簡單小臥室，睡如此好床位，難怪她們既耐操又少生病，反而又大又豪華的主人房，住的人卻患了一大堆慢性病，老是常常跑醫院。

我建議臥室最好不要太大，適當就好；房間顏色要柔和，電氣用品不要太多，有適當的冷熱空調但不要直接對著床吹，隔音要好，衛浴設備與臥床有間隔，這些是好床位最基本的認識。由於地磁0.4T對人體極有益處，但是若住在鐵皮屋或鋼骨大樓裡或長期坐在汽車內部，身體被大量的鐵包圍著，地磁會降低到一半的0.25T，對於自律神經有不良的影響，因此住鋼筋水泥或鋼骨大樓的人們，要常常到郊外接觸大地，以便平衡自己的體內磁場。

以上這些條件符合了，再考慮風水的卦位。有些朋友信了東四命、西四命，就爲了配合命卦把床位擺得令人噴飯，這是捨本逐末了！還有床位基本上忌在正樑下，也不宜擔樑、騎樑，床前不沖柱子，床後不落空，不要擺設在樓梯正下方，床下不要有暗溝，床不對浴廁門等等，這些都是擺床的常識，先注意是否有犯到這些不好的干擾場，再去考慮卦位。建設公司在設計房子賣給客人時，如果主動排除這些不好的配置，讓買房子的客人都能安心且住得幸福，就是一種積功德的事業，主事的人福報會很大。

2-2　沒有污染的好風水農場，才能長出好的健康食品

順便一提，四年前，我又寫了《抗癌新希望「巴西蘑菇」》，主要是提到這種大自然腐生的蕈類，能提供我們大量具有螺旋能量的**β**型多醣體，不但清除自由基能力超高，還能激起人體免疫系統抗癌的生化反應機制。最近看到電視廣告強調某家的巴西蘑菇多醣體含量最高，成分最好，完全弄不清楚**α**、**β**型多醣體價值是天地之別。這其中有待澄清的是許多產品在加工處理過程有添加糊精（醬糊主成分）這種東西，它也是多

醣體，可惜它是α型的，酵素很快就分解掉它們，沒有甚麼提升免疫的功效，只有β型的多醣體才有此用處。

如何分辨它們的好壞呢？首先用澱粉酵素將α型澱粉分解溶解後用水洗除，再用酒精來沉澱此β型的多醣體，經過冷凍離心後，取出β型多醣體沉澱物，再將它溶解於水中，這部分代表人體能夠吸收的β型多醣體，接下來用HPLC儀器，以195奈米波長來檢測該光譜被多醣體吸收的參考數據值，才能區分出產品是否為有效的β型多醣體。同時，這個多醣體還要有很高的自由基清除能力，也就是俗稱的抗氧化力。

內行人看門道，外行人看熱鬧！我曾經用光子密碼測得能量一百等級的巴西蘑菇，它是巴西所生產的純種天然產品；我特別將該產品麻煩資源微生物研究所林慶福博士以最先進的高性能HPLC（高效液相層析儀），用DPPH檢驗法來測出其自由基清除能力，發現該產品結果極為優異，同時也驗出它有極高含量的β型多醣體，我最滿意的乃是這個產品經過確認，它是能被人體吸收且沒有重金屬污染。

這裡面就有一個奧秘，β型多醣體含量高的天然產品，常常是被發現在風水氣場好的培養地點。這種地方一定有好山好水，特別要有優質的水源，不能有任何重金屬或農藥等污染，還要具備廣泛的微量元素，特別是鍺這種元素。水是最重要的生命化學反應的運作場所與化學能量高效率儲藏室，水也是巨量生命信息的資料庫。高山雪水融化後，灌溉成長的農作物，能量都很高，日本新潟縣出產的米最好吃，與該處冬天積雪最多的高能量灌溉融化的雪水是有正面關係的，其中還有一大祕密，新潟縣中面向日本海的這個大穴位是日本該區最強的主穴，想一想就能體會爲什麼該地產的米價最高，因爲這些米有極強的生物能量，會吸引人去購買。

β螺旋擁有很高的精微能量，這種好東西，能夠補充人體的生物能量，靈芝、樟芝這些好東西都擁有好的多醣體與自由基清除能力。

近來，大家對培養蕈菇類等養生健康食品很注目，這些產品的關鍵成分，除了微量元素鍺以及核酸類以外，螺旋的**β**多醣體是最受矚目的。其實五穀雜糧的種子，特別是其外層麩皮，都含有許多**β**多醣體，我們吃的糙米飯也有它們豐富的含量，只可惜我們吃得太精緻化了，把它們都碾掉了！我們常常在不知不覺中，爲了好吃與加工，把抗癌與抗老化的天然食物，損毀與漏失掉其中最珍貴的好成分。還有在各種有深色水果的表皮中，就含有大量抗自由基的多酚物質，也同樣被無知的我們浪費了。

藉由健康食品提高免疫力也是一種保養方式，但人體只有在良好的睡眠下，肝功能才容易發揮排毒效果，同時深沉睡眠才能有良好的內分泌物質周流全身，它們會促進免疫功能提升；所以睡眠是人體運作系統極重要的一個環節，如果沒有好的睡眠，吃再好的健康保養品也是枉然。

光子密碼科技在生物科技與健康食品的應用非常廣泛，有機會本人會再著書詳細講解，如何快速體驗它對我們在飲用的水質，以及各種礦物質、維生素，是否有好的相容性，以及是否眞的對使用者有正面的功效。

現代人類的生活環境中，有很多電磁能產生的幅射線充斥著，對人體的傷害是潛伏得很隱然，實際上卻也很嚴重，極需要注意防範。人要長壽與健康，與環境的保護及趨吉避凶是有絕對的關係。住家附近，有超高的電磁波，長期住下去，實在冒很大的險！而好的**β**型多醣體就有極高量的自由基清除能力，可以減少電磁波引起自由基對人體DNA的傷害。

筆者近來接受委託做一家奈米級負離子機的能量評量，發現好的負離子，不但能中和一般住家與辦公室的正離子，它對環境中干擾人體的一些電磁波，具有不少保護及遮蔽的效果，而且對人的運勢還有提升的效果；至於一般聲稱的負離子風扇及臭氧消臭機就沒有這方面的表現，這些新科技產品對人們在風水的好壞影響，都有待進一步研究。

2-3 電磁波幅射與自由基攻擊DNA，是新的風水課題

自由基有害物很多是由環境的幅射線誘發出來的。自由基攻擊DNA，使基因改變

造成突變，讓細胞加速老化或引起可怕的癌症。因此，我相信新的風水觀念，還要增加這些幅射線的議題放到評量範圍才行。

歐美對地球能量場的研究也有另一套理論架構，除了用金屬測量棒，又稱卜杖（類似中國堪輿的尋龍尺，西方探水脈用具）以外，他們使用精緻的波動頻率檢測儀，偵測掃瞄到一些磁電異常的區域，通常呈現帶狀分布，他們稱此爲磁場擾動區；這些區域常常被發現有低頻干擾（6.91~7.81Hz）的產生。

生物科技專家在該區域培養細胞組織，結果發現此地區培養細胞的DNA，比對照區容易產生變異，致癌率比正常地區高出好幾倍。從這些研究上，我的推測是這些低頻使某些DNA的垃圾基因（佔人體總基因的九成八）中的一些解碼開關基因群異常啓動，使得細胞內部自動回饋控制系統失靈。由此我們可以了解到我們生存的環境中物質界的層面，電與磁所產生的波動頻率，會影響DNA的結構異變以及DNA的解碼過程，因此，太靠近強烈的電磁場還是要注意保持安全距離。人類DNA有兩區，在細胞核內的DNA尚有自動修護機制，但是粒線體DNA就沒有此機能，特別是女性的粒線體DNA受損後，其子孫的存活率會受到影響。

台北市的室內電磁波最近有某團體進行抽檢，結果有百分之二十超過10毫高斯。根據流行病學的統計資料，暴露在四毫高斯的電磁波下，會增加小兒白血病的風險，且每超過一毫高斯，罹患癌症風險就加倍。外來的電場由於遮敝性高，少有安全顧慮，主要影響生物體的以磁場爲主，由磁場滲透後再出現的電場就很麻煩。磁場之單位爲泰斯拉（Tesla）或高斯（Gauss）或毫高斯（mG）。1泰斯拉＝10,000高斯，1高斯＝1,000毫高斯(mG)。

我們在風水上要注意的是，建築物內的受電室、變電室，要與臥床位置與辦公桌的位置以及學生教室有所區隔，這幾個位置是當事人長時間停留的地點，不可以太接近電磁波的發生來處。目前台灣一些團體對環保署暫訂的瞬間833毫高斯建議值認爲是太寬鬆了，世界上以瑞士的要求最嚴格，瑞士官方要求新設置有關的電力設備，電磁波要低於10毫高斯。究竟這些磁場強度對人體健康影響如何，還是有待進一步的實驗，幸而在光子密碼評量風水的項目中，就有這一項評量以及大哥大通訊低頻干擾的負面能量檢測，提供關心生命的朋友們參考。當該干擾波位在陽宅的歲破、太歲，及2黑5黃到臨宮位，負面效果會增強。

我們身體不會被電場穿過與滲透，磁場才有這個能耐，只有變化的磁場，才會影響人體；重點在磁場並不會干擾人體，會干擾人體的還是電場，而且是從變化的磁場引起的電場，依馬克斯威耳的方程式（Maxwell Equation）指出，產生磁場與電場互相連動的波動方向是彼此垂直的，因此變化的磁場所產生的電場，會在細胞膜與酵素的活動中心造成影響，中研院的王唯工教授在《氣的樂章》一書有詳盡的解說。

電磁場並非只有壞處，穩定而持續的磁場例如0.6泰斯拉的穩定磁力就對腫瘤細胞有抑制作用，中國張小雲等學者研究發現此等強度的磁場能夠讓細胞進入分裂期的延緩期越明顯，進一步說明是磁場影響細胞由S期進入G2期時延長了它的遲緩時間，這段是染色體複製的期間。對於細胞分裂生殖的循環過程，突破性的觀點是DNA螺旋，細胞分裂生殖的控制因子與電磁場間有密切關聯。電磁場跟風水有極密切的關係，這一點我們在後面章節會更清楚的解開這兩者間的祕密！

地球的磁場強度已經在近一百年減少了百分之五，或許快者三、五十年，慢者兩千年後，就沒有磁場了；當然磁極反轉在地球已經是多次出現，還是會在未來產生相反方向的磁場。最可怕的是磁場反轉前歸零的那段其間，地球就沒有電離層的保護，而讓宇宙各種危險的高能幅射粒子肆無忌憚攻擊生物體的DNA，會使地球所有生物造成大浩劫。

第三節：光子密碼解開風水的面紗

3-1 光子的生命力展現到人生的福壽康寧上

當筆者四年前透過小海豚意識科技研究機構曾坤章博士的啓蒙，於是將三十多年來在企業工作之餘所研究與整理的中國傳統堪輿學資料，應用該所研發的「光子密碼」應用技術，評量 些代表性的風水案例，再與傳統堪輿所做的評論相互比對後，赫然發現「光子密碼」技術極具準確性；最特別的是「光子密碼」能夠將該環境能量場的吉凶表現，取得客觀的數據供參考，它所測定的能量是採用對數的比較值表現出來，這個結果使我興奮無比。

原來，我研究的風水學有深遠的奥意，風水能量是大宇宙網狀能量場

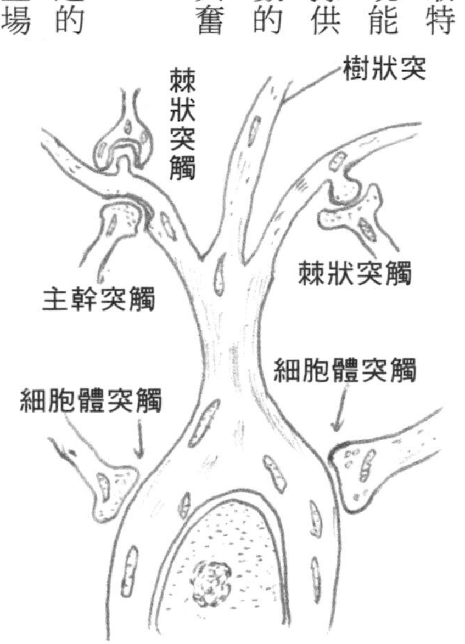

神經接觸部位的突觸，是化學物質傳遞信號要點，也是光子密碼波動頻率的調變處。

的一環，它透過光子波動的特殊頻率，經由宇宙與地球廣布的巨大光子網路，無私的奉獻給大地生存的一切；而人類則在不同的地球光子網路空間中，依照自由意志，自己去選擇地理空間接納或拒絕它們。當收納好的風水能量，人們就能夠透過DNA的解碼後，經由內分泌系統與中央神經系統網路來調整身體的表現，讓宇宙生命力展現到人生的福壽康寧上。

因此，今年春天乃毛遂自薦，將這種想法與光子密碼科技研發者的曾博士討論，是否能夠應用光子密碼的評量法，應用於風水上寫成一本書，將此種第一手研究資訊提供讀者做爲參考？

我提出本書的寫法，是引用一些簡單易懂又有代表性的案例來做輔助，藉著實例來說明難懂的意識科技，使讀者能夠依著我與客戶間的諮詢資料，漸次的融入狀況。此想法獲得曾坤章博士支持，且願大力鼎助，也願意將他多年來在該領域的經驗與對該意識科技內容的了解，不吝於讓我公開於本書中，曾老師境界很高，本人的看法與視野仍有待努力才能趕上，但爲了讓對風水有興趣的人有多一份參考資料，還是讓它簡陋上桌，期待衆先進高人多所包涵。個人只企望透過本書能夠引領讀者認知中國五術玄學在意識科技中的現有境界，提升風水學的領域，趕上世界潮流的水準。

3-2　光子已經可以進行解碼再重新組合

由於各國科學家的努力，對光子應用於物質的轉移，也開啓一個新的課題。目前最先進的是澳洲的華裔林平奎博士，他的團隊將幾十億個光子摧毀後再複製出來。這是史上第一次的創舉，也將光子的粒子性經過分解成爲數碼，在於另一個位置組合，重新出現這些光粒子，光子能夠有波、粒雙重性質，還能夠分解爲數碼，經過這些有創意科學家的努力，以後我們會對光的認識越來越進步。

以下是二〇〇二年六月國家地理報導的網路資料：「由澳洲國立大學華裔物理學家林平奎（音譯）領導的研究小組，最近破天荒地利用一種名爲「量子牽連」（quantum entanglement）的技術，在光學通信系統的一端把一束鐳射資訊「毀滅」，然後在一米外的另一端，將它重新現形。

6月17日，澳洲聯邦科學部長麥高蘭主持記者會，宣佈了這項成果。該小組說，瞬間轉移的最終目標，是像電影《星空奇遇記》一樣，瞬間把人傳送到遠方，無需交通工具。光的構成基本單位是光子，所謂「光束瞬間轉移」，簡言之就是將一束光從一個房間轉移到另一個房間，箇中關鍵是利用該光束內的光子資料，在另一個房間複製出來。

我們所見的形象。

一個光子本身在三維的尺度下，含有八十四億個基本意識原始位元，此每一單位皆有固定的振動模式。而多維（多次元）波動就是形態發生場（Morphogenetic Field）中因應意識所產生的立體投射，所有成型的各式各樣形體，皆能解碼回到基本的原始意識單位。從這個視野來看我們今日的科技水準，還是看得出仍有很大的空間來突破與發展，我這幾年來浸淫在光子密碼的評量與研發後，堅定的認爲它是目前人類與多次元宇宙溝通的最佳介面。

光子密碼儀本身也可稱爲一種**φ**的解碼機器，以及將ESP解讀成數據的工具·，希臘文**φ**（psi）代表超常現象，也代表未知的領域。ESP（Extra Sensory Perception）是代表一個人具有心電感應、透視力、預知未來及迴知過去的能力。我們經由這個解碼系統，破解了風水的許多秘密，也應用它來評量並改善風水的能量網路體系。

第四節：光子風水評量法的初試啼聲

4-1 用拍立得相機來捕捉風水資訊場

兩年前，我在一家經營波動能量檢測的公司網頁上，打出一個新的服務項目，標示爲「風水能量場評量」，心裡很單純只想著：這一年來，自己不斷的利用工作空檔研究出來的新評量領域，或許可以幫忙一些有興趣於風水的朋友或是客戶，開發出一些有創意的新業務。

想不到幾天後，就有客人來電想要了解這種新鮮的玩意兒！我們在電話中經過一陣子的溝通與解釋，兩個小時後，一對年輕又有氣質的夫妻就出現在我服務的公司了。

當然，我第一次接受委託做風水的IDF能量評量，既興奮也有一些緊張。

對方依照我電話中的交代，事先在家裡用感光度六百底片的拍立得相機，依序從自家的大門、客廳、主臥房以及女兒的臥房都拍好了，再用透明塑膠袋個別裝好，如此待評量的樣本就齊全了。

見到他們，就如同在電話中感受的，是頗精明卻又和藹可親的一對夫妻檔！

在接待室，爲了讓客人有信心又安心，我簡單扼要的對他們解釋我的評量方式。讓他們了解我如何利用一套電腦，搭配IDF「光子密碼」儀器，將風水對當事人的好壞影響，以明確的數據表示出來。

這些拍下來的樣本照片，透過電腦程式（Program）的運作與IDF儀器的解讀，這些程序類似影像解碼的步驟，使陰陽宅環境的背景所呈現的波動資訊，一筆一筆的顯示出它們的能量值來了。

我告訴他們：「光子密碼這種創新的技術突破，使得一方面廣受歡迎，但另一方面卻被認爲很不科學的『風水』，有了明確的評量數據被檢測出來。

這些客觀的波動能量數據，讓我們很清楚知道自己的陽宅或祖墳的好壞。因此，光子密碼風水評量法，我認爲是東方心靈哲學的爸爸與西方的物質科技媽媽生出來了混血寶貝吧！」客人們聽完我的解說，他們很「阿莎力」，寫完了委託評量表，就交給我所要評量的目標，就是他們家裡的拍立得相片評量樣本（Witness）。

當我見到這對夫妻，第一眼就感到很喜悅與舒服，直覺是兩個人的氣質好，光子生物能量值一定不低；寒暄中，才知道他們夫妻有很好的氣功底子，他們說我工作的地方有一股喜悅的能量，他們感受得很強烈。

原來如此，大家的意識頻率很相近，難怪他們對我的創新服務產品很快就能接受，且一經說明就能讓他們切入這個新的意識領域！

彼此溝通了一陣子，由於我必須靜心專一來檢測樣本，就送走他們，回到評量室，低頭看了委託表，才知道他們倆是國際級的珠寶設計師，在目前市場上算是炙手可熱，是最具有創意與創造附加價值的事業家。

兩天過後，我向他們提出評量的報告，報告的數據讓他們都感到又詫異又高興；因為光子密碼所測出來的數值，與他們用氣功所感受到的直覺反應，很多方面都不謀而合；同時，有些項目的數據，也眞的解開了他們一直無法解釋的疑惑。

4-2 誘發α波的風水環境帶來好運

設計師家的客廳佈置得非常好，光子密碼測得的能量很高，該客廳納的氣非常清純，特別是財運指數很強；對這部分評量，他先生就非常同意，他能感受到自家客廳的好氣場，朋友多半喜歡在客廳逗留談事情，因爲停留在該處，讓人心情很容易放鬆，感覺又愉悅又舒服，因此每次在客廳，生意都談得很成功。

好的辦公環境會誘發大腦產生α波（8～12Hz），人會有愉快又輕鬆的心情，讀書與辦事的效率也比較高，財運跟快樂的心情是同步的。百貨公司也好，卡拉ＯＫ店等場所，一定要挑好的風水場，產生愉悅的波動頻率，才能留住客人。日本國產有不少腦波研究專家就很推崇α波，認爲該波對兒童學習能力有提升作用，對成人的情緒管理也大有助益。

接下來，看看他家中兩個臥房的評量結果，數據顯示都有不好的干擾頻率，尤其是他們的寶貝女兒住的臥房很嚴重。這部分特別是「邪惡行星干擾線」的負面能量比較強烈，這些不但會干擾住者的睡眠，也會影響其情緒控制；關於這個負面能量，他們夫妻由於都練過氣功，也有這種感覺，只是不知道是什麼原因造成的？以及如何改善它？

還好，經過我們IDF的風水評量，答案顯示出來了！房間除了「邪惡行星干擾線」外，還有「黑暗靈力」與「外星干擾線」的負面能量出現。「我們有感應，就是不知道眞相，但是這些負面的東西有沒有辦法除掉？」太太很急切的要我快提出改善的方案。

「能夠測出它們的負面能量頻率，就能夠將它們平衡掉。請放心吧！」我斬釘截鐵的告訴他們。

由於他們樓下鄰居的房子，前一陣子租給別人，似乎做的生意不是很正當，出入的分子也有些複雜，經過一段日子，就漸漸的影響到他們家了。

「一切負面的能量出現，是因爲你們有潛意識下的深層不安與恐懼，投射到房間的空間。只要明確的找到原因，用愛與寬恕的能量，釋放它們出來，問題就解決了！」我特別強調較高的意識層面，因爲抓問題必須找到因，解了因，就能一勞永逸處理問題了。

一般人常常以業障來解釋這些現象，而採取符咒或用法術來對付，但我認爲萬法唯心，一切唯意，用正面與和善的意識心念來化解這些對立的幻相，是最上乘的方法。但是一般人並不具備這種心念的能量，只能一步一步來幫他們抒解這些厤煩。

4-3 偶像的圖片不要亂掛

爲了逐步改善他們的風水，我提出簡單的配方（Solution）。

首先，因爲女兒的房間干擾最嚴重，所以暫時不回房間睡覺，先睡在能量高、氣場好的客廳一星期以上（七天代表一個循環）；我特別交代他們夫妻，要將她女兒臥室牆壁上崇拜的一些偶像圖片拿下來，收藏到櫃子裡，因爲有些人的 θ 波比較高，潛意識比較強與豐富，容易將自己的能量投射到偶像的圖片上，崇拜偶像會流失自己的能量給對方。

我也請他們把窗戶封一小部分，減少該部分的侵擾進來的外星線與斜惡行星光。另一方面，請他們每天噴灑一些具有調整能量的「光子密碼」水，這瓶水是經過IDF儀器輸入了平衡五行的波動能量，以及消除負面頻率的密碼；除此之外，依我個人經驗建議他們每天點一小段伽楠香（沉香的最高品級），它有釋放壓力與調整情緒的好波動頻率，更具有屏障干擾的效果。

藉此之助，很快的就能把不好的頻率校正回來，沒有必要大舉改門換窗，就這麼簡單。

主人的臥房較不嚴重，我只建議房門常開，引客廳的好氣進入，有空時，點個好香及噴一些能量水就好了。二〇〇六年起我啓用一種美國小海豚意識機構開發的光子風水機，效果更好，詳情容下章再解釋。

客人回家後依照我們的指導，每日將房子的氣場調整一番。

4-4　拍立得相片評量後還能夠繼續追蹤其變化

三個月過後，我利用光子密碼儀追蹤他們的房子能量後，知道他們家的能量場已經提升到良好的98以上的優良等級，而且穩定下來了，負面能量也消失了。

我打電話過去，接電話的是美麗的太太，她一聽到我的聲音，就：「哇！是你呀！光子密碼科技眞神奇耶！」還沒等我告訴她剛剛所測量的當下數據資料，她就嚷著：「對不起！最近生意太忙碌了，忘記打電話給你，在我家客廳接洽生意眞的好順利！忙翻了！」

我趕緊告訴她：「今早我檢測妳女兒房間的各種干擾，都不衡了，她情緒應該有進步一些，關節疼痛也緩和很多了吧！」我還是很保守的提出我的推測。

「哇！我幾乎忘了我的寶貝女兒幾個月前又叛逆又無精打采的樣子；她現在非常好，充滿信

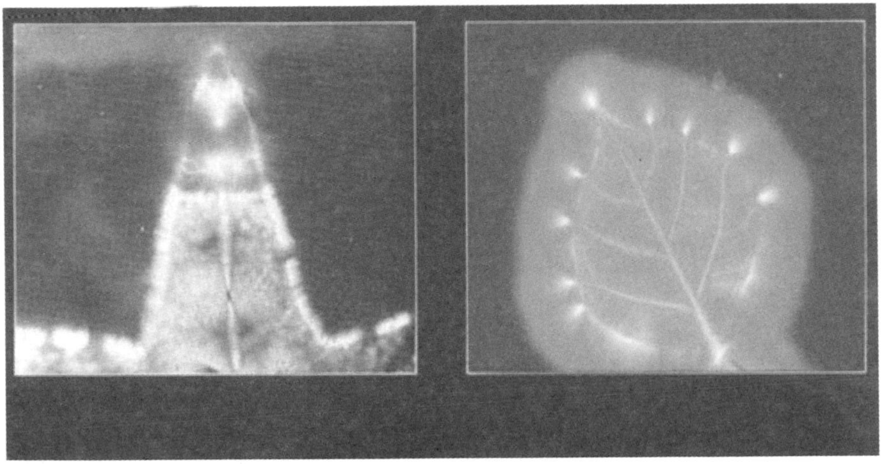

克里安照相能拍出植物葉子氣場

心與活力，正準備轉往資優班去自我挑戰了。」母親的愛，母親的期待，眞的是世間最寶貴的恩賜。

「對了！我想買下一家銀樓店面，明天會帶照片過去評量，方不方便？」她緊接著對我說。「O.K.，明天下午我有空檔，見了面詳談；下午兩點鐘見可以嗎？」「好！我們會準時到。」就是這樣，我們與這些客人，一組一組的評量下去；轉眼間，近百件案例就這樣完成了。

根據我接觸過這近百組客人的詢問經驗，剛開始，只要一談起「光子與風水的效應」，總會引起一陣新鮮感，好新奇的東西？但接著也很快的又會有一種疑惑感混雜在其間，因爲到目前爲止，我們還沒有這方面的資訊，坊間更找不到這一類的書籍與資料。

第五節：宇宙與光子的本來面目

5-1 光子的波粒二重性

著名的心理學家韋斯（Stuart Wyse）說過一句讓我們深省的話：「科技已接管我們的生活，但科學並未趕走我們的心智。」我們要解釋這個答案，就要由東方的哲學（包括佛學、道學……）與西方的科學（數學、物理……等）來尋找出它的演化過程；套句當前最具權威的宇宙論大師史蒂芬霍金（Stephen W. Hawking）在其《時間簡史》（A Brief Story Of Time）中所闡釋的理念：「科學的終極目地，是在於提供一個簡單的理論來描述

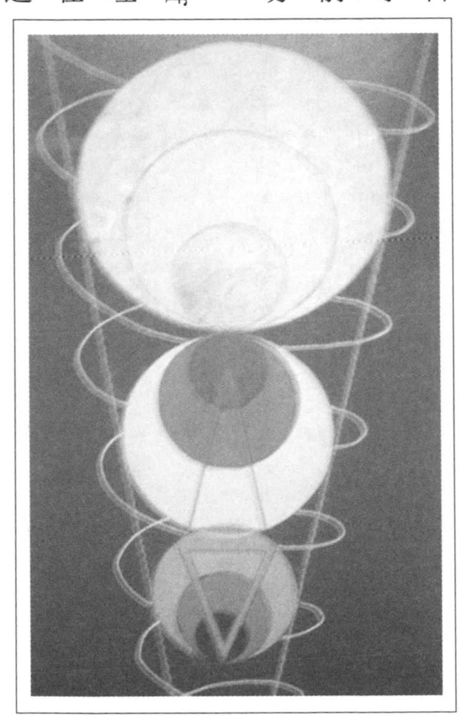

螺旋的光束能量有不同層級

整個的宇宙，我們今天的科學是依照廣義相對論和量子力學兩個學說來描述它的構造。」

光子是光的粒子嗎？光粒子又怎麼會和中國古老的傳統風水學交集形成一門學問？讓人一下子感到它有點不東不西的！

愛因斯坦不僅最早將粒子特性賦予光波，可以說，他最早注意到了物質的波粒二重性。由於波粒二重性被證明是自然界中一切物質運動的最基本的量子特性，因此愛因斯坦的這一發現，甚至比他的相對論對後期物理學的發展更爲重要。

一九〇九年，愛因斯坦嚴格證明了輻射，也即是光子具有波粒二重性質；並且指出已被實驗證實的普朗克輻射公式，同時證明了輻射本身包含了這兩種對立的屬性。光的波粒二重性的發現，也許是愛因斯坦對量子理論所做出的最大貢獻，它首次揭示了光的量子特性，即光不僅具有波動性，同時也具有粒子性。這個光的波粒二重性概念，進一步引導物理學家迪布羅依提出物質波假說，將光子的波粒二重性賦予到所有的物質粒子中，並促使薛丁格建立了量子理論的波動力學程式。

二〇〇六年在德國舉行的世界杯足球賽，指定的愛迪達Adidas比賽專用球的圖案，設計得眞好，用它來說明波粒二重性，眞的很傳神，整體是顆會旋轉、會跑、會跳的足球粒子，但球表面與裡面充滿了波動的封閉弦能量，像這顆比賽專用球的圖案：讓我深深感受到這顆球可是充滿宇宙能，家裡擺個這顆比賽足球，都會讓它散發出一股「氣」來調高房子空間的能量呢！

請大家不用懷疑，只要你有耐心的閱讀下去，筆者眞心告訴各位：二十一世紀初期，東方與西方文化最重要的融合產物中，將會有風水這個東西。

藉由西方物理科學的理念，以光子「波動頻率」來代表架構資訊能量場的組成元素，用「波動頻率」來代表東方風水的各種奧祕內容，將會從今天起逐步被解讀與破譯出來，最後這個屬於東方哲學思維的風水理念，將被發現頗能夠符合西方科學的量子理論與超弦理論的科學推論。

5-2 亂解因果關係是迷信的根源

有一天，有一位陳先生看過我的網站後打電話來，一定要約我談有關光子風水評量。

第二天他準時來了，眞的帶來兩張用塑膠袋包好的拍立得相片，很客氣的自我介紹他本身是執業將近二十年的命理師，也是中華道教總會下某一命理研究的研究委員。因

咒，實在是無奇不有。」

「人家都說水是財，山是丁。但是馬路、通道是屬水還是山？」

「水主要在『動』字；山主要在『靜』字。古時候，中國人的交通工具是『南船、北馬』，有通達的交通才能貨暢其流，而貨暢其流後才有利可圖。

風水上以『水』泛稱交通的網路，所以有旺盛的交通流量才有『財路』，水路運輸的集散點就是『旺水』處，所以『人潮就是錢潮』，人潮會帶來買賣交易，商機在潮字的『水』，所以古人稱呼水是財。因此馬路、通道，還有通訊頻道，在風水都通通屬於『水』道。」

「那麼網路上瀏覽的流量也是一種『水』了，誰抓到網路瀏覽的人氣，就是找到虛擬的財路了。寬頻網路，豈不是寬廣的財路了！」

「沒錯！但網路賣的是先看內容，寫內容的人也要有那種吸引人氣的本質，所以『人』的意識本質才是風水這場戲劇的主角，戲的布景怎麼配置，端看這個人的意識是否有好的能量場，有的話，就會引到好的機會來吸引人氣、收納財氣。」

「很多風水師看到路沖的房子就怕，但是『沖到旺宮無價寶』，就是錢潮湧進來的好地點，怪不得我的好友陳聰隆師父最尬意的就是『沖』，『沖』才具有大的能量，要讓衰鬼翻身，陳師父往往利用這個『沖』字訣來扭轉乾坤。但也要懂得『駕煞生權』的手法，否則弄巧成拙，就是『沖到衰宮化做灰』了。只是『沖』的能量猛，商業上用很好，住宅屬靜爲主，用『沖』就要引用很多借力使力的高招技巧。」

「如果將廣告招牌放在路沖的地方，藉由它來達到宣傳效果豈不是功效卓越！」

「沒錯！如果你到最會做生意的香港九龍的小街道上，抬頭看看滿坑滿谷的招牌廣告，一個接一個都延伸超過前家的版面，怕被掩蓋看不到，而比較後面的招牌，爲了探出頭來，拉長到幾乎快和對面的招牌抵住了。眞擔心一個大地震，滿街車輛與行人將無一倖免，還好香港不在地震帶上。」

「高速公路彎曲處沖到路的好位置，往往有很多養眼的廣告，讓管理單位擔心駕駛人分心忘了路況，眞的是效果好得不得不被取締，甚至被交通單位要求拆除。」

「如果你在假日到忠孝東路四段走一趟，那些攤販擺的位置，生意最旺的一定是有沖到路氣的，但也往往造成妨礙交通；人潮聚就是錢潮，攤販搶位置，就是攔截錢潮，難怪交警取締不完，倒眞的是無奈呀！」

「光子密碼解出來許多風水之謎，下至身體健康，上達開悟成道，有緣的話，我會再和你一起分享。」我衷心的盼望每位來訪的客人都能盡興而來也能盡興而歸。

經過這次服務過後，陳命理師就陸續寄來一些他拍攝台北近郊幾處好風水的樣本拍立得相片，請我爲他評量，包括觀音山一些好穴場的相片。

5-5　觀音山有好風水好能量

很奇怪，觀音山就是有很強的精微能量；我常常測到指數達到99以上的好穴位。

什麼是穴位呢？它就是「山脈中的竅，氣的出入口，該處具備排水好、土質佳、有溫暖、高不露風、低不受水，有陰陽交媾，生氣交合的地點。」

另一種說法就是穴位是光束能量進出的位置，當光電子轉成量子時就會形成光束，首先光點變成光線，再形成光螺旋，最後成爲中空的圓柱狀光子束。

這個光束型式與DNA構造相似，DNA需要訊息來供養才能發展，發現DNA得諾貝爾獎的華生（Watson）就說：「光同時帶有能量與信息，所以光能夠引發絕大多數的化學反應，這不是偶然的。」

我多次站在某光束的穴點上，發出「嗡」的聲音，該處可以明顯將「嗡」聲音放大數倍並迴響不停，此共鳴的力量會讓我有頓入另一個時空場的感覺，所以好穴可以說用聲、用光、用磁等來證明，有些修行者在穴位發聲頌讚持咒更能引起地靈的共鳴。人類自從科學成爲主流的思想體系後，對於大自然的禮讚就漸漸式微，與大地頻率的共鳴也越來越遠，如果有好的穴點建立成修行場所，人們經常在此吟唱讚美大自然，當能使地球的整體和諧共振更爲完美。

從古蹟中常常可以發現有些位置共鳴很強，都能引起腦波產生共振而出現靈異事件。觀音山是五星（金、木、水、火、土）聚集的一座好山龍，特別是面對台北盆地這一面的有很多好穴場。台灣大事業家的代表人物，他們的祖墳有很多就是葬在這裡的好穴位，特別是磺溪、基隆河、淡水河衆水來朝，水口又有關渡的鎖護，財氣特別強。

光子密碼中，整體能量的指標密碼是（9-49）這一組，對這個物質世界，各式各樣的波動能量所測的最高數據是100；若波動的整體能量有98以上就非常吉利了，一般而言，有96以上就已經不錯，94到96是普通能量，幫助有限，但是能量低於94就比較差，算是微弱的能量；如果總能量在90以下，我們建議馬上漏夜搬遷、溜之大吉，連選擇吉日這個步驟也省了！光子密碼的數據是「指數Exponential」，90與100差十倍，不是差10%，而96.9大約是100的一半能量。

經過多次驗證了光子風水的優異，我與陳命理師也由委託的客戶變成了朋友，有空時我會談一些由風水而引領開悟的經驗，以及有關心靈成長的心得與他分享；最近都談到比較深入的題目，特別是這個地球的風水是怎麼來的。

5-6 由「無爲思想」分裂出來的集體意識創造出世界

爲了讓讀者用最短的時間，對艱深的哲理有較明確的觀念，我特別用此節來剖析這個宇宙創生概念，希望讀者容易就此深入體會了解這個萬古謎底。

本書的論點是從曾坤章博士鉅著的《大進化》一書，與若水女士翻譯的《奇蹟課程》本文此兩大作品的個人閱讀心得中，濃縮簡約而提出的一個私人看法。

第一階段，簡約是純思想、純靈的階層：起初是一個宇宙之前的終極基礎，也就是「大霹靂（Big Bang）」之前之境，可以說是無法用語言來表達的「空無」或「涅槃」，本身勉強可以稱爲自有永有、無極無限的一個「無爲思想」。這個「無爲思想」一直在進化，是看不到祂自己的。

「無爲思想」這個精神體，爲了看到自己，就在某一瞬間的自我觀照念頭中，分裂出一個「全思想」的意識體，這其中也出現自我意識「小我」這個部分集合體，而原始的「無爲思想」這個部分，我們就用「高我（Higher Self）自性」來代表：它仍然捲縮隱藏於這個所謂的「全思想」內。

用中國道家說的理論來解釋是這樣子的：「無極」中生出了「太極」，就是指出這個無限、無爲的「無極」高我自性思想，經過自我分裂，產生了這個有限、有爲的「全思想」，也就是我們稱的「太極」。此太極之境，是以自我爲中心的「小我意識」做主導，欲創造出一個世界來進行活動，但是創造需要有極強力的投射能量，必須要應用到自由意志這股本質完全爲「愛」的能量，也因爲如此，這個「無爲、高我、自性」的精神體仍然有幸的縮藏於「全思想」之中。我大膽的以「聖三一體」來推論解釋，希望能讓大家有更清楚的概念：我們以聖父來代表「無極」，所生出的是聖子「太極」原型，外加上聖靈這個無條件的大愛能量——「自由意志」。這三位是一體不分

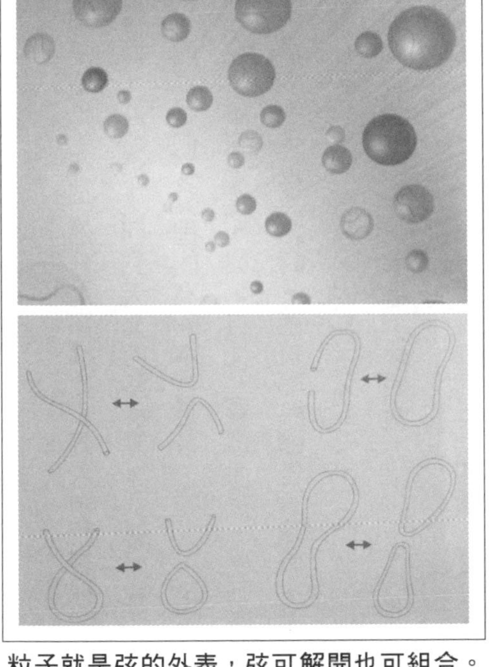

粒子就是弦的外表，弦可解開也可組合。

的，只有人在默感下隱微的高次元中才能悟出。

人類都是聖子的這一部分，耶穌要我們人類藉著祂所彰顯的「自性」這個「基督意識」，當橋樑、道路來走回到天父的聖境裡，耶穌要我們彼此相愛，愛別人其實就是愛我們自己，因爲我們在父裡的高我本質是合一的，只是瞎了靈眼，迷了路；就像浪子回頭故事的小兒子離家出走，與「自性」背道而行，直到匱乏到不行，才憶起自己內心仍有個老家，當人在走投無路時，基督耶穌卻告訴我們，天父仍然隨時攤開雙手等我們回心轉意回去分享天家的豐富，因爲天父從不定我們罪，祂只有愛，天堂我們仍然有分，只等無明的分裂因子一經切斷後，就能回去了。

第二階段，簡約是心智、意識的階層：已經分裂的有限「太極」中的主導者「小我意識」，以「無極」賦予完全的自由意志，這種情感的能量，愛的能量，進行下一層次的創造了。當這個有限「太極」、「小我」投射到有限的維度的空間後，兩儀相對立的向量出現了，相對性的眞理也穿越在這個波動頻率較低的星光層次的世界，也是心理學家容格說的「集體潛意識」所編織的乙太層次世界，這是我們物質的娑婆世界的模板原形。

在此際，我想起理學大師王陽明在貶抑到貴州後體悟時說過的第一句名言：「無善無惡心之體。」它頗貼切來表達前面「無極」的單純無相境界；而他第二句又說：「有善有惡意之動。」這個動，是無極經自我的分裂對焦產生了「太極」層面，伏下了兩極對立的相對性眞理出現；所以接下來善與惡、美與醜、高與低、貴與賤等相對性的概念出來了，這些都含附情感投射的個人意念成分。王陽明強調人人皆「知善知惡是良知」，要「爲善去惡是格物」，走格物致知的理念來生活。

在太極分裂後次階段，降低頻道的「小我」，其意識投射卻越來越擴散，他已喧賓奪主的用自由意志來自創出一個幻相宇宙，由於它投射後的能量體頻率越來越低，使得包含於其內，有如芝麻芥菜種子般極微的「無爲思想」，也就是「高我自性」這個微小精神體，被越來越多的「無明與執著」阻隔它與「究竟涅槃」本質的聯繫。

接下來，第三階段，簡約是物質、肉體的階層：兩極對立的波動意識，進一步降低他的頻率，將其波動密碼，再次同步投射進各個獨立的三維的空間場，於是四象、八卦、六十四卦等萬事萬物的物質幻相世界就順序產生了。這個地球就是我們集體意識投射的一個共生共業的生存空間。我們進入星光體，還能到另外的層面看到平行的宇宙，這些平行的宇宙大千世界，仍然是小我所投射出來的幻相，所以這個物質化的娑婆世界實在遠離「一體純眞天堂之境」到無法敘述的地步。

以上所述是這個娑婆世界形成的簡約三段式架構；第一段是思想的、空性的、靈性

的思想意識一直以所學到的知識爲根據；但人的經驗所產生的知識是有限的，有限的知識如何創造這麼浩瀚的世界？」

我跟陳命理師說：「是人類集體潛意識投射能量才形成這個世界的風水場；最初，因爲『全思想』在『空無』之境創造了一種高層次的心靈意識，但此心靈意識經卻在一偶然下與無限合一的『全思想』分裂，從此該心靈意識與一體純眞的天堂之境分離了。我特別稱此偶然之念，就是一切因緣的起頭『一念無明大霹靂』。之後，此分離的心靈意識，就是人類集體潛意識，存在於星光體世界的以太光子網路層次；它爲了再造一個空間來進行有形的創作與交流，就再應用全思想所賦予的自由意志這個能量，投射到極低頻率的物質層次，來形成娑婆世界中的地球風水場。」

我補充：「人類集體潛意識（Collective subconsciousness）這個觀念，是由偉大的心理學家容格提出來的，它們是存在於星光體的世界，這種人類集體意識能量是很浩大的；當這些個體意識經由溝通與互相影響，就會集體投射出一種集體意識所共同承認的網絡體系，你、我、他在潛意識下，其實是一體的，這種表現其實也是大宇宙智慧的一部分表現；我如果對你好，潛意識下其實是對自己好！批判別人就是批判自己！」

「這個分裂後有限的幻象宇宙娑婆世界，其實有雙重的意義存在。肉眼往外『看』，我們見到的是有形有像的這個世界，這是幻相；但當我們心眼向內『省』，就能夠體會意識中還有另一層實相；由於這個意識具有無窮的創造力，可以投射造出無窮的外在幻相，因此只要把意識提升，回歸正念的思想體系，就能夠輕易改變我們生存的這個娑婆世界，讓它進化到高一層次的境界。如果，能夠淨化分裂恐懼的心靈意識，與聖靈聖愛思想體系結合，更能直接逐步進入『全思想』、『無爲思想』之絕對實境。」

跟陳命理師越談越有勁，就泡壺好茶繼續談：「眞正知識的產生，是根源於純然一體的大宇宙法則，並不是根源於個人的知見法則，這就是終極智慧的表現。這種由大宇宙之神原始合於一之境的智慧，所創造的世界是絕對完美的，我認爲那個世界就是我們夢寐以求的天堂。也就是『無極』、『涅槃』的境界。每次談到一體純然之境的天堂，我的心就會活躍起來。」

「但是我們現在所生存的這個世界，是小我體系爲主導的有限意識世界，只有當人類集體的潛意識在星光體對立的世界，經過寬恕與大愛的洗禮，使我們的集體意識躍升到高我的無限網路中，這個低檔的、幻相的娑婆世界就會消失，而像量子躍升般，轉變成天堂之境了。想進一步了解此體系可以看最近出版的《告別娑婆》與極高層級的靈修作品《奇蹟課程》這類書籍。」

5-8 若見諸相非相，即見如來

陳命理師抄下我建議閱讀的書名後，也提到人類腦袋是否會被電腦統御的看法，他說：「像現在，當電腦出現進而取代人的腦力工作，人就只有做一些想像來消磨時間了，是不是到這時候，人才會回頭來想想，上天給我們這顆會想的腦袋，它是自己會主動的想？還是被一無形的力量在引導去想？還有到底終極目的在哪一方面？」

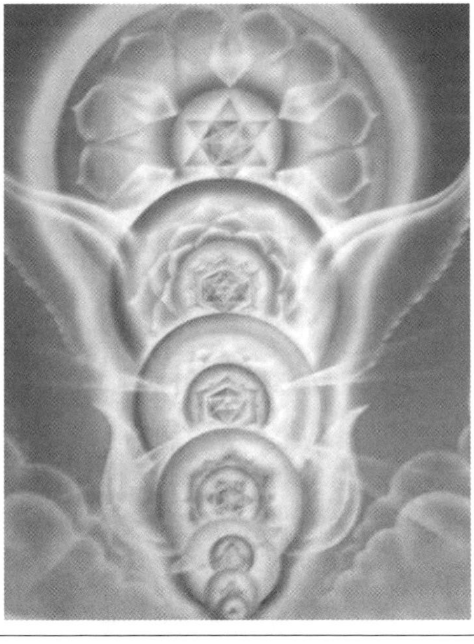

我的看法是這樣子：「記憶、計算的可以交給它，我們要當電腦的主人，只有察覺自己的眞正存在目的，否則就像幾十年前克里辛那姆提所預言的，電腦會顚覆舊世界的宗教，再創新另一種宗教來奴役人們；想想現代年輕朋友流連忘返於網咖的時間，比上教堂做禮拜或去佛寺拜拜的時間多出太多了。

人類要珍惜我們的腦力，在有限的生命過程中，體悟內在的自性，並以大愛與分享的正念來幫助所有人類完成無窮無盡的創造。」

七層次的氣輪光體靈示圖

陳命理師有感而發：「二十世紀在物質科學、衛生保健可能有進步，人們可以乘坐太空船飛出大氣層，在無重力下漫步於太空中；人的壽命由平均五十多歲進步到七十多歲或者更高。但人們在心智上、情緒裡並沒有進步，我們還是一萬年前或更久的我們，意識科技開始萌芽後，人類才會漸漸走向進化之路。」

「可惜人類目前的集體潛意識並沒有與眞智慧的自性合一，而是由一種已經跟眞智慧分裂的『小我』意識爲主導，這種具有『偏見』的有限意識所創造出來的世界，就是一個不完美有缺陷的虛妄世界；這種世界當然就會有兩極化的吉凶結果表現，永遠在對立、鬥爭中無法達成統一。道德經中所說的『太極生兩儀』，在這『全思想』第二次的分裂就產生了陰陽對立，就是那種沒完沒了，兩極抗爭的潛意識所產生的對立，是零合的賭局，絕無雙贏的機會，爲的就是讓你永陷此境而無法超脫出去。地球風水場就是從此潛意識的法則架構出來，因此我們不論在這個地球場達到多偉大的境界，與一體純眞之天堂境界相比，仍然是極其有限的。」對於仍然存在於人類實相中的一絲絲隱微的「高我的自性」來看，這個有限的世界只算是一種對立的夢境；只是大多數人從出生開始直到死亡，經由社會集體意識的重複洗腦後，人們雖然身臨此境，卻也漸迷於此境，最後完全被小我所創造的假象蒙蔽了，直把這幻境完全認爲是眞實的。如果我們能了解以上所說的意義，就會了悟佛經中「若見諸相非相，即見如來」。這一層意義了。

5-9　用大愛與寬恕來察覺與觀照這個地球的風水

我們既然已來到這個娑婆世界，要抱著既來之則安之的心，在此對立與衝突的世界中，盡量趨吉避凶來活下去吧！

依照多年觀照如何愉悅的與這個世界和諧相處的風水看法，就是：「我們在意識層面上，研究風水這門學問，不能只站在單獨關切人類生存的角度來思考；只要還生活在此世界，還是要以山川大地、日月星雲、生態圈的角度來思考人如何與大自然的一切和諧共處；以及如何與萬物的生命氣息同步共鳴，整體生靈才能獲得無窮的福祉。即使這個世界不盡如人意，我們還是要以容忍寬恕之心來對待這一切，因爲生命中還有一個最偉大的因素，就是愛。」

「這麼說來，人要跳脫自我的意識來獲取大宇宙的自然意識，就能接近眞正的知識了？」陳命理師接著說：「我們如何跳脫自我框框來體會大宇宙的自然意識呢？」

「最重要的是懂得會察覺（Awareness）！以愛與寬恕之心來進入內心的層面。」

我很喜悅的感到我們的談論越來越接近核心了。

「察覺每一個念頭嗎？我打禪靜坐時一直努力放空，數息也好，氣聚單田也好，總覺得就是無法眞正到達這個境界。它又是甚麼呢？在我們研究風水的時候，又如何藉著察覺來發現這個地球的眞相與它無窮的資源呢？」

5-10 察覺是用心靈來融會，不是用腦袋去思索

「察覺不是努力用腦袋去想，輕鬆下來，讓自己的感覺與大自然融合吧！聽鳥兒的鳴聲、觀花朵的笑靨、看海岸之浪花、聞樹幹的香脂、賞星星的閃爍等等，當它們與我們融成一體時，此刻，我就是它，它也是我，我已經與宇宙大自然的脈動同步了，我已經進入完美的地球風水網路了，驅動它的是光子愛的能量。這時，我們就能清楚的對當下一刻所發生的萬事萬物通通明白。」

陳兄眼睛一眨：「那麼要與地球的波動產生共振與同步，應該有一個共同振動的模式與頻率，才能感應到吧！」陳兄一下子就直指核心要尋找的答案！

光的能量能療癒人的生命場

我翻了一下美國有名的光療師所著作的書秀給他看，書名叫《光之手（Hands of Light）》，回他話：「這本書的作者是位美國太空總署的工程師，也是靈能治療師的巴巴拉布雷，她發現了7.83Hz這個特殊的頻率，就是我們要進入地球意識的共振頻，這個頻率是在放鬆的α波以下，潛意識的θ波上緣，有些學者把7HZ歸到α波範圍；因此，要達到與大地共振同步，是不需要靠認眞、努力的心態來做；只有在放寬心智、釋放情緒下，才能讓自己瞬間融入在地球風水場的慈愛網路中。在這個當下，許多靈感就如泉水般不斷的湧出，這點曾坤章博士著作的《遠離豬頭；擁抱佛陀》一書也有明確的講解，以後會再詳細說明。」

我們這樣子聊聊天，卻往往會激發很多感想，我都會在Say Good Bye後，記下方才的談天重點，一點一滴整理出一個光子風水的基本理論基礎，我很感謝來我們服務處善意挑戰的朋友。總之，這個世界是由所有生命存在體的共同意識，爲了探索無限的生命進化，在潛意識裡因彼此間的共生與共業，而創作形成的一個風水意識場。

第六節：風水場中的各種靈氣

依據玄通大師以其道家的感通靈力，認爲地靈是由大小崑崙山天柱向全球分十二條脈氣傳輸而形成的。各脈氣有衰旺起伏的波動週期，當各脈所結的穴心，出地面往上發射時，由外太空透過電離層也有能量下降與之相吸相合，兩股能量合爲一條螺旋光束，除非有水隔開，否則能貫穿一切物體。而地靈衰退時則上升靈氣薄弱，往往只冒出地表面翻滾無法與天靈交合。殊勝的靈氣通常呈現五彩或紫色，金黃色與紅色也是興旺的靈氣，白氣屬冰涼之氣，黑色與青色則比較帶邪氣，這是以星光體所看到的色彩，肉眼不一定看得見。

有些地段瑞氣很旺盛，呈現帶狀而與地面平行，像一些小小霧狀光點，天氣好時，甚至成小光球般集結，有時呈現五彩色或紫色，會往穴心飄浮聚集，如果能引入室內則祥瑞無匹，住戶身體會很健康而精神奕奕。反之，黑氣聚集的房子，住的人往往楣運連連。

我和一位共同研究光子密碼多年的胡醫師，一天下午，泡壺極品藍山咖啡，一邊滿足嗅覺與味覺的極緻，一邊分享這三年來某些心得。我告訴胡醫師：「用光子密碼做修行的評量，根據三年來近千名的樣本分析，發現一個滿有趣的現象，幾乎九成以上正信的基督徒、精進的佛教徒在負面的靈氣干擾部分都很低，特別是黑暗靈力差不多是零。但是常常跑小『宮』與小『堂』，特別對某些神明有所求的信徒，最常出現的是遭到黑暗靈力干擾。還有，常常跑大型醫院的病患，也是這些黑暗靈力最喜歡的依附對象。」

胡醫師也是性情中人，除了看診與手術外，也涉獵許多有關精神靈魂的學問，他的直覺也很強，他說：「在我服務的醫院有些地方，特別是自然光線比較無法到達的區域，我每次經過那裡，往往會有令人不寒而慄的感覺，胸口也會有些壓迫感。我的直覺告訴我那裡有不少黑暗靈力！」

我們每個人都有一個罩住全身的氣場在繞身體螺旋流動，當外來黑暗靈力接觸到氣場，會使我們的心輪感覺有異狀，有些人甚至感到背脊發冷，如果有此狀況最好先離開現場，往光明有陽氣的地方移動，如果待在該處太久，自己的陽氣能量會被吸取，生命力會下降，全身毛病都會爆發出來。

聽完胡醫師的經驗後，我就建議他拿起拍立得相機，到他感覺有異狀的地方，拍攝該場的相片來做評量；他也認為這樣做很有意義，馬上行動，下午就拍下數張回來研究；為了要分析相片的資訊比較精確，拍立得相片最好經二十四小時完全曝光顯影完整。

好不容易等到第二天下午，我們就一起來面對這些有異常感覺的相片，想好用哪些程式密碼來破解這裡面隱藏的東西。最重要的還是在啓動光子密碼機後，首先建立一個周密的保護場罩後，以免檢測者受到侵擾，當保護手續完成後，我就開始進行分析了。

司螢居士是我頗敬佩的新一代風水大師，在其著作《地理神通心傳》中，就舉了很多他爲朋友、客人解決了許多因爲靈界恩怨所結的業障病，自己爲此替當事人背負了這些業障代其受罪；但他也無怨無悔，只是受很多次教訓後，發現個人的靈力功德迴向還是有限的，無法做沒有限制的支出，因此現在他就只對心地善良、積德者才願處理。經過這些深切的感觸後，司螢居士強調，一個人若是心境修到：稚童純潔心，無執亦無物，微笑常喜悅，則所發出的金光，可將無形的靈力「血光劍」融化掉。這些都是業障或黑暗靈力與致命靈力所形成的無形疾病象徵，很難用現代的醫療儀器檢測出來。

6-1 成群的黑暗靈氣在醫院陰暗處

「哇！眞多！黑暗靈力眞的是成群結隊的顯示於負面表列，更要命的是還有不少致命靈力在此相片中。」這些相片印證了他的第六感是正確的。在光子密碼評量表上，當負面的數值超過零點五就會影響到人了；若超過一的情況表示比較嚴重了。

我們若有事沒事喜歡跑醫院，實際上並不妥當，如果沒有像醫師們或護理人員，歷經多年的職場生涯，對這些東西已經訓練有素的產生免疫力，我們多少會受到干擾而造成不好的影響。特別要關心的是年紀小的幼童，他們都很乾淨純眞，只要平時多注重均衡的營養、保健，衛生，如果沒事，最好少進出醫院，一者避免被病源感染，一者也減少被不好的靈氣污染；但也不要因噎廢食，眞正有病還是要看醫生。還有，醫院的木製椅子也容易吸附患者的低頻病氣，能不坐就不坐這種椅子。如果身上帶一件好的伽楠木或油也有保護作用。

爲了讓讀者了解這些東西對風水場確實是有干擾的，我就簡單的說明給大家參考：黑暗靈力它們簡單解釋就是一些星光體（Astral Body）層次比較低劣的靈氣頻率，依附在我們能量場內，會對我們的生命能量造成不好的影響，在風水能量場比較低的地方，這些黑暗靈力常常駐足出現，趁機吸取人體的靈氣來補充它們日見衰竭的能量。

有些靜坐的修行人，在出神時會與這些靈體接觸，靈界的法則是任何存在體都要尊重別人的自由意志，只要我們不被幻境迷惑，隨便接受這些低級星光體的依附，它們還是會離開的。還有一些供人們打坐冥想的風水場，不只被黑暗靈力污染，還被許多斜惡外星的頻率干擾污染，所以任何被做爲公共使用的地點，必須先行淨化，濕度不能太高，有適度的陽光與好的通風是最基本要求，避開向下旋轉的渦輪地點，這樣才能讓一般想修行人，不會受到不好的影響。小海豚意識機構研發的光子風水機就有調整負面能量的精微能量，有利道場獲得清純的時空場。

6-2 中陰身執著物質界易成黑暗靈氣

美國最先進的孟羅研究中心共同創設人羅莎淋・馬克奈在其靈魂出體的經驗中，記載於其著作《宇宙之旅（Cosmic Journeys）》清楚指出這些陰靈都是因為太執著於世間的金錢與地位，以致於它的情緒體強烈的附著於地球的物質體層次，而無法獲得靈體的自由與自在。

佛教密宗的重要典籍中《西藏度亡經》裡頭講到「中陰身」，就是說人在剛死亡後數日間，靈魂離開肉體後，呈現的是星光體，當時人的意識狀態屬於一種過渡狀態的稱呼。

許多經歷死亡而再回魂的人們有共同的經驗就是：這時才會眞正感到肉體只是自己的一層外殼而已；當此重要時刻，如何保守自己的意識往光明的方向移轉，避開相反方向朦朧的吸引，此是關鍵時刻。

如果，你太執著這個物質世界，放不下世間的一切，不走向光明的世界去，迷失了方向，自己就成了遊魂，渾渾噩噩的到處漂蕩；這時的你，一方面怕太陽的強烈光線；一方面為了維持魂魄能量，只好躲在陰暗處到處撿破爛，自然而然就成了黑暗靈力的一員了；我們也很容易在一些特殊營業場所發現它們。

有些人喜歡追求通靈，還不了解星光體層次的世界有對立衝突的存在，這些人隨便找老師灌頂與加持，或自己看書就依照書本的步驟閉門啓靈，實在很不安全。星光體出了肉體常常會遇到各路人馬，如果還不清楚就隨便與它們交流，不愼被附體趕不走，就很麻煩，靈界的遊戲規則必須尊重個人的自由意志，只要你不喜歡，問清楚對方是否為「光」的神聖集團成員，如有一絲疑問，就要斷然請該星光體離開，「三請」後，它們是不能為難你的，否則它們的麻煩就大了。

6-3　瞋心強的黑暗靈力成致命靈力

至於致命靈力，就屬於對人類肉體生命會造成較嚴重的影響；會受致命靈力侵犯常常與人的「業力」有關，用一句通俗的話說就是犯到「索命鬼」。

這些都是黑暗靈力中的殺手級成員，有些是怨氣太深，有些是被利用，有些是在另度空間的幽界靈氣場奉令辦事來的。在醫院太平間，或在殯儀館就常有它們駐足，以後到這些地方，如果沒有必要，就不要坐在木頭做的椅子，或倚靠在木柱上，因爲木頭最容易吸收與讓這些能量駐足。對於致命靈力另有一種說法，就是因爲彼此間有業障的因果關係，這些執著的黑暗靈取得靈界的「判決書」，對當事者可以進行報復，外界任何存在體不得干涉。所以很多通靈者不太願意介入別人累世的是是非非，只勸化當事人多做善事迴向宿世因緣，倒是比較實際的對策；若藉符法等邪術來與之對抗，一定兩敗俱傷，且對方也不會善罷干休，最後結果可想而知。

其實，「人」本身是非常尊貴的生靈，卻常常執著於這個看得到、摸得到的世界，忘了自己就是創造這個假象世界的本尊！從基督教經典的《新約聖經》，哥林多前書第13章12節中，保羅寫道：「我們現在所看見的是間接從鏡子裏看見的影像，模糊不清，將來就會面對面看得清清楚楚。我現在對上帝的認識不完全，將來就會完全。」保羅也了解這個世界只是個意識所投射出來的影像，當肉體存在時，眞相是看不清楚的。我們只有透過開悟，認清眞相，只有藉寬恕，只有用愛心來與神聖的高我自性連結，才有可能脫離這無盡世代的輪迴，跳脫幻境，與這些假象說再見！

人們來到世間，最重要的是精神進化的學習，不是報復、不是控制而是要透過寬恕才能趕快悟出自性並活出愛來。當愛的力量出現在生命裡當家做主，才能突破業力的牽引，改變生命的藍圖，自己進化了，同時也幫助所有人類的進化與地球意識的進化。

第七節：光子對風水命理的解碼方式

7-1　五術與光子密碼

有一天，一個在新竹科學園區某光電科技公司的林姓研究人員，約我做一份他的運勢分析，這是透過中國的四柱八字所排列的五行能量產生的波動原則來做參考，這個五行與中醫的經絡理論是相輔相成的。

我們見了面，聊了一下，知道他是某國立大學材料研究所畢業的高才生，他很有研究心，因爲他具備了研究人員的特質，就是好奇心。

林先生是看了網站上的資料，才找到我們。看來，網路眞是無遠弗屆，我們在這個地球，自從電腦網路科技發展以後，就已經沒有空間與時間的距離了；唯一的限制是通訊速度無法超越光速。我想，如果超越光速的「光子網路科技」這種架構在宇宙精微能量場下，超光速的意識層次的科技若能夠發揚光大，那麼我們與三次元下距離數億光年的其他存在體世界的即時通訊，就沒有任何時間差的問題存在了。

7-2 用頭髮可以算命？

我告訴他，我們取樣，要剪數根頭髮做樣本（witness），他曾經研究過紫微斗數、四柱論命等，問我爲何不用生辰八字反而只用頭髮？

「我們是用你頭髮中細胞內的DNA所形成的資訊場，這個場會呈現特殊的電磁場頻率來讓光子密碼儀定址。每個人有每個人不同的DNA資訊場特定頻率，就像我們的手機。

手機內都有特定編碼的晶片卡，也就是所謂的內碼，加上各家業者的手機號碼後，不論你走到哪裡，只要在基地台通訊範圍內，只要你開機，都能清楚辨識手機使用者的身分，以及通話位置，更不會把張三的電話接到李四的手機裡。

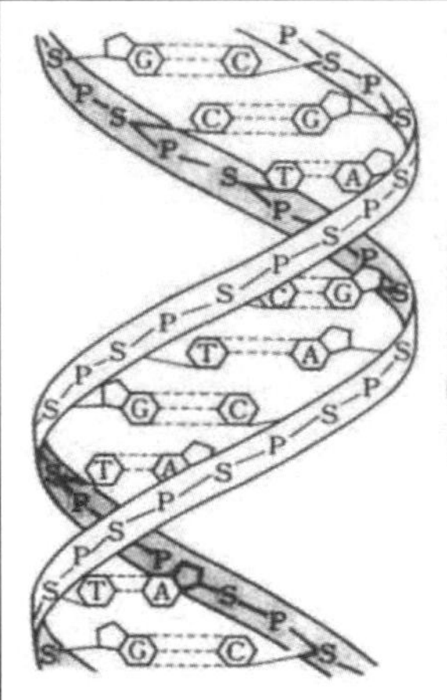

DNA是由四個鹽基（ADENIN（A）、TIMINE（T）CTTOMINE（C）、GUANINE（G）及糖（S）、磷酸（P）結合，並呈雙重螺旋狀。A與T、G與C是成對排列的。

在地球同一個時辰出生的人就有數萬人，但是每個人特異的DNA螺旋電磁頻率，

目前所知最新的

由指紋、指甲、毛髮、骨骼等微量樣品，鑑定出身分。

印度洋大海嘯發生、多起恐怖攻擊事件同步出現時，DNA鑑定在確認罹難者身分上發揮了巨大的威力。隨著「聚合酶鏈反應法確立」等技術進步，更迅速、更正確的DNA鑑定法被開發出來，目前DNA分析的精密度達到由「天文學人數」中鑑定出1個人。最近DNA鑑定不僅用來尋找身分不明者、搜查犯人，用來作親子鑑定的情形也增加。我們利用DNA鑑定可以明白真相到什麼地步？

不論各式各樣的人，都只有獨特的一個內碼。宇宙的超級記憶體是光子網路總機的位所，可以瞬間分辨每一個體的識別碼，絕不會出錯。

我們身體任何一個細胞都和全身每個細胞有無線光子網路的接觸，經由這個頭髮的DNA碼，就能夠與你的全身細胞連線接觸，像是遙控（Remote Control）的設計，傳遞的介質是光子，但要有「愛」的信息才能啓動。

「那同卵雙胞胎的DNA碼相同，怎麼分辨?」

7-3 DNA有精微資訊場

「物質界所看到的的DNA，是透過X繞射頻譜與電子顯微鏡顯相所呈現的兩條螺旋梯，但從星光體的意識層面來剖析，DNA則是有十二條交鎖的螺旋，但這些是屬乙太場或星光體的感測範圍。」

「物質界肉體遺傳是接受父母雙親的單股染色體結合的雙股螺旋，但出生時空不同，進入的靈體、精神體不同，在大宇宙的資料庫所定的位址也不會相同，所以即使是雙胞胎、三胞胎胎都不會誤傳。」

他很快就明白我要說的這些，因爲他是這個領域的專家。他在我剪下幾根頭髮後，跟我聊一下他也對玄學與量子理論有一番的見解，我也收穫良多。

爲了快找出答案，我就先進入研究室開始工作了。

他在我工作的十多分鐘，就隨手翻閱我們接待室裡的一些簡介，省下我們許多說明的時間，而很快的我的報告也出爐了。

7-4 物理能量與精微能量是完全不同的

我依照光子密碼儀解出來的結果，一樣一樣解釋，內容是他目前的「妻、財、子、祿」這些運勢。解說完後，他很滿意我們的報告，他覺得我們不必拿他的生辰八字就能夠解出和紫微斗數所演算的結果很像；特別是我們還能夠用數字來顯示，就能讓很多生辰八字或紫微斗術推演出模稜兩可的解答，獲得客觀的判斷。

由於他是學物理的，所以，我們就開始聊起這方面的知識，他就對我們以能量來做評量，所用的單位定義，要說明清楚才能有較高的可信度。

我回答他說：「在牛頓力學範圍下所談到的能量（Energy），與我們用光子密碼解明的精微能量（Subtle Energy）是完全不同的。」

「通常我們在應用力學中使用的熱量，電力所產生的電能與機械能，化學反應中的化學能，原子核分裂的核能等這些能量計數有單位像多少焦爾，這是在大尺度（普郎克尺度以上）的範圍所用的單位。」「精微能量則被形容成『氣』（Chi）、『普那』（Prana）、『波動』（Hado）等名詞，是無法用傳統的電子科學儀器來檢驗的。」

講了這麼多，林先生覺得用能量與現代的物理化學所講的能量出入很大，希望我能夠更仔細說明下去。

於是我再強調：「精微能量用到能量二字實際上有點不妥當，當時是因為測試人體生物能量場時，還是使用電子電路的儀器觀察其變化，在電阻數據或電流與電壓上發現有不同程度的差異，但是又無法解釋眞正的內容與原因，而暫時引用精微能量表示這種生物能量場的變化，有些單位用『率』（Rate）來表示，如此就能與一般物理上表示的能量有所區隔。」

7-5　意識科技眞的包羅萬象？

因爲時間關係，我就簡捷的介紹我們對此部分的觀點。我告訴他：「我們今天直截了當的使用光子密碼儀測試的波動振幅（Vibration Amplitude）作爲標準檢測意識的計量單位，這些都是在普郎克尺度下(十的負三十四次方米，地球和原子核的比等於原子核和普郎克尺度的比）所發生的事件，通通歸納入光子密碼學裡面；因爲到目前爲止，任何有關生物能量場的研究範圍，從印度的瑜珈氣輪、阿殊吠陀、通靈附體、宗教修行、風水運勢、花精療法、經絡五行、順勢療法、養生美容、潛能開發……等等都可以在光子密碼科技下，得到非常客觀的評量（Evaluation）。」

我特別強調：「經由小海豚意識機構的研發應用，相信光子密碼這個意識科技，能帶動台灣將聲與光的科技，引進意識科技領域，我們所進行的評量服務，算是一種帶頭作用。我們認爲風水、命理這些東西，都是屬某種高維集體意識程式的運作，它運行於人類集體潛意識投射下產生的娑婆世界中。」

爲了讓林先生快速了解我的想法，我就用運動的比賽規則來做命理剋應的比喻，因爲比賽規則是任何一位加入賽局的人與觀衆都必須承認且一致要遵守的東西，各種運動都有不同的規則，同時也會有修改及變化；投籃進球就得分，跟買東西就要付錢，同樣是一種大家無意識下會公認的規則。提供服務與賣出東西才有錢賺，這就是人類在潛意識下「財富項目」共同承認的遊戲規則，用這個規則來推論我們人類命理的個人財力就很清礎了。

我的另一種解釋是把所有的人類當作是活在一個由星光體所串聯在一起的光索網路下的PC，PC因為等級不同當然個人擁有的資源也各有不同，這就是每個人的命理會有差異的根源；例如聯結在網路的終端機的個人電腦有不同的機型，裡面的硬體如CPU與計憶體及儲存硬碟等級不同，且其應用軟體也各有特色，好命的像是高級主機伺服器又擁有高速網路；而歹命的就像286或386的PC，上網只有MODEN，但不管高低等級的電腦，在網路上就是要遵守網路的規則，用到國際公認的各種協定才能夠運作，同時使用資源多少就要付多少錢；在美國一個人GNP數萬美元，在非洲一個人GNP數百美元，好比這個PC就有不同的等級，只是先天軟硬體高階的就容易獲得資訊而容易取得財富，先天就是低階落後的PC，一定要自己想辦法進化，更新CPU，增加記憶體，接上寬頻網路，才有機會翻身。我們用星光體的各式各樣光氣頻率來看每個人，就能了解他潛意識下的各項能量頻率的振幅大小，能量越高當然命運就越好。如果你用286的電腦，就不要勉強用微軟的Windows做平台，你用雙核心的主機，用XP Home就大才小用，適才適用，就是知命認命，如此才能活得快樂，只是你永遠是落伍的機型，這個世界不會永遠等待不長進的東西，有一天這個東西就上不了線，無三小路用時就會被淘汰到資源回收廠解體了。

我們人體的意識就是像是上面所比喻的PC，雖然還不是很適當，也還是值得參考。

這位林先生是有研究心的人，每隔半年就會來評量一下，順便將結果與他的紫微斗數命盤做比較，同時也順便和我聊一聊他較有了解的未來「光電科技」在人類醫療的發展。

美國與日本已經開發許多「神經工學」的新科技，讓眼睛瞎的人，經由外接攝影機，透過微電腦轉譯成電子信號，以極細的電極探針接到腦部視覺神經區域，就可以看到外面世界；另外耳聾的人則在顳葉聽覺神經部分插入電極，並外接電子線到人工內耳，把原來一萬多個毛細胞感覺到的振動頻率分類成二十二種主要頻率，利用觸覺神經分析電子信號，把外來聲音變成電子信號輸入到負責分析聲音信號的顳葉，經過一段適應期與練習後，結果聾子就能演奏小提琴了。

美國十幾年前曾經開發一種利用腦波控制來取代滑鼠的電腦遊戲軟體，叫Mind Drive，今後的電腦虛擬實境遊戲，當會進一步引進這套技術，用人的腦波來完全取代鍵盤與滑鼠，在軍事科技的發展更進一步的將人的意識藉由腦波的變化來指揮電子儀器的操作，它的運作速度比人類經由運動神經的傳導更快、更直接。克林斯伊威特在電影「火狐狸」一片中所駕駛的高科技戰機，發射飛彈是用大腦思維來控制的，而且必須用俄語來思考，呈現的腦波型態才能被電腦判斷。最近就在《美國科學》人月刊Scinetific American心智MIND專輯二〇〇六年二月，就有業者用此科技來啓發兒童的智力與提高注意力。

7-6　意識倫理的建構

有位日本研究腦神經與意識的評論專家立花隆博士，接受NHK訪問時，基於他廣泛的與各國最尖端的腦科學家溝通後，更提出了有關意識倫理的先進規範；人類漸漸經由這些科技的進步，間接讓我們理解到，我們所見、所聽的，其實只是一堆待辨識的波動頻率而已，人的大腦只是由內我的意識在操控及反應這些振動的頻率而已，大腦只是意識在物質界轉譯與運算的工具而已。未來以晶片技術移殖到大腦來協助人類意識的開發，是無法避免的趨勢，有遠見的人已經開始在規劃意識倫理的架構，因爲應用這些科技會對人類的生存與道德產生衝擊性的影響。

日本的本田汽車與國際先進電信研究中心（ATR）合作，二〇〇六年中，已經發展出會模擬人類動作的機械人，準確率達到85％，正進一步發展以「念力」控制的機器人。這種科技是利用醫學的核磁共振顯影術（MRI），當人類在移動肢體作動作時，腦部特定區域的血流量會有變化，透過MRI顯現後經過電腦轉譯成信號，資料由機器人接收，再產生相同的動作。目前的機器人皆由手動或設定程式控制其動作，未來發展可能人類直接啓動念力就能指揮機器人，本田預計5～10年可以製造出來，從這個角度來看人類的生命，人如果沒有那種「自由意志」、「自我意識」，就只是一架配備有電腦而會動作的機器而已。大阪大學的石黑浩教授就在其實驗室展示一個跟他本尊幾乎一模一樣的精巧機器人，容貌與聲音皆維妙維肖，比起二〇〇五年愛知博覽會的Repliee Q1那位他創作出來的美麗複製女主播接待員，更上一層樓。

石黑浩在製造出那麼擬人化的機器人也有感觸，他在研究過程對人性的認知更爲深入，也感到不論仿製人如何精巧，終究無法超越眞人。

超個人心理學家葛羅夫就提出，人類意識不只是人類大腦所發生的生化、精神與心理作用的副產品而已，我們的意識與心靈是宇宙智慧的表現與反應；這個宇宙智慧普遍存在於整個宇宙和一切體系中，而我們人類整體更是超越時空無邊無界並且突破物質與直線因果律的意識場。

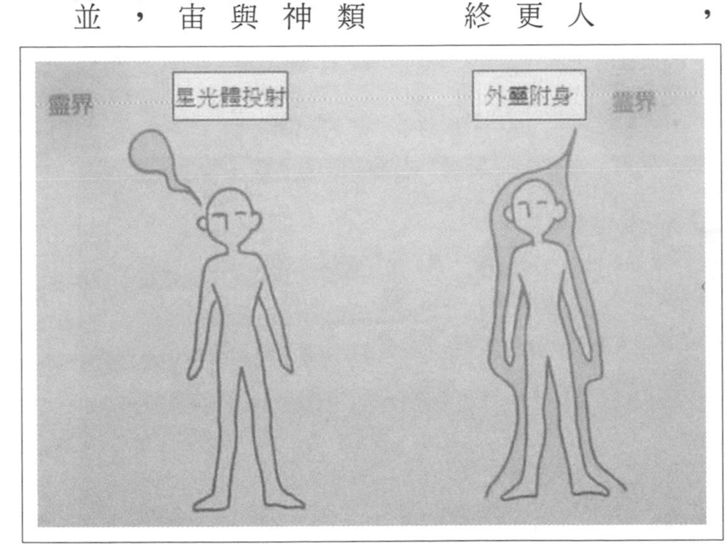

通靈與附身是不相同的，前者是用星光體出去瀏覽，附身是本身靈體被佔用。

第八節：光子是本質資訊能場(Intrinsic Data Field)中密碼攜帶負載體

我的朋友張先生，他是位虔誠的基督徒，我們就以張弟兄稱呼他。

他對我研究這種光子密碼感興趣；有一次對我說：「你研究的光子密碼的主角是『光子』，而物理學家對光子的解釋是：光子是一小團電磁場，運動時它攜帶著它『量子化』的動量與能量，以光速從這邊走到那邊。這個光子怎麼和資訊密碼建立關係呢？同時光子密碼更能夠評量個人的修行程度，這會不會與我的基督教信仰起衝突？」我很高興這位虔誠的教友能提出這麼有深度的問題來討論。

我一開始先引用他熟悉的《聖經》來解說：

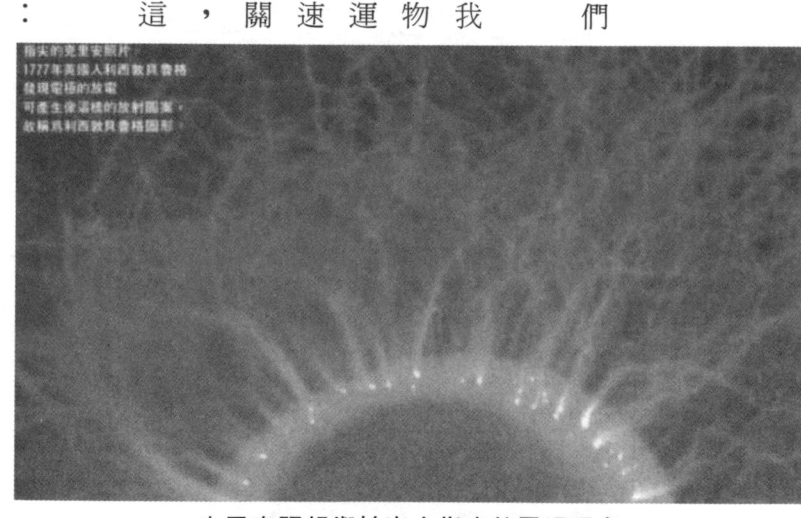

克里安照相術拍出人指尖的電場現象

「《新約聖經》中約翰福音書的起頭就說：『太初有道，道與上帝同在，道就是上帝。』這個道的原始經典是用希臘文寫的，道是用Logos來表達。而Logos是語言的意思，原文還包括心理所想的卻沒有說出來的話。這個道也有直接翻譯爲『聖言』，這樣比較接近原意。」更進一步來說，要說出語言前，必定先有「思想」，經過它的整理與修辭才說出彼此能溝通的聲音來，所以「思想」也就是「道」的根源。

大腦的兩個區域對語言有極重要關係，一個是「維尼克區」負責接收訊息解釋，一個是「布洛卡區」負責語言的組織與表達，當然與大腦全區的聯繫溝通是不能有任何障礙的，美、日兩國的研究單位就有很多報告供我們參考。

8-1 道是聖言也是波動的聲音

在人類的世界，語言是意識溝通的橋樑，其實人類心靈深處的經驗，有很多是在語言技巧尚未成熟發展時就已經發生了。由於人類藉由語言形成集團學習系統，而使個別孤立有機體邁向集團有機體，語言使人類的進化更爲顯著。

人類與猿猴的遺傳基因組差異很小，但人類有語言這個溝通工具，使得知識的傳承與經驗的累積超越猿猴極爲巨大。尼安得塔人被現代智人消滅，據生物考古學家研究結論是：前者聲帶位置太高，發音有限制，而後者有好的聲帶構造，左腦前側的語言中樞跟口部發音的運動神經也比較近，易於溝通聯繫，能夠發揮團隊合作，當然勝率就高了！

語言本身就是聲音（Voice），有可辨識的波動頻率，「道」也是經過波動的頻率轉譯出其內涵，它代表了資訊的交流。

人類大腦中由內耳的三個小聽骨接受振動後，將此振動經聽覺神經元接力賽式的傳到一個叫「維尼克區」的感覺分析區解碼，再與大腦的額葉理解區聯繫作了解與判斷，聲音有意義就在此處解碼了。如果要有所反應來採取行動，大腦的意識就要使用經「布洛卡區」的運動神經，來指揮聲帶附近肌肉的運動，產生振動，發出聲音，其中有一小段聯繫不好就很麻煩了。

人類有了肉體，必須一步一步的解碼與輸碼來轉譯意識的含意及內容，但是在靈性的世界，直接由心靈產生的波動就能互相感應了解，不需要藉由神經元細胞的化學物質的反應與化學反應下電子的傳遞。

8-2　光就是生命能量

我繼續解釋：「光子不像質子、中子或電子等個別的粒子要遵守鮑里不共容原理，它們能聚集在同一量子態；我們將光量子簡單稱做光子。這個光子還能作爲資訊的位元，而且每個光子能同時擁有極大的各式各樣波動頻率，道也就能夠用光子的波動頻率表現出來。」

張先生一點就通。他也引用《聖經》的話語：「約翰福音就有一段是耶穌對大家說『我是世界的光；跟從我的，會得著生命的光，……』」這一段應可以解讀爲：耶穌的生命就是創造主「光」的神聖意識，人要跟隨這個「光」的意識，不是跟著後來形成宗教所規定的教義後面走。

耶穌要門徒與祂「光」的意識頻率和諧共振，這個「光」是寬恕、慈悲與大愛的頻率，所以有沒有「光」的這組頻率，就能分辨誰是眞的耶穌門徒了。

張先生莞爾一笑說：「有機會，我倒是想請你給我評量一下光子密碼，有沒有『光』的能量，看

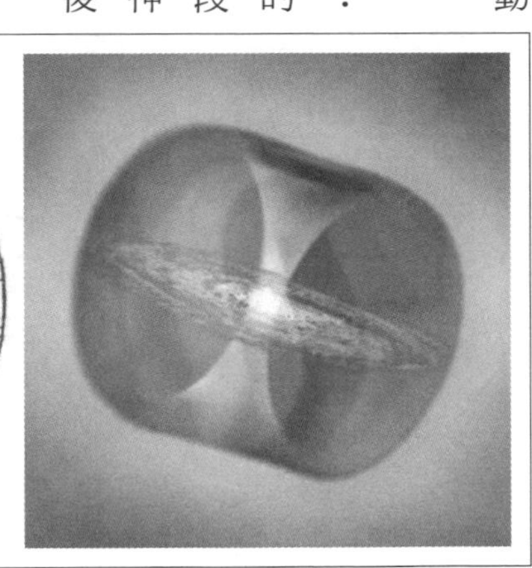

光子束的心靈影相圖示

看我夠不夠資格當耶穌的學生。」

聽到這番話，一開始眞的有些詫異！一般人都很執著於自己所信仰的宗教才是唯一的眞理，把一些超過其教義範圍，與其宗教經典不同論調的理論，都打入異端邪說，這是我遇到的各派教徒的通常反應。如果，各派的宗教信徒像張先生一樣，了解他們所崇拜的教主，並未要他們死抱住一大堆禮儀與教義，而是只要能自己時時察覺與省悟，並以慈悲與寬恕待人，就能夠活出他們教主的生命模式，也就是活出「光」的意識；我想如果那一天，人人到此地步，地球整體就進化了一大步，天堂之境就可期待了。

我繼續與張先生分享我對生命的認識：「在公元兩千年前後，宇宙高層指導靈的意識透過許多管道，使眞理之光更加透入人心。新紀元當下的生命實相理念中，讓我們看到『光子』才是生命能量的本身，也是本質資訊能場中密碼攜帶負載體。」

我有些興奮的說：「整體宇宙是浩瀚的精微資訊能量場，是全像式的，具有超光速、無時間也無空間限制的光束智慧網路集合體。進入此『光』的世界，就是與神佛一體交融，活在實相之中了。」每次爲朋友做修行的評量前，都會彼此交換個人在此課題的心得，有時候談到幾乎忘了要在下班前完成報告的進度了！

8-3 生命眞相只能用心參出，無法用腦袋想出

我們談話告一段落後，我就靜下心來，專注的啓用光子密碼儀來評量，經過半個多小時左右，我評量他的修行結果出來了。

從整體能量達到98.6的高能量水準，他算是很不錯！由於張弟兄從不追求甚麼通靈法力，只是要自己安然且自在的活著。他不像有些強調靈修的教派，認爲要能說方言，或看見耶穌，才算得救能夠上天堂。張弟兄認爲這些「靈動」並不重要，因爲基督徒最要緊的是心靈能夠「與上帝同在」，上帝是靈，透過禱告與對弟兄的寬恕，就能藉耶穌的名，完全無罪而使聖靈完全的進入你心中，做你生命的主人，不是只有「與上帝做同伴」，同伴是另外一個人，你還是你自己，所以上帝是同伴時祂還是別人，並沒有在你心裡與你眞正的合一。

這時候，一位剛好從某禪寺打完禪七剛下山的劉小姐來訪，大家就聚在一塊兒繼續聊起來。

爲了讓不同宗教的信徒也能了解「光子密碼」的內容，我就以佛教觀點來解釋：「佛教的禪宗強調一切的悟性來自內在的自性。對這個『自性之道』只能用『參』來悟，不是用大腦去『想』出來的。透過大腦的思考是無法突破時空場的制限，用β波這

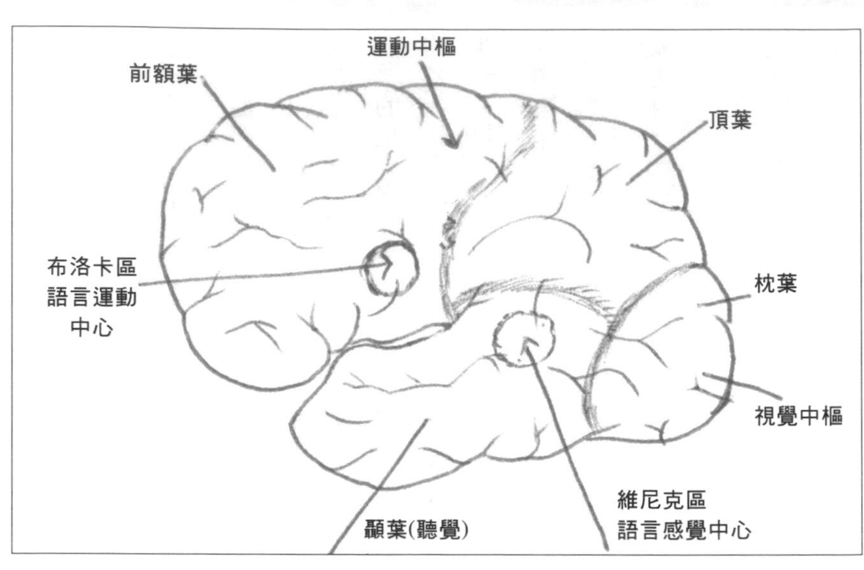

道是聖言，在大腦中解譯，轉譯信號爲聲音言語

種顯意識的五蘊工具，是無法體認到沒有被時空限制的永恆之境；要進入楞嚴經中提到的『眞心自性本體』這種大悟境界，是無法用大腦努力想就可以達成的，最簡單方便的法門只是輕鬆放空，讓自己內在的星光體與大地、大宇宙的光索網路振動頻率起共鳴，你當下就能進入佛菩薩的世界，機緣一到，自性一出，我們就自然而然開竅了悟了。

用老子的觀念就是：我們只有在『爲無爲』的心態下才能領悟自性。」

劉小姐買了一整部《大藏經》，也利用假日修佛學課程，非常精進，時而斷食，每日禪坐，她悟性好，跟我們說：「禪宗指出『教外別傳，不立文字。』

眞正的大智慧是『言語道斷，心行路絕』。較簡單的說話，是所謂的大智慧，實在是沒有辦法用語言來說明白它，也不是靠頭腦努力想就能夠通達的。」

我頗同意她的看法，我接著說：「雖然『悟性』這種形上的情境難以表達，我們卻能使用光子密碼科技中特定的波動頻率，來評量這個無法說明白的寂靜之音（The sound of silence）性質的大智慧，讓修行禪功的人們找到一個評量標準。」

劉小姐眼睛睜大說：「『悟性』程度眞的可以評量？」

我回答說：「只要是心靈意識所及的範圍都有特殊的波動頻率，以此頻率的振幅大小評量，數據一出來就能了解他們當下修得好或修不好。

我認爲不管用哪一種法門，或依靠哪一種信仰，整個修行的目的還是希望早日『開悟成道』，進入永恆合一之境。」

劉小姐興致來了，希望我們多談談一些另類的開悟法門，當然也要能夠印證這些方法無誤；也想了解我說的意識科技「光子密碼」如何能測出開悟程度，要我提出可以讓她信服的理由。話匣子一開，一夥人都談得很盡興。

8-4　道可道、非常道

對於開悟成道的「道」，畢竟還是以老子《道德經》來做基礎比較好，幸好在易學大師曾坤章老師處上了幾堂課，我聽多次就背下來了！馬上派上用場：

「老子的《道德經》上篇曰：『道可道、非常道；名可名、非常名；無名天地之始，有名萬物之母。』，下篇則曰：『道生一、一生二、二生三，三生萬物，萬物負陰而抱陽，沖氣以爲和。』」

「老子也談到天地是虛幻變化永不止息，而此就是宇宙的母體，母體的門戶是天地的根源，它綿延不斷，於冥冥之中永恆存在，且用之不盡。」

「萬物都時時刻刻在滋生，可以看到生命往復循環的道理；天地儘管變化紛紛，最後還是要回歸它的本源。返回本源叫『歸根曰靜，是曰復命』，能夠復命就是常，知常就是明。尊崇自然，順應自然才是眞的智慧。總之，回到最源頭的思想，就是開悟，順著開悟之念而行，就能成道。」

「『道』用我們光子科技的角度來『觀』，可當做是自然無爲與無限的全思想；祂起初因一種沉思，此一念而產生了第一層的意識，意識本身我們可以用一個單位純量來表示，有新的理論稱它做原始質（Primary Substance），本身有固定的波動，具有純量的振動頻率。」

總之，開悟成道，也有一組對應的「光子密碼」來讓我們評量其程度。

談論若老是引用古典的經文，有時會比較死板也很難闡述，因此，我就引用新紀元（New Age）高次元存在體「賽斯」的論點來將這個意識的議題變成比較現代一點。

8-5 賽斯指出意識也有計量的單位

我跟她說：「對意識有另類的說法，新紀元運動在美國廣受注目的高次元存在體賽斯（Seth）利用珍羅伯通靈的管道告訴人類，這個世界是我們意識的投影而形成的；而這個意識更可用電磁單位（Electric-Magnetic Unit）表示它的基本單位。」

賽斯算是第一位提到意識有單位的高靈存在體。

「我們住在這個世界，感覺到的空間、時間維度（次元）其實都是虛假的幻相，這些維度其實都是由基本存有的意識單位組成的。人類的知覺系統有它的侷限性，人類集體共同意識同意這個基本維度爲空間，而且同意維度變化的頻率就是時間維度，所以這個世界的時間與空間，是我們的集體意識共同創造出來的銀幕。物質就像是影片的母片膠捲投射到銀幕上顯現出來的動態影像而已。」

這時候，我們公司一位林小姐也坐下來聽我們的談話，特別是她常常看賽斯的書，認爲賽斯對意識有很多的闡述，也很科學的給它們分門別類，偶爾我們就在工作的空檔談賽斯的意識觀念。

近來暢銷的《與神對話》一系列的書，就將人類意識分成四個層面來解說，在《明日之神》一書中特別提出「超越意識」是人類進化的目標，就是將來人類的單獨靈魂要與宇宙的唯一靈魂（The Only Soul）整合。

8-6 賽斯、博姆、威爾伯、奧修、克氏都講內在本質的眞道

爲了快速讓大家能夠將意識與光子密碼的關係建立起來，我就引用賽斯的觀點以及二十世紀大物理學家博姆（愛因斯坦的研究伙伴）的理念，來解說光子密碼的秘密。

賽斯用架構一、二；博姆用顯、隱秩序；威爾伯則用各種層級，還有奧修在《耶穌說——芥菜種子》一書，則用三種層面來解說心靈內在的本質，這些大師用的名稱雖然不同，但內容都是一樣的。另一位偉大的克里辛那姆提則是用「思想Thought」來闡釋眞實的「本質Reality」，他們其實都在講同樣的東西。

我對林小姐與他們解釋：「首先，這些理論指出人類透過感官與神經系統，用以感

受所謂『外我』的『顯秩序』。研究基本粒子的物理學家用粒子加速器來尋找這個三維宇宙的外部，他用『光綻放整個宇宙』來表達這個『顯秩序』；光在這個外部的顯秩序是反射的，大家看得見的。所以我們用各式各樣科學儀器來偵測它們，大家都看到了，沒話說！」

我再繼續說：「另一方面，他把我們『內我』意識，用『隱秩序』來代表；靈感也好，直覺也好，都是在這個『內我』的範圍內。這個內我只能透過禪定、淨心來體會。賽斯用『光綣藏於整個宇宙』這架構來表示『隱秩序』；光在這個內宇宙是不反射的。」

林小姐問我：「這個所謂的『隱秩序』跟光子密碼有甚麼關係？」

我慢慢的回答她：「因為在這個『隱秩序』尺度下，就是處於普郎克尺度下（1.6×10^{-33}cm）的範圍下，為了讓大家更清楚這個不容易表達的『隱秩序』，也為了人類的易於開悟，我們就引用同樣在精微尺度下的光子密碼來表達，比較客觀，也容易參考。」

我覺得用本質資訊能場（I.D.F.）來表示從思想創造出來的意識場，最為恰當；意識本身是精微能量體，而光子密碼所顯示的數據就是意識單位的本質。我對他們強調：

「光子是本質資訊能場（Intrinsic Data Field）中密碼攜帶負載體。」相信他們能在我引用古籍，介紹新知間，對此光子密碼漸漸了解。

談到此，對佛學造詣頗深的劉小姐就點點頭，頗能接受我的粗略見解，我也期待更多人來參與研究這個新鮮的意識科技！

8-7　人類，地球都是光子束集合體

西藏《度亡經》就說：「『光』是唯一的實相，其他皆幻相。」在我們肉體生存的三維空間，如何掌握空間的存在呢？空間如果沒有形體，就無法表現它的存在。形體要表現出來就有賴光源的出現以襯托出物體，因爲光照物體的背面有陰影，有明有暗才能用來衡量人的感知。一切宇宙的形體都是光子束的投射，明與暗就是其頻率的高低變化。

我有一位朋友，她是某國際通訊系統公司的高級幹部王小姐，非常的精明幹練；她因爲小孩的過敏與睡眠問題，常常到我們的公司請教我的同事胡醫師，我也因爲本來就一直從事生物科技的研發，所以也有一些知識和她分享，只是，有形的西方正統醫療已經治療很久了，效果卻不明顯。

因爲她朋友多，爲了孩子的發展，各種「善意」的建議，包括風水與靈障都被她接

受，也因此她費了不少工夫來處理她住家的環境問題；就這樣拖了一年多，眞是一言難以道盡她的處境。後來，我也是在她用盡了所有的改善辦法都失敗後，應同事戢小姐力邀，勉爲其難而投入這場「戰役」。

8-8　羅盤加拍立得相機是新風水評量組合

我拿出三元玄空羅盤，帶了一把長尺，另外還拿了拍立得相機就出發了；首先在她住宅大廈的外圍，先進行宇宙立極，標定好大樓眞正的玄空六十四卦的坐與向，再進入大樓查出她家的門向以及每個房間的納氣。

接下來，對大門、客廳、臥房等各別拍一張照片，拍好了再將它們一張一張小心收藏到特製的玻璃紙袋中。

我當場了解，在她家西南方約百公尺處有電信公司的無線通信巨大天線，這點比較麻煩，但是她家原來的客房卻收納到當運逢元的八運卦氣（1996年～2016年）。

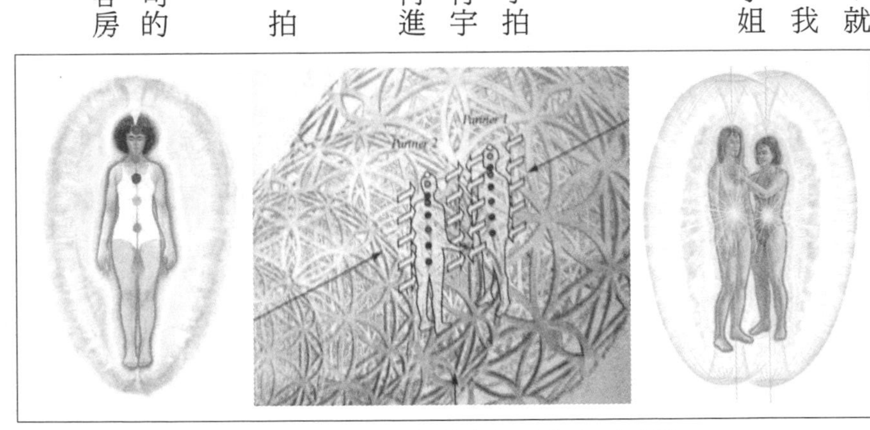

人與人之間，都有氣輪與氣場的交互影響。

爲了謹慎起見，我還是等一天後進行光子密碼風水程式的評量，再做出最後的決定。

結果出來了！與我現場所分析的結果非常吻合。我就謹愼的將所評量的報告，詳細的配合現場探測結果爲她說明，並告訴她最好搬到那一間沒有利用的客房睡，這是一間沖到旺氣的房間，經曰：「沖到旺宮無價寶。」可惜許多風水師怕沖、怕煞，不知這些沖煞中有改變衰運的生機能量在其中；我們研究精微能量的光子密碼師只怕沒有足夠的能量來利用，駕煞生權是我們的專長；訣竅在藉螺旋的渦輪來誘導氣的流動。

住到沖煞的房間，說來奇怪，她家的小朋友竟然有反應，一點一點的進步起來，每到一個階段，就有幸運之星到臨，身體狀況也逐漸步上軌道。我告訴她：「事情怎麼樣來，就怎麼樣去。不能急，身體的調整，要慢慢來打底，有好的能量誘導，生命自己會找到最好的出路。」

8-9　風水中最爲神祕的「氣」，它就是一種波動頻率

我對風水的研究其實已經有三十年左右的經驗，但是由於自己大學是讀食品化學工程系，主修生物科技的微生物工程與基因工程，和風水的領域是風馬牛不相及。因爲已

逝去的姨丈公施水龍是廟宇木結構的國寶級人物，在我唸大學時，有空回鹿港老家探望長輩的他時，他就常常跟我傳授他年輕時到「唐山」所學的堪輿術，有時還通宵達旦聊到盡興。

當時，我只是把這些當成一種「中華文化」，恭敬悉心的學習，尚不相信它是很合乎科學的一種學術。因爲我對當時所學的三元地理也好，玄空飛星也好，它們都無法在我所專業研究的生物、物理、化學領域中，獲得一個合理的解釋；因而我只是把它當做生態環境對生命現象（生與死）造成影響的研究議題之一。同樣的，這些年來，我也只是將所學的風水學，應用於自己家人與親戚好友間，並不對外服務也不對別人說出來。

直到公元兩千年，接觸到曾坤章博士所指導的光子密碼科技，才眞正摸索到中國數千年來風水的眞正內涵；原來風水中最爲神祕的「氣」，它就是一種振動頻率，日本研究者稱爲波動；在地球表面以7.83Hz共振頻來作爲傳輸的基波，至於各種「氣」

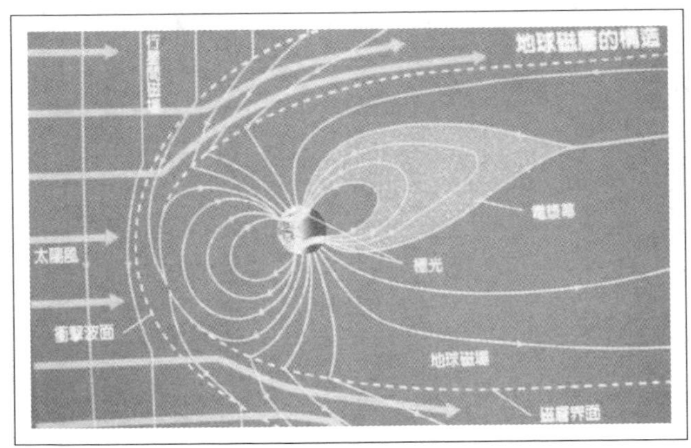

保護地球的磁場

質的眞正振動頻率，不是我們用現代的電子儀器能夠偵測得到，因爲它是存在於普郎克常數下的六次元以上的尺度裡。這個尺度下以往我們只有氣功師父能夠以星光體去接觸，用無意識下的「悟」，以及「神通」這種方式才能了解到氣的存在。難怪我那位相交近二十五年，亦師亦友的內功師父「陳師兄」老是要我放下羅盤，用第三眼去抓「氣」，就是要用星光體與地球的光子網路產生交集；但現在我有光子密碼機，用來解碼又快又準，感覺「如虎添翼」。

話說回來。因爲王小姐很想了解爲何光子密碼能夠改變環境能量場有很大的興趣，我知道她也曾經到很多傳授心靈成長的講座上過課，對神秘學也涉獵很深，因此我覺得可以直接進到問題核心向她告訴。

8-10 組成世界的原質是超迷你的黑洞與白洞

我對王小姐解釋比較深入的內容：「一個在三維（次元）空間存在的光量子，具有八千億（8×10^{11}）個原質。當一個神聖體(Divine Substance)結合量子迷你黑洞；就是指一個磁力收放體（黑洞），與一個電子傳遞體（白洞）時，這個所謂的原始質（Primary Substance）於是產生了。神聖體結合這兩種能量體時，會呈現出三位一體的純量波（Scalar Waves），這是架構宇宙一切物質的基礎，而微宇宙第一個幾何圖形三角形出來了。而意識的創造，就是從這個三角形開始，接著意識一系列的創造出物質這個眞空動力能量體，這個架構可以用神聖幾何學（Sacred Geomancy）中的生命樹（Ka-Ba-La）呈現出幾何的結構爲代表。

遠古時代，埃及的麥基洗得修行組織的經典，對此項幾何圖形與生命創造的內涵就有深入的解答。這些資料後來就流入希臘雅典學院由他們發揚光大，可惜這些理論近百年來被大多數擁護機械論的科學家排斥，直到最近才再被支持量子論的科學家重視，中間的研究中斷近千年，眞可惜！」

現代天文學家，每晚守在超級望遠鏡前，利用重力透鏡原理拼命在搜索太陽系外的黑洞，這些黑洞是巨大恆星死亡後留下來的超級吸塵器，會吸光其附近所有的物質，太陽系很大吧，它一樣吸光光，就連經過的光線也不放過。我們人類物質文明，將來的最長遠發展就是要避開黑洞，繼續讓人類活下去，科學家用各種方法造星際太空船，但有待發展的還是人類這個肉體的限制，先進生物科技提議用基因改造人體，去適應宇宙星際生活，我們將來也會變成ET的模樣。如果用意識科技的方式來看，人類肉體層只是一種幻相，以意識開發內在的自性，進入微宇宙的黑洞，反而能悠遊於高次元的世界，這個肉體皮囊就像地球專用太空衣，能捨得它就能得到更高階的星光體太空衣。

8-11 五行是空（以太）元素的五種面向

古希臘哲學家認爲宇宙由地、水、火、風、空五種元素所組成；前四個元素並統合於第五個元素裡。根據最新的太空理論，由哈伯望眼鏡所拍攝的外太空星系的外觀，就能看出宇宙星系的組合構造是類似十二面體的架構，星系與星系間，像是一個一個泡沫似的聯繫著，而每個泡沫的外觀就近似這種十二面體，構成這種立體的平面是五邊形，是屬於「空元素」的晶形；柏拉圖早在數千年前就認爲它就是「第五元素」，是上帝用來點綴整個天空星座的。

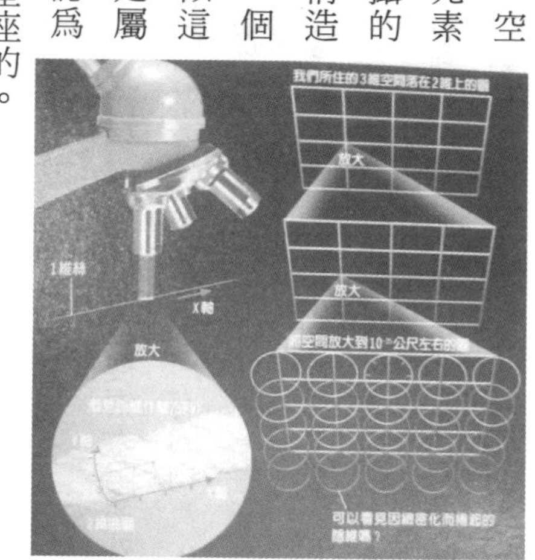

普郎克尺度下，物質是波動

這個解釋雖有些深奧，但是對於西方神秘學有研究過的讀者，可能很容易就進入狀況，因爲透過「精微的本質資訊場」領域，對本書後面的很多解釋，比較容易明白。我的看法是：中國風水中的五行「金、木、水、火、土」，就是柏拉圖所說的第五原素中，十二面體的「空」或「乙太」的的五個面向，這個五行就是談論以太體的五種律動的「氣」，下面會進一步解釋，它們還有相生相剋，互相制恆的性質。

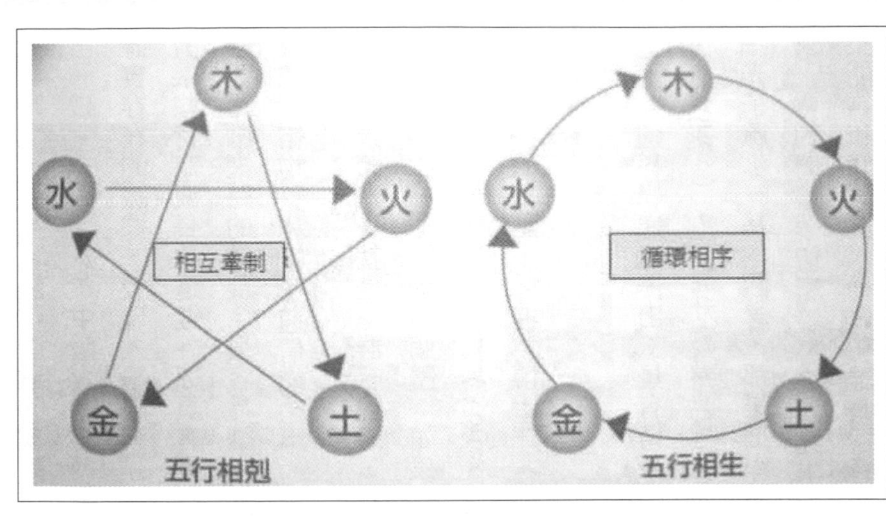

有剋有生才有能量動力

8-12 地球意識的覺醒

「這個地球本身，則是在四十六億年前形成時，已經擁有其心智、情緒、意識，它也像生物一樣在繼續生長發展，當然在它的表面層也寄生了一大堆生物，包括人類在內。地球有意識的繼續架構它本身的神經、經絡網絡架構。有一本好書，名爲《地球腦的覺醒》（The Global brain awaken）是Peter Rusell所著；就是預估人類意識的提升，也相對的與地球的整體意識共同進化；當地球上全人類一百億單位所形成的通訊網路架構完成時，就像是人類腦部也有一百億個神經元的結構；地球本身的意識場也架構完成，進行更高層次的進化。他預測不到幾年工夫，意識科技就業人口將超越資訊工業的就業人口。」

由於王小姐是通訊網路系統的業者，我相信她一定體會得到當第一支手機出現後，不到幾年時間，這種資訊化產業的成長力道眞正很嚇人。而未來，意識科技的出現，也是如出一轍。一九九八年中國大陸的一個科研小組經過八年的努力，總算在解剖中找到經絡確實存在的證據，發現人體整個經絡系統中最重要的物質是一種生物液晶的材質，同時對某些特定波長的遠紅外線具有近似光纖維的物理特性，這些新的發現配合二十世紀末全球電腦網路的發展，很容易讓人聯想到人體是否也是由一個網路系統所構成的世界？這些經絡物質和電子通信網路中的物質特性如此接近，更增添了這種可能性。

「人體本身就是一群有智慧、有意識且精緻分工的光子細胞集合體，架構形成類似資訊網路的小區域網路個體；如果你用星光體（Astral Body）來觀看一個人體，它就呈現出一股螺旋狀渦輪旋轉（Vortex）的七層重疊起個別的『光子束』，這是本書對人體本身闡釋的重點，曾坤章博士在《你開悟了嗎？》一書中，還以七個腦來說明各個層次的境界。」

美國科學家也提出：具有精微能量的好地點，有利於冥想與靜心，這些點也稱爲渦輪（Vortex），有提升意識能量的氣湧出。我們在這裡告訴大家，後面各章節所談到的「光子風水」基本觀念，都是把人體當成是一個「光子束」的觀念做主導，這個「光子束」會和周遭一切環境事務（風水）所形成的本質資訊能量場（I.D.F.）相互影響，如果能夠和好的風水場做和諧共振（Synchronized Vibration）的話，這個人就能獲得好風水的庇蔭；相反的就麻煩了，這個人會被干擾，重者重病死亡、輕者破財傷身。近來曾坤章博士的美國小海豚意識機構就開發出一種光子風水機，就是要讓區域空間有和諧共振，讓一些不良的干擾波動粒子，像被鏡子反射散開而讓空間獲得淨化。

我寫這本書最主要的目的，就是想藉新開發的光子科技，來破解中國文化中最爲深奧與神秘的風水，讓全世界人們了解「風水」到底對人類產生甚麼樣的吉凶剋應效果。

8-13 風水學原理：「氣，乘風至、界水止。」

中國自古以來，藉由專門研究陰陽學又具有氣功修爲的人們，利用本身特有的超感應能力，知道整個大地有一個摸不到、看不到、聽不到；卻偶爾在微風中嗅得出、在水泉裡嚐得到，且本身「意識場」（星光體）會與之「感應」的一個具有「氣」的能量存在著；這些具有高能量與高意識「氣」的環境，就是中國人夢寐以求的風水寶地了。這些具有此感應能力的人就將所蒐集到的各式各樣風水寶地，依照陰陽五行的理論，給予分類及整理，就創造出中國特有的風水學了！中國風水的陰陽理論也常常會應用到中醫診斷所用的陰、陽、虛、實等名詞，就是對人體與風水氣場這種精圍能量彼此間調度的描述。中醫以陰代表儲存的能源，以陽代表日常生產的氣血能量，陽虛就表示精微能源不足，也就是中醫所說的血氣不足，陰虛則說明儲存的能源正在透支，旺氣的穴是陰陽

8-15　冰的結晶就是顯示意識的圖案

日本江本勝先生出版了很多殊勝的好書，對提升人類的意識很有幫助。他很技巧的利用水的結晶顯微照片來展現水確實能夠儲存資訊，展現環境的意識；他到世界各地採集不同區域與環境的水，或讓礦泉水聽取不同曲風的音樂，或是在水的外包裝寫上不同情緒字眼的各式各樣文字。接下來，在精確控制的低溫下，用顯微鏡拍攝結晶的相片，獲得各種不同的結晶圖案。當水接受愛與感謝的信息，呈現的圖案，都顯現美麗對稱的畫面，而水接受到恨與咒罵的信息，結晶就出現扭曲混亂的圖形。對稱的六角形冰晶，是生命信息的顯示，正念往往導出「生命之花」（Flowers of life）的六邊對稱圖案，它是神祕幾何圖形對「愛與和諧」這種意識的原始投射，而各式各樣複雜的意識包括情緒與精神的表現，也能夠用多重疊層的對稱六邊形，來架構出冰的各式各樣結晶，完美的將其內容表達出來。

人類很執著要看得到、摸得到的才相信，江本勝透過顯微鏡的法眼，能夠讓人類相信水是有記憶意識能力的物質，實在有夠創意。

我在這裡補充江本先生的水結晶相片中的竅門，柏拉圖早就提出幾何是空間裡的數，音樂是時間裡的數，兩者有頻率共振。水能夠將數的密碼意識表現出來，在於它接收到和諧的信息，才會呈現出美麗且對稱性的結晶圖案，這些圖案經過人的眼睛，產生了視覺效應，它的美麗對稱合諧會與人內在的自性產生共鳴，使我們感到很幸福與愉悅！

要讓「眞」與「善」投射到這個三維空間的物質場，只有一個「美」才能夠詮釋出來！

第九節：近代物理學發展，越來越接近宇宙實相

9-1 牛頓、愛因斯坦、史蒂芬霍金的宇宙觀

二十一世紀前，西方科學爲基礎的宇宙觀是唯物的，西方科學是建立在時間與空間四維的架構上。這是因爲牛頓首先建立了「絕對時間」的概念，從此牛頓力學站上科學殿堂的主宰。後來有愛因斯坦的相對論開始討論時空是不能分開的，此後才有「相對時間」的概念出來。「時空場」理念使我們了解時間前進方式會因觀測者角度不同而有不同結果，因爲光速是有限的，以每秒三十萬公里直線前進，但是物質很難加速到光速，這是由於物質運動越接近光速，其本身質量也會變得越來

牛頓

愛因斯坦

史蒂芬霍金

越大，接近光速時質量也接近無限大，那時候想繼續加速到光速所需能量也要無限大，因此我們必須改變觀念來處理接近光速下運動的物質。

史蒂芬霍金（Stephen W. Hawking）的宇宙大霹靂學說（新觀念是大凍結學說），指出宇宙是原生於「無」，經由穿遂效應，自一極高的能量（普郎克溫度下）爆炸出來的（新觀念應該是急速冷卻）。霍金在二〇〇六年六月於香港接受訪問時，提到他研究太空物理的原因是想從它來了解生命的眞相，其情懷多偉大！其實當我十年前讀他的《時間簡史》時對其毅力、理念就很感動，他患的肌肉萎縮症是很令人難受的病症，而他求知的超級毅力更讓我心中敬佩無比。

總之，當下科學有一個最大的障礙，就是「時間」，我們如果無法突破它，對眞相的了解就很困難。

大霹靂的過程圖示（摘自牛頓雜誌）

9-2　自以爲是的唯物科學觀

此大霹靂學說將基本物理的各種不同的「力」，明確的分析與統合起來；並指出此宇宙仍逐漸膨

光速網路，融入你的高我自性精神體中；你在此境，可依自己內在的需要，到任何時代、任何想到的宇宙深處。當你與上天合爲一體，時間與空間的限制在此消失無蹤了，此際你就完全體悟內在生命的美妙，只有完美、狂喜，進而與造物主共同來增益宇宙的大進化！

第十節：光子密碼技術可以當作意識科技的根基

10-1　後新紀元（Post NewAge）的光子密碼科技

新紀元意識科技的基礎——光子密碼，二〇〇四年十月出版的《美國科學人》月刊（Scientific American），是愛因斯坦統一場論的專集。其中最精彩的莫過於解釋克魯扎克萊茵封閉管幾何理論與超弦理論結合起來新弦論，我們更可以將當紅的環圈量子重力論（Loop Quantum Gravity）與之結合起來，這個新理論變成了一座橋樑，把宏觀外宇宙的相對論與微觀內宇宙的量子論聯繫起來。用極小的複式甜甜圈來表示這種很貼切。

量子重力論的「普朗克面積」圖示與神秘幾何學的「生命之花」極神似

後新紀元（Post NewAge）光子密碼科技如果必須在這個科學掛帥的世界上有一個理論根據，我想應該就是架構於此十維以上的振動弦（Vibration String）理論上。

當然，科學的論點常常被推翻，但是現實的社會卻強迫我們接受它，反而是從一開始到現在都始終如一的人文哲學所闡述的心靈世界，未站在主流的位置。

10-2 克魯扎克萊茵管子理論——甜甜圈狀的精微空間

高維幾何學是宇宙統一論觀點的終極源頭，在新的理論中，宇宙中所有的物質與將各別物質連結束縛在一塊兒的各種作用力（電磁力、強核力、弱核力、重力），所呈現出來的種種複雜的形式，都被解釋爲

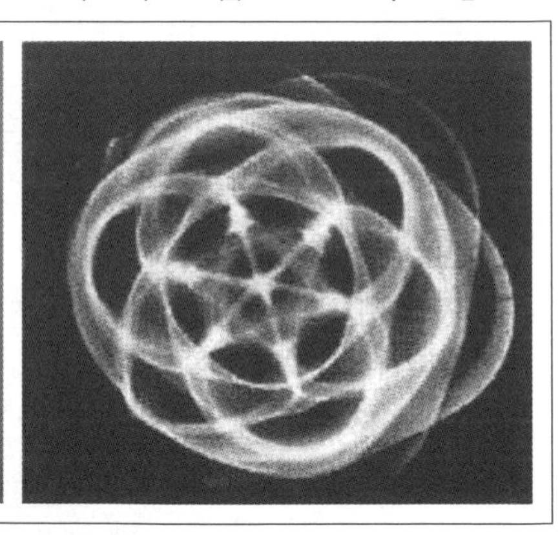

六次元時空場的想像圖

超空間裡各式各樣不同的振動而已。

高維幾何第一個數學理論是克魯扎克萊茵管子理論，他以第五維的振動來解釋「光」，一九八四年格林（Michael Green）和舒瓦芝（John Schwarz），完成新版本的克魯扎克萊茵管子理論，稱爲超弦理論，此理論指出時空場是一種「混合弦」狀態，且是封閉的弦。

根據理論推演出的弦論，是弦中有弦，最底層面是一個逆時鐘方向旋轉的弦存在於二十六維，但其中的十六維已被壓縮捲曲；另一個是十維的弦，呈現順時鐘方向旋轉；這兩種弦，混合成一種稱爲雜交弦（Hybrid string）或混合弦（Meteoritic string）的時空場狀態。我們可以把這些封閉弦的組合用甜甜圈來想像，一堆互相扭曲擠壓而且連在一起的甜甜圈，這就是我們弦論下「意識」的極微形象。

10-3　意識存在於甜甜圈狀的六維空間裡

我的假設是所有的振動弦都有其特定的振動頻率，而全宇宙的一切事件組合就像是一場無限巨大的交響樂，交織在任何時間與任何角落。由於我們居住的這個宇宙是由完美的十維宇宙崩塌下來成爲兩個子宇宙所組成；一個是我們熟悉的四維時空子宇宙，另一個六維子宇宙則是向內急縮，體積無限小，構造像克魯扎克萊茵管子般繾綣縮藏於 1.6×10^{-35} 公尺度內，它們的「分子結構」在宇宙實相中，由相對應的一種類似電子頻譜密碼系統來表示，簡單的說，這種六維的精微資訊場就是我們本書主角光子密碼的內涵，它就是意識的幾何表現。在克氏封閉管子中各種振動頻率，可藉由特殊設計的光子密碼波動測定儀器掃瞄出來，這些密碼數據就成了多元宇宙所呈現的超大型交響樂曲的各式各樣音符。大家都知道美妙優雅的音樂，必定要藉各種演奏的樂器呈現和諧共鳴與同步才能呈現出來，否則就會混亂變成一團噪音。

10-4 δ型腦波易感應風水的氣，α型腦波能享受風水的氣

到此爲止，我已經爲讀者將宇宙的實相，非常簡約的介紹出來，我們可參考曾坤章博士所著《你開悟了嗎？》一書中分析腦波所談到的四種意識來分類：

第一個是**β**波的世界，是我們用眼、耳、鼻、舌、身、意，所接觸到的有形的機械式運轉的四維宇宙。

另一個是綣縮於極微尺度，集結我們此生所有際遇所留下的潛意識，也就是佛學說的末那識，這是屬於**θ**波的世界。

另外就是累世所留下的無意識資訊總合體，也就是阿賴耶識，屬**δ**波範圍等，有些

人這種 **δ** 型的腦波發達，尤其是在1Hz、2.5Hz處有明顯尖峰（Peak）的，對環境的氣場感應強烈，頭頂好像戴有一副天線，我的好友聰隆兄就是如此，他能感應到數公里外穴場發出來的螺旋能量，當能量極佳且是祥瑞之氣時，會吸引他瘋狂般爬山涉水去找尋那股能量穴場。

潛意識及無意識的資訊，是隱藏在無限光子網路的六維宇宙之內；但有一座橋樑隔開這 **β** 波顯意識的世界與 **θ**、**δ** 波的深層意識世界，它的角色類似緩衝區，這就是 **α** 波的範圍，**α** 波能夠讓深層世界的創意與累世的智慧透過它產生出來，所以擁有好的 **α** 波就容易享受風水的好氣。

10-5 達賴喇嘛與密宗上師們的腦波

二〇〇六年三月出刊的《美國科學人》月刊心智（Mind）別冊，對腦波的研究應用到人類心智的開發也有詳盡的報導，達賴喇嘛與一群密宗上師都在美國一流的大學接受腦波的分析，了解放空（Let go）與警醒（Alert）的腦波與腦部神經元的變化，都獲得很有用的數據。該刊物六月出版的新研究更談到心智的形成，並不在於神經元之間化學分子的反應變化，而是在於腦波的共振效應（Coherence of Brain wave）。

整個實相世界中的個體，都是藉此光子網路來傳輸與交流。至於好的風水場，就是能夠讓人獲得充分的 **α** 波的好地點，在這種好的環境中，會誘發出開放和愉悅的心胸，而人們只有在進入此際，才能啓動無窮的靈感與創意，也就是說在這種好環境，能夠讓我們對外可以開創無窮的財富，對內則能較快速體悟宇宙的實相。

好的風水場使人們不再執著、侷限於我們顯意識下所管轄的四維唯物世界內。因此，宇宙的所有波動和人類的波動，只有在和諧而不衝突時，才能夠對地球人類帶來元亨利貞。

第十一節：光子密碼技術源於光量子的撓場理論

11-1 撓場引力是物體自轉扭曲時空結構所產生

自從物理學家狄拉克（Dirac）把相對論引進到量子力學，他認為所有的基本粒子皆有自旋角動量，該能量等於h（普郎克常數）／4π，由於質子與中子兩種微粒子皆自旋，換算出現自旋速度是超過光速的；這有違當時光速是最大速度極限，但也是人們首次見識到有超過光速這回事。

到了一九九三年，俄羅斯物理研究學者薛波夫（Shipov）提出一套真空方程式，討論真空性質。結論是除了傳統電磁場、萬有引力場等是長

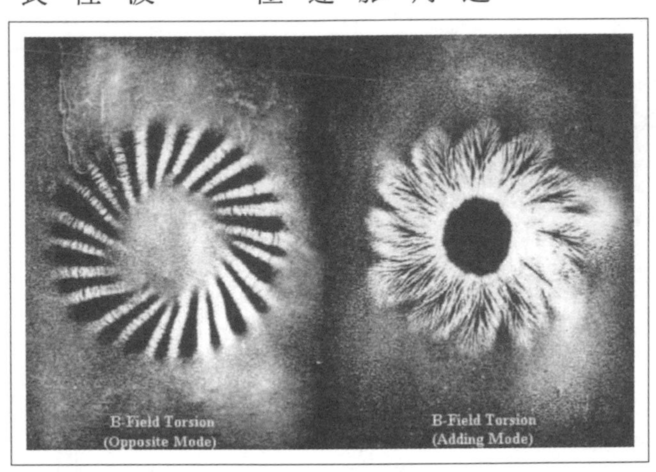

撓場的示意圖

距離作用力外，另有一種長距離作用力存在就是撓場（Torsion Field），這個撓場引力是物體自轉扭曲時空結構所產生，與引力場類似，不爲任何自然物質所屏蔽；其傳播速度是光速的10^9倍或更快；不受光錐限制能傳向過去或未來；有殘留效應，傳遞資訊不傳輸能量，不一定遵守重疊原理。

11-2　超過光速的光子對感應速度

十二年前，IBM的班奈特（Charles Bennett）和他的伙伴開發了遙傳光子的實驗方法，後來奧地利的齊林傑（Anton Zeilinger）則利用這個方式傳輸了光粒子的量子狀況，實驗是用雷射光照射於特殊的水晶上，會製造出纏結的光子，傳輸的是光子對的偏極狀態，結論是光子可以把這種量子態一個接一個的傳過去。

在一九九七年日內瓦大學的季辛（Niculus Gisin）等人研究出以纏結的光子對，經由光纖傳送到相距約11公里的兩地，在每條傳輸光纖的末端皆以一長一短兩種路徑讓此兩光子在移送兩地時隨機選擇，季辛發

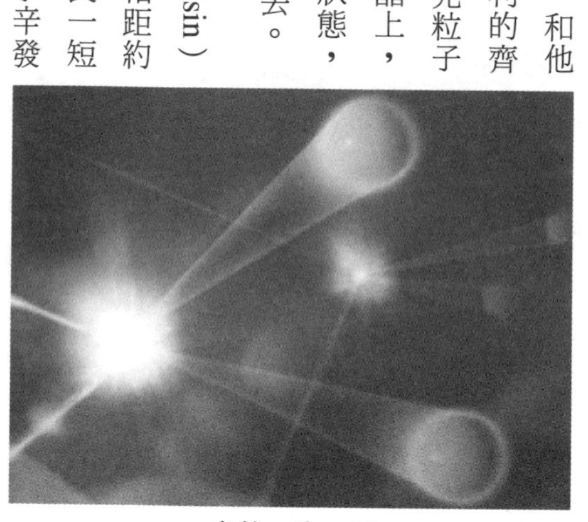

光的一生一滅

現這兩個相離的光子間，似乎都能知道遙遠對方的各式各樣選擇結果，而所隨機選擇的路徑竟然完全相同，表現出互相感應的性質；這實驗裡，11公里的距離，相對於實驗室的儀器空間距離13公分，表示隨機選擇的時間差只有一百億分之三秒；換言之，此光子對的感應速度已經超過光速太多倍了，一秒鐘就感應達一百一十億光年，這實驗也讓我們有了「宇宙全像」的概念，表示宇宙間距雖大，但彼此是同步感應的。

11-3 過去、現在、未來同時存在

既然光子的感應速度是如此的快，我們由上一章中對光子的解說，也了解光子是一團量子化的資訊密碼，依照撓場理論，我們可以想像出全宇宙其實就是一個過去、未來、當下同時存在的超極無限撓場網路架構。

我們所見、所感到的每一個個體其實都是結合在一起的，彼此間是以各式各樣的超光速頻率進行通訊交流；當我們逸脫此巨網來觀察，我們就可以看到全宇宙時空場的景觀，是一片由光子密碼所交織穿梭而架設起來的「光之海」，這個海就是意識的原始創作海洋，因爲此境的「光之海」不但擁有極爲巨量的資訊位元，還具備超級的能量，是實體世界之母體（Matrix），藉由此光之海，投射出它的意識，而娑婆世界的一切事件與物質皆由此創生。

11-4　若能轉境，則同如來

以光子密碼爲基礎建立光子風水學造福全人類，是本書最大的願望。而光子風水學是如何架構起來的呢？首先，透過中國古賢風水師們的經驗所留下的寶貴典籍中，蒐集合時、合宜並合理的資料，去腐存菁，再經由光子風水密碼儀（下一章詳細解說），把地球表面各式各樣的的環境能量場，例如：你家的大門、客廳、書房或是院子裡面是否有不好的負面干擾頻率，或是有正面吉祥助益的頻率，我們都會清清楚楚的查出來；藉由分析環境能量場所獲得的各式各樣光子密碼資訊數據，就能做出比較科學與正確的評量（Evaluation），並進一步提出改善的辦法（Solution）。

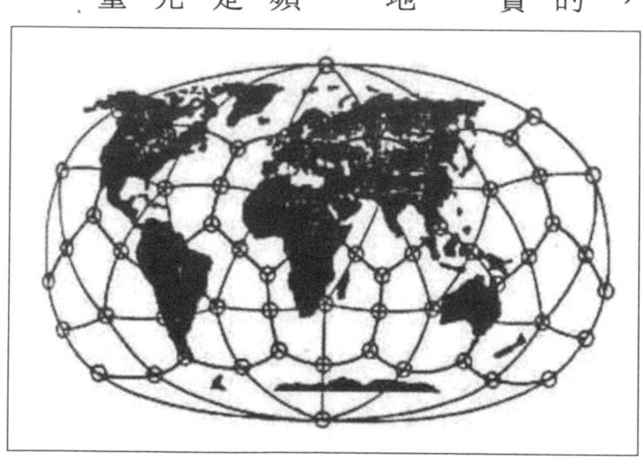

地球的能量網格

極光是太陽強烈的輻射粒子與地磁氣相撞，磨擦大氣粒子產生的簾幕！

人體下自細胞、器官、組織，上到系統在十維宇宙中所呈現出來的各種頻率（光子密碼）都必須有和諧共振，身體才能健康愉快；而家庭、社會、國家與全地球也同樣要使整體的波動頻率（光子密碼）達成和諧共振，才能達成和平與進步的境界。

《楞嚴經》曰：「若能轉境，則同如來。」以光子密碼來轉化不和諧的光子頻率，使內在的自己能和宇宙的頻率共鳴，將周圍風水能量場轉化為吉祥和諧的共振場，提升我們的意識，讓人們更幸福快樂；人間將轉移成如來之境，這是我們的最終目標。

我從二〇〇二年開始應用此新紀元科技，經過數千個臨場評量結果，謹慎的重覆校正，發現此光子密碼科技之可信度非常的高，因此就將我們數年來所研究的心血結晶，提供有興趣的讀者參考，希望得到大家的共鳴與支持，將這種新科技「光子風水學」發揚光大於全世界。

11-5　類似網狀結構的風水場，牽一髮影響全宇宙

地球運轉會扭曲時空結構，這就是風水場的產生在此變易動因。人若站在赤道上是看不出自己是在運動中，但這時候的你正以每小時一千六百公里的速度在轉動中；而這個轉動的地球中心又以每秒三十二公里的高速繞太陽奔馳。太陽本身也有自旋並繞著銀河系的中心，又以每秒一百多公里速度急飆；銀河系中心更與仙女座系星系中心以秒速一百餘公里相互接近中。二〇〇四年十月廿一日，美國國家航空暨太空總署表示：從略微脫離運行軌道的衛星可以觀察到地球在運轉時確實會扭曲時間與空間的結構。這是首次可以直接測量與證明愛因斯坦廣義相對論中指出一個運轉中的物體會歪曲與扭曲由三維空間與第四時間維的結構。

中國大連的五行布局建築

愛因斯坦的廣義相對論把重力描述成看不見的空間幾何特性，用二維的類此解釋一顆大質量的恆星，它周圍的時空就被扭曲了，像一張水床，放上一顆保齡球，水床表面

就呈現曲面了。時空場像是一片緻密的織錦網子，在極重物體附近會被扭曲變形。二〇〇六年六月，德國的漢諾威起用全新的重力波觀測站Geo600。當宇宙間的黑洞彼此互撞時，會扭曲時空網格（Time-Space Fabric）產生漣漪效應，該站利用L型雷射光束感應器配合分光鏡，可以計算出重力波的存在，證明愛因斯坦在一九六一年提出的重力波理論是正確的。

有一個可愛的馬赫原理，是奧地利物理學家兼哲學家馬赫（Ernst Mach）提出的，他對慣性的解釋是：每一顆粒子，每一朵花，每一顆星星，每一輛汽車，任何物件都被每一個其他的物體重力所吸引，結成厚實而互相連鎖的重力網路。你推動一座沙發就會擾動整個糾纏在一起的宇宙。

曾坤章博士提到人類集體是架構於一個基因光索的網路裡，我從分子生化遺傳學的報導中，看到科學家透過粒線體DNA變異的比率（只由母系遺傳），推論人類的共同始祖是出自東非的「夏娃」，這個DNA也有螺旋，心肌的粒線體DNA最多，所以心輪所建立的光索，把地球人類聯在一個以「愛」爲推動能量的整體網路裡。

第十二節：風水學是架構於意識科技中的光子解碼技術

金錢是一種怪物，是人類想出來的東西，它可以累積、交換，代替以物易物的買賣計量工具，滿足人類生活的需要。人類的共同意識就是爲了滿足這種生活需要，將它們投射爲一種氣質就成了「財氣」。人類爲了與大型野獸競爭生存空間，就要團結，團結就要有組織，就需要領導，而領導就是有組織衆人、管理衆人的氣質，人類集體潛意識就將此投射成一種「貴氣」。

12-1　財、丁、貴氣皆有特定頻率

這些財氣與貴氣，就是時空場相互振盪後產生的特殊波動頻率；皆爲宇宙全像場中，衆生集體潛意識所共認的一種氣質，就像一張印了1000的紙，如果衆人認定它是千元大鈔，它就是財了；有人要挺馬、有人要挺扁，他們才都能夠當上市長與總統，這是集體潛意識通認的遊戲規則。我們經由光子密碼儀檢測這種氣質所呈現的密碼，都有特

定的共振頻率；只要是陽宅或陰宅本身的結構，能夠收納到這種好的頻率，住到好風水房子的本人，會提高自己吉祥的波動頻率；而往生的祖先如葬在龍穴，就會將財氣與貴氣這些頻率透過DNA的共振，經過光索的聯繫，傳輸到後代子孫，使後人皆廣被福祉。

在地球的任何地方，山嶺、平地、河谷這些相對不容易移動的物體，都是架構在一個綿密的重力與時空連續場網絡結構中；而空氣與流水則是附著在這些固定網路的表面，當空氣流動與水流漂移時，不動的山與谷和運動的風與水兩者間的相對運動，也會扭曲該場域的時空網路資訊。當代堪輿大師施力文就指出流動的水與陸地磨擦才會產生財氣；另一方面飄動的風與山頭磨擦就會產生貴氣。

12-2　財富買不到生命本質

二〇〇六年六月出爐的《世界財富報告》，是根據美林投資集團（Merrill Lynch）與凱傑顧問公司（Cap-gemini）統計出來的最新全球財富資料，如果將全球富豪的財產扣除主要寓所及消耗品後，財富總值超過一百萬美元的人，歸爲高淨值富翁，達到這個額度的富翁於二〇〇五年有近880萬人，而擁有三千萬美元的富豪，

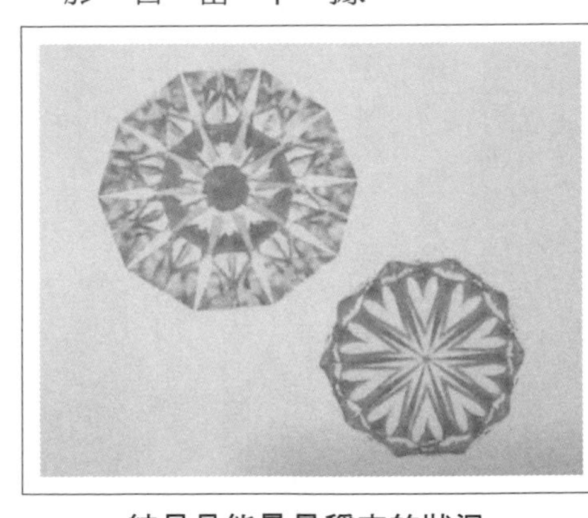

結晶是能量最穩定的狀況

全球有八萬五千四百名左右，這些少數人掌控全球24％的財富。開發中國家的百萬美元富人成長最猛，股票上漲與地產增值是他們進入此圈的主要利器。

人們對於財富的獲得是多多益善，甚至來者不拒；但耶穌曾經對一位財主說：「一個人無論怎樣富裕，他的眞生命不在乎他有多少財產。」當我們在此世擁有財富時，不要忘了本，財富雖然買不到眞生命，卻能讓你不必爲三餐煩惱，有空閒思考一些生命的東西，所以財富眞的是神的恩賜，但不要被財富奴役，成了守財奴。我們應該採取的態度是對這些財氣與貴氣，把它們當成人生修行進化遊戲的籌碼，要懂得利用它們，而不是被它們利用！所以有錢也不是什麼罪惡事，只要感謝上天的恩賜就好了。

其實當一個人修行到高的境界，悟到了自性，就能開啓宇宙無量的財富，而體悟世間的財富是很有限的，如果內心空虛，再多的世間財富也永遠塡不滿裡面的需求。進入寶瓶座的新紀元，以資本主義爲馬首的自由世界，將進入瓶頸，社會無法容忍唯利是圖的企業組織存在，曾坤章博士在二〇〇六年三月曾經在開南大學演講提出「意識的資本主義」會修正現在的營利觀念，屆時企業不再以自己的利益爲中心，而是以互利與分享來讓企業與社區融合成一片，使人類社會進化到以幸福與關懷爲主要目標，來作爲公司與社會永續生存的基礎法則。

話再說回來，《心經》裡說：「色即是空，空即是色。」眞正的含意是甚麼？

「色」，不是眞實的，就是我們五蘊六識所能夠感受到的「波動頻率」，反過來說，這些波動頻率也一樣並不是眞實的實境，是集體意識投射到低頻的時空場所出現的影子而已。所以我們用顯意識所思、所想的世界，畢竟還是幻境。

讀者可以在前面幾節中，我們從撓場理論與量子重力的推演，了解到時間、空間本來並不存在。時間是一種虛幻的維度；而空間只是由自旋網路架構產生的一種「過程」。

這個時空網路內所有資訊是由各種波動頻率所組成；同樣的，依此觀點，物質化的地球本不存在，而意識中的地球蓋亞（Gaia），也是由巨量的創造性資訊網路一個節點、一個節點架構起來的，它是物質地球的心靈網路體，是巨大的波動頻率綜合體。

12-3 用天線架構收集財貴的訊息

既然蓋亞大地是由各式各樣波動頻率來組合而成，這個巨大波動頻率網，內部有光子化網路聯繫，對外有光束狀的聯絡通道；特別具備與外星系作超光速通訊的局部區域，有我們所熟悉的衛星通訊碟形天線構造。

我們人在地球表面若要獲得大宇宙能量的加持，最簡單的方法是接近此接收器；換言之，要求富貴榮華、智慧開悟等，利用中國人擅長的風水術也許是種捷徑，因爲中國風水所鍾愛的龍穴，不論是鉤狀、鉗狀、乳狀、突狀通通具備宇宙通訊的衛星天線傳輸架構。

光子密碼儀不但能偵測出地球表面因爲自轉所產生的撓場資訊，更能分別出對人類本身是正面的或是負面的能量場，有益的時候，將其振幅放大；有害的時候，就發出反相位的波動頻率來平衡它。光子密碼技術能誘導地球精微能量網路與人體精微能量網路產生共振，用共振來提升自己的意識精微能量。

12-4　DNA魅影效應——螺旋的生命訊息

風水的效應與吉凶產生的機構是非常具有巧妙的設計：在地球這種星球溫度下，由於電子與原子核間有一定的量子能階，而呈現比較穩定的狀態，有此條件才能有穩定的資訊密碼系統。若是在宇宙星系中極高溫下，原子核與電子被擠壓成電漿（Plasma），就沒有量子態了，也不容易建立以DNA這種分子爲基礎的密碼系統，也就無法進行資訊密碼的傳輸與轉譯。

地球很幸運，在其表面有機會進行設計，並形成所有具有生存繁殖能力的DNA基椿。當DNA的分子中量子態穩定，代表其內在有穩定的振動頻率，這樣子，基因密碼就很穩定，能安全無虞的把遺傳因子一代一代的傳下去。

俄國的量子物理兼生物學家波普寧博士（Dr.Vladmir Poponin）在《DNA魅影效應》一文中指出：DNA螺旋透過某種先前不知的場域，直接影響我們所知的物理世界；實驗先在莫斯科大學完成，後來在美國史丹福大學再做一次。實驗是用眞空管偵測其中光子的空間排列，起先是不規則的排列，當DNA注入時，出現令人驚奇的現象，光子在空間呈現某種平滑的起伏變化，接下來，更驚人的是當波普寧把DNA取出後，理應管中光子排列恢復散亂，結果光子排列又與原來的不規則排列大大不同，所以大家推論DNA分子應該有某種殘存的能量在該物質離開後，仍然有能量殘留在該處。我們光子科技可以告訴波普寧：「這不是DNA魅影，這是DNA有其精微能量場，是種撓場的能量殘留，DNA光子與眞空管中的光子間有新的資訊交流。」

12-5　十二股的DNA？13個氣輪？

人類一切有形、無形的東西，都要經DNA來物質化與資訊化。每一個人的DNA都不同，都具有各別的特質。因爲每個人有不同特質可以藉著DNA來分辨，這個DNA就成了每個人在地球上的識別碼（Identified Code）。人要修行乃是爲了進化，因此人的

DNA也要進化來配合人意識的進化。

在高維的存在體所認知的DNA共有十二股，另外的十股因爲屬於另幾個維度才能顯示，我們的目前科技只能偵測兩股，而這兩股人類DNA的解碼也在2002年有初步的結果，了解約三萬多個基本的基因組（Genome），現正進行更高層次、更高難度的解譯，將各別的單字如何解出它的運作文法，特別是原先被認爲在演化過程留下的所謂的垃圾基因佔人體基因九成七左右，裡頭有許多秘密尚未解開，它所扮演的角色很重要，了解這部分後，我們就能更接近肉體生命運作的法則。

12-6　地球媽媽也有如人體經絡的氣場

人來到地球，主要是選擇地球這個中型生命光子網路場所作爲學校，融入這個生命網路中，在此停留做再進化的修鍊。

地球這個生命網路的架構非常微妙，中國在數千年前就靠高明的堪輿師父用龍脈的變化無窮，代表這種精微能量網路（以下簡稱光子網路）負載著無限的資訊能量；另一方面，又以天上星宿的旋繞與大地產生易變的卦象，成爲資訊位元的卦爻基礎。這樣子，骨幹網路出來了，傳輸負載的資訊密碼也出來了，中國風水的「龍、穴、砂、水」

一直掩飾著的神秘面紗，其實就是地球本身的神經與經絡光子網路。

人體也有一套精密的經絡網路，在曾坤章博士的《大進化》一書與《生命的另一種解答》就很清楚的知道人並不是用眼睛看到、摸到的一塊肉而已；中國的針灸學就讓西方的對抗療法（Allopathic Remedy）醫學感到不可思議，但是西方也發展出同類療法（Homeopathic Remedy）在內的另類療法（Alternative Remedy）就能接受並推薦接受此療法。這個中醫經絡系統其實也只是人體已知的七層能量網路中的第一重而已。

12-7 7.83Hz的地球共振頻正在竄升

地球表面有一個穩定的共振能量網，根據西方具有超感應的研究人員指出，此基本穩定的共振頻率是七點八三赫芝；在物理學上這個頻率最早是由一九五二年美國伊利諾大學的舒曼教授（W.O.Schumann）提出，他發現地球上

新的氣輪配置
⑬銀河系男輪
⑫銀河系女輪
⑪頂輪
⑩松果輪
⑨腦下垂體輪
⑧夢境輪
⑦喉輪
⑥甲狀腺輪
⑤心輪
④橫隔膜輪
③太陽輪
②性輪
①根輪

舊的氣輪配置
⑦頂輪
⑥第三眼輪
⑤喉輪
④心輪
③太陽輪
②臍輪
①海底輪

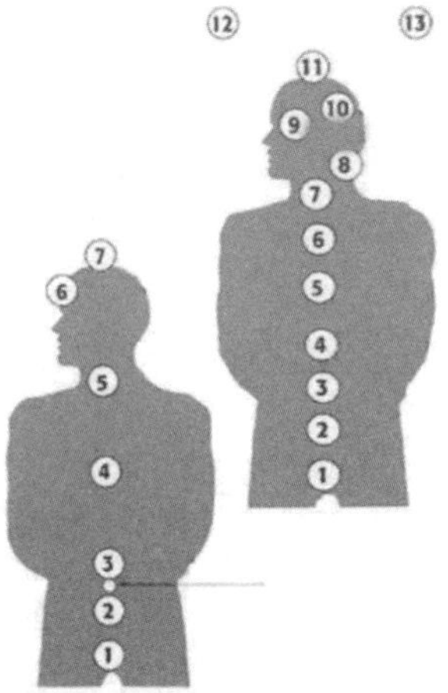

空電離層高約55公里，與地球表面所形成的「同心球體共振腔」，可以容許電磁場之全球振盪；地球上空只要有任一地方發生閃電（平均每秒有200次的發生），都會激發此共振，波頻7.83Hz，波長四萬公里，大約等於地球一周。

在一九七二年，蘇聯的科學家賽爾愛阿普發表了Aura的探測儀，利用薄型鈦酸鋇壓電元件，再以人造膠膜做保護層做成的探頭，可測得人體低溫等離子體，在實驗室出現了人體有連續性的幅射，是一種7.8Hz的交流電波。

正常的人與地球間有這麼一個7.83Hz的共振頻道，就是人類想要獲得地球場能量的關鍵入口門徑，此頻率是介於略低於α波（8-12Hz）與θ波上緣處，屬於放鬆的腦波頻率範圍，是我們潛意識湧升到顯意識的橋樑通道。

這幾年來，俄國太空工程師陸續發現地球共振頻，局部區域有漸漸由7.83Hz增加到11.4Hz的情況，超過12Hz時，頻率就進入覺醒的β波範圍，使人類的大腦無法放鬆，造成全球極多人數情緒容易激動與躁鬱，失眠、心律不整等也越來越多，這些是否與地球逐漸進入光子帶有關，各界科學家還在深入觀察中。有一種說法是提到地球表面一千五百公尺下有一層水晶礦脈，它接受地母蓋亞的振動，而與地球表面電離層產生7.83Hz的共振頻，也可以說它就是地球的心跳吧！但近來，該區的水晶受到高能光子帶的影響，整片晶體吸收光子帶能量而使得振動頻率往上竄升。科學家最擔心的是當此共振頻達到16Hz時，會引發負責遺傳的染色體產生異常的分裂現象，因爲與遺傳有關的性細胞，當它的染色體進行有絲分裂瞬間，細胞間會產生的一種共振頻率16Hz，會讓新陳代謝有關的鈣離子釋出，破壞管制的作用。當生態圈充斥此共振頻恐怕會造成細胞的狂亂，造成生命現象的混亂，頗令這些研究人員憂心。

曾經看過一則消息，說美國阿拉斯加州有一神秘基地在發展一種利用雷射來促使電離層加熱的超級武器，功能是破壞該電離層，能夠擾亂敵方區域的通訊與氣候，該名稱是HAARP。環保學者憂心，如果濫用此裝置，臭氧層也會加速瓦解，地球表面生物將受到宇宙高能放射線的直接攻擊，這才眞的是恐怖分子的終級武器呢！二〇〇一年起太陽的閃燄又値另一波高峰期，地球

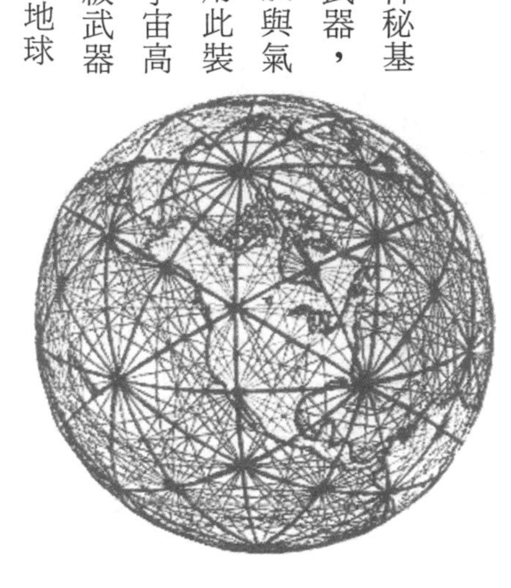

電離層的崩潰將造成地球全部變電所的超壓負荷而損毀，屆時如果沒有預防措施，會造成交通、金融、通訊的瓦解，修復要花好幾年才能恢復正常，我們的生活已經要完全依賴不停供輸的電力系統，沒有它就沒有現代文明的發展，對於閃燄的問題，最近日本與歐美各國合作發射一枚預警太陽閃燄的衛星進入太空軌道，只為了爭取幾分鐘時間來關閉電力以避免電力系統瓦解。至於磁力消退，是未來文明存廢的一個關鍵，各界還在苦思對策。

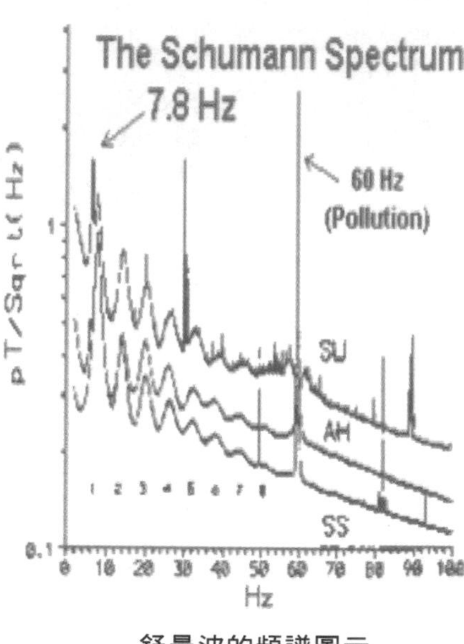

舒曼波的頻譜圖示

12-8　人類住在赫芝的世界

讓我們每個人都能輕鬆的來與地球產生共振吧！只有認同地球，你才能活在當下；如果你的頻道不對，就好像看不清楚、聽不明白這個地球上的影像與聲音；活得渾渾噩噩的，有可能你的魂還留在轉世前的另一個星球呢！

瀑布能清掃大地污濁能量

不同頻道住著不同生靈的世界

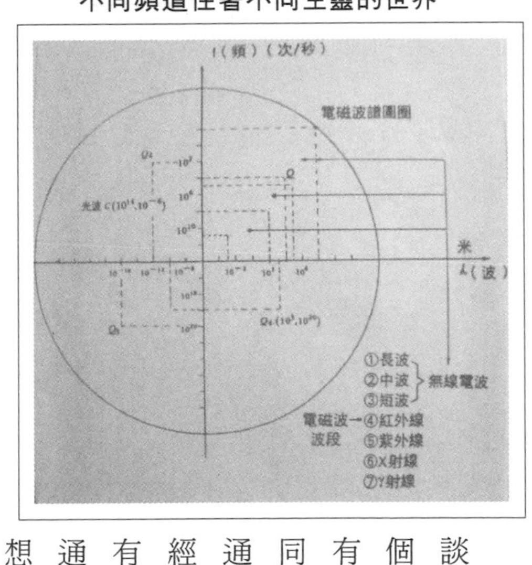

順此一談，地球同一個空間中其實有好幾個世界同時在運作，通靈人士依其經歷指出大約有十五個。某通靈人士指出想進入最接近我們的平行世界，是當我們共振的脈動頻率提高到32Hz時，就能打開另一時間閘門（Time Portal），進入另一個世界裡；這世界的密度比較高，地球上有一些特殊區塊（Zone）就有不同的波動頻率，當時間、地點吻合時就能進入該平行的地球世界，有人到過香格里拉的世界，應該就是此處。這些平行宇宙非常多，端賴我們的意識焦點是聚焦在哪一個共振頻率而已，意識交點在大腦神經原與神經原的接觸空隙，那裡是腦頻的調節處，美國的孟羅意識機構就利用雙耳波差技術來讓人輕易的進入各種意識焦點，做不同次元的時空旅行。

有一本書《香巴拉》，提到地球是空心的，內部也有太陽，居民的意識能量很高，通行星系間的飛碟就在那邊建立好多基地，該處是屬於五次元的世界，有些通靈者曾經到那裡遊覽，這些地方就是與我們的共振振動頻率不同，我想該處目前也因爲光子帶的高能量接觸，準備躍升到更高次元去進化吧！

第十三節：改善風水環境能量，先由自己內心深處做起

13-1 把握內在自性，珍惜當下一刻

一個自稱賽斯的存在體，透過靈媒強調「時間」是同時性的（Simultaneous），過去、未來、當下同時存在，古今中外各「生」皆同時存在；彼此間有密切的網狀聯繫，彼此互相影響，卻沒有線性的因果報應；要大家掌握當下一刻，只有當下一刻才是眞實的。

在其《靈界的信息》自序告訴大家：「我們是個人化的意識體；是我們把能量投射出來才形成這個世界，所以唯有先改變自己，才能改變這個世界。」

誠如上世紀最偉大的通靈大師艾得格凱西所送給我們的話：「我們的心智是大宇宙心智裡的個別部分，在所有生命存在的各個層次，心決定了物質形成的模式，而在內心深處，有神性的光輝，藉此，我們能與天地創生的大能合而爲一，因此，所有的力量，

所有的醫治，所有的幫助，都必須來自內在的自己。」

13-2 靈魂是超強的記憶庫

在一八一〇年創立同類療法（Homeotherapy）的德國內科醫師兼藥劑師哈內曼（Samuel Hahnemann），更明確指出疾病是由體內深處的「情感、精神層面向外擴展起來的：首先要找出病源頻率，才能對症下藥。」

在曾坤章博士所著《E.T.外星人的生命是什麼？》一書中，詳細的把生命大進化的要點解釋得清清楚楚的：「思想是一能量、一個頻率、一個光，因自身的愛，一個最純淨的愛，一種深沉的慈悲，而沉思到祂的存在；由其自身投射出不可數、無與倫比的光，祂的光不斷擴張，不斷的前進著……，祂就是一切生命的起源……，祂就是生命的

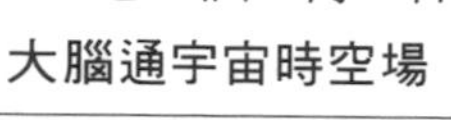

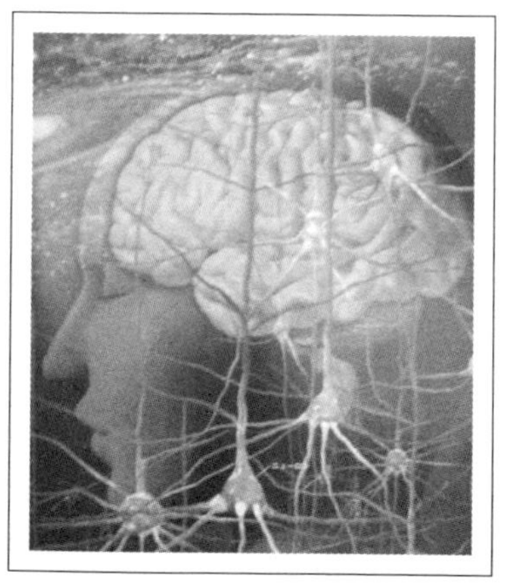

大腦通宇宙時空場

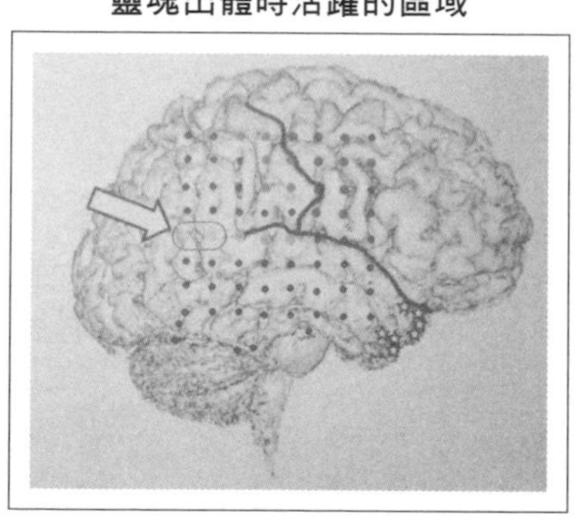

靈魂出體時活躍的區域

大進化，每一道光，每一個生命都具有自由意志，祂稱為精神體。」「精神體的源頭是思想，再由精神體創造出靈魂，精神體會指示靈魂何時進入形體，何時離開形體。……靈魂不具任何形象，不受時空控制，是最強的記憶庫。」

13-3 光子密碼只有大愛能啓動

因此，思想改變是改變一切的根源，思想是一種頻率，改變頻率就是改變一切的開端。光子密碼（Photon Code）是將一切萬有，皆依照它自有的頻率（Frequency），定下它專屬的密碼（Tuning），將此密碼能夠表達的意義，與人類使用的語言表達（Description）結合起來，我們可以經由調整這個光子密碼來改變世界。

有人擔心這個光子密碼會有負面的作用，我們可以清楚的告訴大家，光子本身是大愛的頻率；只有愛才能推動密碼彰顯（Manifest）於所標定的目的地環境與個體。光子擁有的波頻是大愛無私的，對所有負面的頻率都只會平衡消融，而不會放大，因爲負面的頻率這些屬黑暗的能量，只要在任何光子出現的場域，只有退出躲藏一途。

13-4 受風水蔭福要過三關

我十年前曾經和一位極有研究心的吳上雲地理師有好的心得聯繫，他曾透過電話與我聊起，他發現當運發福的陰宅其油亮的墓碑上，所發出的那一層透明質氣，與啓櫕撿骨的表層都有光澤，顯示出是同一種透明易揮發的物質，他想用塑膠袋裝起來進行化學分析，來解開風水蔭人的這種物質是什麼，可惜當時我尚無此光子密碼儀能夠利用波動頻率來對照此物質的定性分析情報，但其豐富的經驗與學識誠令我敬佩。

他強調一般人要獲得風水的蔭助，常常要通過三關的考驗：第一關是地考，第二關是人考，第三關是天考。地氣有無當運？而當事人有福氣嗎？有度量嗎？有足夠的功德來享受嗎？這些就是光子密碼中的相容性考驗！天考這關最難，有地、有人以外，還要一個特定的時空場，才能開啓地靈能量的大門，這方面，有賴應用奇門遁甲的日課，將所選的穴場所安排的坐山與向水之卦氣，遁到乙、丙、丁三奇以及休、生、開三門的位置。古人說：「好風水也需天、地、人三才並至，才有吉應可期。」

結論

光子（Photons）就是「光的量子」，它來自於科學家愛因斯坦於一九二一年所獲得的諾貝爾物理獎「光電效應理論」。愛氏把光視爲「量子」，並以此來闡釋各種現象，深受科學家們的愛戴。光子密碼科技亦即「每一種有形的物質或無形的事件，皆由量子或更微細的量子（暫稱）所構成，每個量子皆有一組密碼（就像DNA），並在正常數值之下運作。若密碼數值出現偏離現象，則會出現各種意識的異常現象，在人體，會出現精神及肉體上的疾病；在能量場，則會出現大自然不正常的現象，此際必須測量出其偏離的數值大小，並將它平衡過來，使之回歸於正常值。此科技在現象界可歸之於「量子效應」，而其本質則可歸於「意識」的領域。

光子密碼可經由「光子密碼測量儀」而獲得，它可說是量子訊號的測量。光子密碼亦可經由「光子密碼輸出儀」輸送出去，它不受距離的影響，也不受其他能量場及化學物質的干擾。

光子風水學是經由光子密碼測量儀，將地球表面各式各樣的環境能量場，檢測是否有不好的干擾頻率，或是有吉祥助益的頻率，我們都會清清楚楚

義大利佛羅倫斯的文藝氣息，彌漫整個區域

的查出來；藉由分析環境能量場所獲得的各式各樣光子密碼資訊數據，做出比較科學與正確的評量（Evaluation），並進一步對當事人與物件提出改善的辦法（Solution）。

總而言之，在二〇〇六年開始資訊科技（Information Technology）產業進入衝刺末期，二一〇〇年意識科技（Consciousness Technology）產業將接棒而起。

第二章 地球能量場的新紀元解讀

這個實驗所加持的精微能量，是用光子密碼頻率輸入的。使用的頻率是用七個主氣輪（Chakara）的密碼，經過一段時間收成後，比較兩組的結果，發現加持組效果顯著，這一組不論產量或品質都提升不少，所以粗步的結論是：生物所需要的精微能量，不論是人的密碼或動植物的密碼，其實都是一致的，也就是說，地球表面所充滿的精微能量，是不分人與動植物，都是共通的。

第一節：IDF應用到環境保護領域

1-1 用意識科技發展超級有機農場

在美國加州一個有機農場做了一項實驗，這是針對加持精微能量對所有農產品是否會造成影響？以下是實驗的簡介：

它的土壤與周遭環境內的所有生物系統，先經過IDF詳細的評量，要求的實驗場所是非常的健康且無污染的。爲詳細研究，包括所有生物的器官與組織狀態，以及其維生素與微量元素品質，都評量得很清楚。

實驗是把健康的一部分的農場，將此實驗區分成對照組與實驗組兩區。一開始，實驗組先經過以太能量（Etheric Energy）的補充達到平衡，而在種植的所有農產品時，所灌溉噴灑的水都經過加持（Potentize）頻率爲「9-49」的光子密碼生物總能量。

由於兩區中的農作物，在需要移植時或處於惡劣的天氣下，農作物會造成緊迫壓力（Stress），此情況下會生長得很差，研究是想了解加持了生物精微能量，是否會因此去除了負面影響，而使產量增加。

這實驗所加持的精微能量是用光子密碼頻率輸入的。使用的頻率是用七個主氣輪（Chakara）的密碼，經過一段時間收成後，比較兩組的結果，發現加持組效果顯著，這一組不論產量或品質都提升不少，所以粗步的結論是：生物所需要的精微能量，不論是人的密碼或動植物的密碼，其實都是一致的，也就是說，地球表面所充滿的精微能量，是不分人與動植物，都是共通的，這是美國實驗的例子。在德國

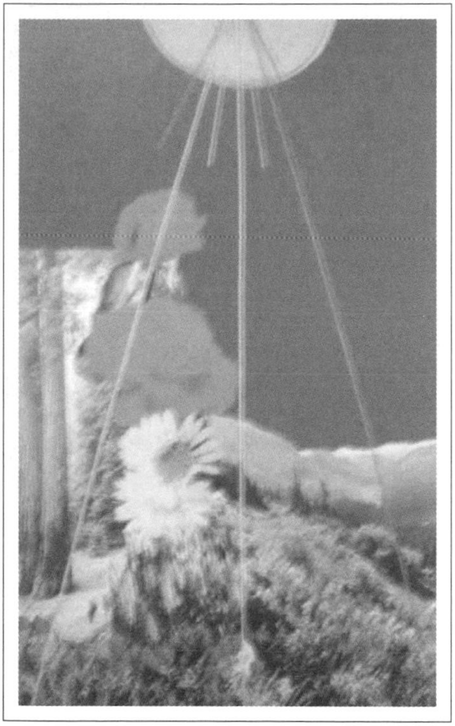

植物有其生命能量

的共振療法研究中心，一些研究員經過數年來的對光子密碼的研究與實驗，發現對森林的生態復育幫助很大；實驗是將受到酸雨與環境污染而受損的森林區拍照並製成地圖，然後將它們放到光子密碼儀來傳輸復育與生命的密碼信息，三年之後，實驗組與對照組差異頗明顯，數據會說話：

樹葉的生長密度增加20.7%，酸橙樹活力增加37.9%，橡樹活力增加34.4%，西洋栗增加15.4%，三年間樹林恢復過來的效果讓負責監控的人員瞠目結舌。

礦物也有生命能量

1-2　動植物及礦物與人的總體生物能量密碼是一樣

在台灣，這三年來也評量了不少的案子，其中一例是一位李小姐最寵愛的狗兒；有一天，她打電話來時語氣很傷感，她說：「我的狗狗不知怎麼生了怪病，獸醫說是腎衰竭，我跟牠相依快十年了，拜託你想想有何辦法？」想到李小姐，人熱心又漂亮，常常帶客人來我們的小辦公室，因此我就義不容辭地盡力幫忙，我在電話中告訴她送來十根牠的毛。

不一會兒她的男友就帶來了，我當時想，狗的IDF生物能量頻率到底是多少，是不是通用碼？就把狗毛當作樣本，開始掃瞄（Scane）牠的密碼。

「哇！」結果出來了，密碼就是「9-49」。

我評量牠的精微能量值，只有82.4，這表示生物能量的「氣數」實在很弱；通常，數據在84以下就屬「氣數」嚴重的不足，若低於78時，就已經是「風中殘燭」了。由於狗的泌尿系統與人不同，牠們無法代謝尿酸，三天中獸醫努力挽救牠的生命，但是功虧一簣，我在那天早上10點到辦公室就趕緊評量牠的「9-49」。

「唉！」我嘆了一口氣，數值只有74.7，我知道牠已經獲得解脫了，牠回到了另一個世界，但李小姐卻無法再與牠一起溜馬路了。我剛打電話到她男友處，對方尚未等我說出評量結果就說：「走了！狗兒在早上七點左右心跳停止了。」

我們地球生物精微能量的根源是由宇宙深處發生，再經太陽幅射傳送過來的，地表礦物、土壤與水保存下它們以後，經由植物的生成作用收納於體內，再轉變爲動物的食物後，經過動物消化吸收入體，其波動的微能量仍然繼續存在而變成動物本身的生物能量。各地的植物本身還含有生長時該產地的地靈五行能量，以及不同節氣時植物會產生調整該季節的波動能量，所以吃的食物、喝的水，都與我們的生物能量值有極密切的關係。如你吃吐魯番產的哈蜜瓜，就有清涼調整火氣的能量；你吃溫帶水果，例如青森的蘋果，就能感受中性溫和的氣，而寒帶出產的一些堅果類就很熱。所以筆者勸各位，吃當地、當季出產的蔬菜和水果是最棒的生機食品，能量不但高又有益身心健康。

1-3　地球是生命發展進化的訓練所

我們居住的這個地球，表面所住的衆生實在浩瀚無比。但大家都說活著就是這麼「一口氣」；動物會呼吸，植物也會呼吸，微生物也會呼吸，照生物學的看法，這口氣是講空氣中的氧氣。其實不然，地球上面不靠氧氣生活的生物也非常龐大，像嫌氣菌（Anaerobic）這一類就不需要氧氣，牠們只是要有一套電子能量傳遞系統，藉由酵素的參與就能夠活得好好的，還能傳宗接代呢！深海中的生態系，也還有人類尚不知道的生化能量傳遞系統，它們在黑暗的深海中，以生物發光來做同類溝通與求偶的信號，很多秘密我們還未破解，但氧氣絕不是唯一作爲電子能階傳遞能量的唯一接受體。因此，有些人把空氣中的氧氣當作是生物能量講的「氣」，是不妥的。那麼，這口「氣」到底是甚麼？如果我回答你是「9-49」的話，你一定把我當作精神病患！這一組碼「9-49」

是整體生命力呈現出來的「綜合共振」精微能量，活躍於次原子的廣大空間裡，也是風水中最有價值的能源。

1-4 代表生命能量的一口氣

《舊約聖經》創世記裡記載：「上帝用泥土造人，再吹入一口氣，人就活起來了。」這個比喻雖然不是很恰當，卻很傳神。科學家已經證明人體構成的微量元素的比例和地表土壤中的微量元素比例是相同的，而上帝吹入的氣是「9-49」這組總合的光子密碼頻率，含有非常龐大的資訊能量頻率組合的總代表（這點只有我們的意識科技能解釋）；人體經由地球資訊能量場接收到這個含有指令的密碼，就能在幾個毫秒中於大腦視丘解碼，經螺旋的DNA轉譯變成三維立體的各式各樣縮胺酸類或蛋白質釋放信號，透過中央神經系統或經由內分泌腺體系統與血管流往傳達全身，人就被激活起來了。我們幾次評量剛剛往生的動物包括人類，總能量（9-49）、振幅都低於76。

其實，基督教的核心信仰是「上帝與我同在，眞理使我們得到自由。」在《約翰一書五章二十節說：「我們知道，上帝的兒子已經來了，而且賜給我們理解力，好使我們認識眞神，我們在眞神的生命裡……」這段信函，道出我們眞正的身分，因爲我們就在眞神的生命裡。很可惜，大家就只會眼睛向外盯著，尋找外界虛無的神靈，卻「內觀」不到自在、永在的神就是「自己」！

1-5 無私的大愛波動頻率就是生命力

有時候我會想，為甚麼很多知識分子無法相信這個事實。一直到上了曾坤章博士主持的小海豚意識機構的腦波課程後才明白，原來智力波（β波）強的人，在清醒意識下，是很難體會只能在無意識下才能補捉到自己內存的心靈意識，這種人往往要藉由催眠、打坐等方法，等腦袋確實進入了放鬆的狀況下，才能體會到這個「肉體雖沉睡，但心靈卻清醒」的境界。幸而經由近代意識科技的進步，讓我們能藉由美國孟羅研究所開發出來的雙腦波差與同步的調控技術，能夠讓你又快速又輕鬆的達到這領域。如果你進入此境，就能夠了解地球上同時存在著平行的不同世界，你會更珍惜地球的資源與注意全球環境生態的維護。

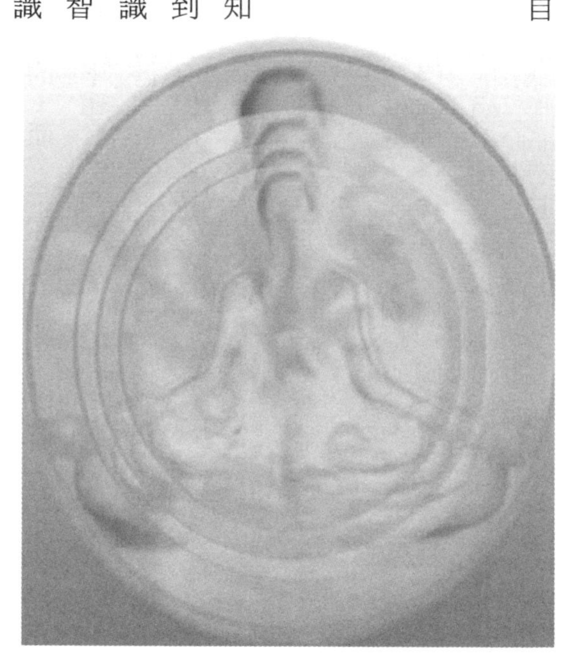

由氣輪和光體可了解生命品質

孟羅研究所的羅莎淋・馬克奈就在他靈魂出體的經歷中，深刻體會到人類被置於地球上生存，乃是要提升整個地球的意識水準，地球的進化對宇宙區域的進化舉足輕重，所謂「萬有即一，一即萬有」（All is One, and One is All），人的意識與地球的意識是接在一起的。日本目前有坂本正道IC工程師與藤崎醫學博士也出版很多書籍來介紹透過雙腦共振的技術，當進入「焦點49」時，人的意識可以接觸到位於地心的「蓋亞」地球母親，它發出無私且強力的「聖愛」這種波動，也期待人類也能一起引發大愛的共鳴。

第二節：地球光子風水場的網路佈局

2-1　風生水起好運來？

由於人類在地球上生活，所居住的環境既要有風也要有水；風就是流動的空氣，要藏風聚氣，才是好的風水。風吹氣散就是不好的，以前有一本介紹風水的書籍，書名叫《風生水起好運來》，很富詩意，但是生了風在風水學裡表示有風波；起了水就表示要漏財，跟好運是背道而馳的。

風水的內容是一門人類與土地和諧共處的藝術，必須詳細了解風與水的來龍去脈，若是能夠適時、適地的運用，就能帶來莫大的好運，使人們安康及擁有財富。

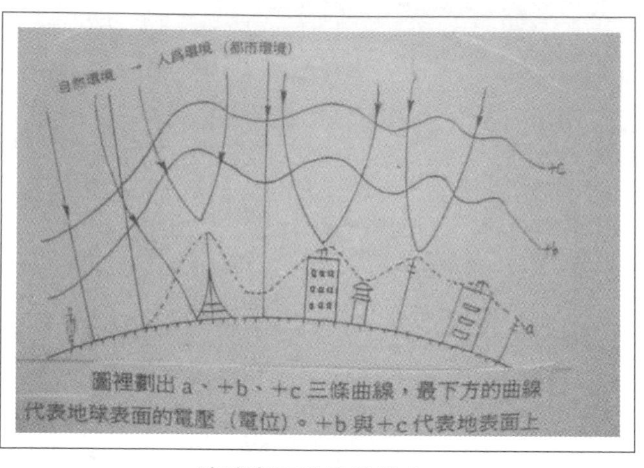

地球表面的電場變化

所以中國人一直對風水師父當作「仙人」般

尊敬，有時就稱呼他們「風水仙」。很可惜的是，我們在風水的領域中，卻常常遇到「仙拼仙」的場面，就是因爲這門學問的理論基礎沒有科學化，再者是因爲派系不同，推論也大大不同，所以每件個案的答案也多不相同。我就遇過一個風水案子，甲正面說是雙龍抱珠，乙負面說成雙犬咬屍，當子孫發財富貴時就是甲說的好，後來衰退貧困就成了乙說的對；巒頭可以讓人們有充分的想像空間，所以給風水弄個富有吉祥動物名稱的穴名是無意義的，反而引用網路架構通訊天線的角度來解釋風水穴場就比較合理。

雖然如此，這股風水的熱潮卻隨著資訊的進步，與中國的崛起，將這套學問廣傳到全球；美國最近也非常瘋狂這門學問，我們不妨看一段在網路上的新聞報導：

很長一段時間，風水在中國大陸被視爲封建迷信。但現在，風水文化在中國重新崛起，而且勢頭正盛。甚至在西方，看風水也開始在一些地區悄然流行起來。中國人對於古諺：「一命、二運、三風水、四積陰德、五讀書。」它能流傳千年，確實有其存在道理，不容我們忽視。在我們的社會，上至一國之尊、達官貴人，下至販夫走卒，大部分人都不敢違逆命運風水，如果不能夠將這門學問，以科學化的精神，來建立一套客觀的評量法，實在對不起自古以來的先賢苦心藉由經驗法所整理出來的這一門學問。

今天，我們非常幸運，由曾坤章博士所開發的光子密碼這種意識科技的萌芽，我們終於找到一個標準模式，把自古以來未能夠數位化的風水氣場，將它與人類的氣場相互交織所形成的網路架構，很有系統的編織起來；經過這個有組織化的研究，相信，風水這門屬於意識範圍的新科技，能夠爲現代的人類帶來新的視野，我走在第一線，難免會有爭議，但如果沒有一個人願做烈士，這項革命性的技術就會拖延甚至埋沒了。

在這個時間就是金錢、經濟掛帥的時代裡，與我們關係最爲密切的風水議題，我認爲應該屬於陽宅。因爲現代的建築已經非常的科技化，同時也複雜化，而且環境變動得很厲害，陰宅風水穴場也很容易被破壞，蔭助能力也大打折扣。因此，今日很多風水師父特別強調陽宅的重要，由於這個潮流的改變，讓現代的風水諺語已改成：「頭厝、二命、三風水（陰宅）……。」

總之，我們住的空間氣場，與我們人體是相互呼應的。因爲地球環境能量場其實是與我們貼身而相處著，陽宅、辦公室才是最重要的！

2-2　地球風水場，類似目前無線通訊網路架構

上面一章我談到的一位手機通訊網路系統業者的W小姐，有一次問我：「爲甚麼有些人住到好風水的房子會發達？我看過很多風水書都是各說各話，看了一大堆書，覺得還是知其然但仍然不知其所以然。」

我想了想，怎樣來將這一門很玄妙難懂的學問，用比較簡單易懂的譬喻來說明；因爲她是網路系統業者，所以我想用現代年輕朋友熟悉的電腦與網路常識做比喻，來告訴大家風水的秘密，似乎滿貼切的，因爲網路的概念有三種特性，就是傳遞信息、資源分享、檔案共享。

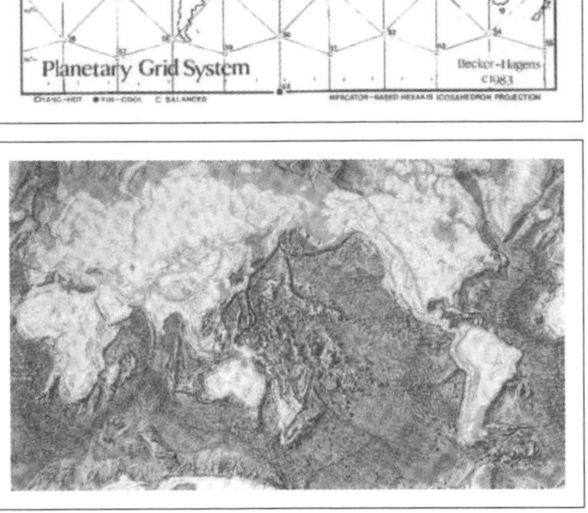

西方能量研究者將地球能量以網狀格線來顯示

「我們個人就像是一台能夠上網路的PC終端機，使用無線區域網路卡（IEEE802.11b或g）上網，透過架設的無線基地台進入ISP業者提供的主機而連接上廣域網際網路，在網路上自在的遨遊，並獲取或傳送資訊，W.W.W它可比喻爲這個大地的風水資訊場，因爲我們要下載或上傳時，使用的就像是無線區域網路（Wireless Lan）的技術，而要進入這個大的網路，一定不能離開無線基地發射台（Station）太遠，而且能夠收納基地台所送出來的頻道清晰無干擾；若這道通訊傳輸被阻礙或干擾，我們就上不了網，收不到也傳不出資訊。」

W小姐對此很了解也回答說：「近來，談到行動手機基地台，發出的電磁波會影響人體健康的傳聞，造成人們心理恐慌。人類現代的科技是建築在電磁學的基礎上，沒有基地台，全國通訊會出大問題。但建在居民太密集的住宅區，還是有考慮的空間。」

我告訴她：「低頻電磁波是會有對人體有傷害，未來人類進化到五維時空場的時代，就不必靠這些硬體來傳輸信息與解碼了。人們在那個時代是以星光體來通訊，已經進化到使用光子的科技，那時候這種通訊不會造成肉體的傷害。」

W小姐：「現代資訊就是權力；資訊延宕、不足或錯誤，當然就跟不上這個快速變動的社會；台北市率先全世界，建構出第一個全區皆能享受無線網路通訊服務的都會，也是體會到資訊流通的快速存取，這是另一方面國力的展示。」

我順勢就給她一個啓發：「換句話說，好的陽宅也必須能接收到好的地球場能量傳輸的頻率，特別是7.83Hz的雙向共振頻。好的建築設計會使居住的人，不會因房屋不良的設計，而隔絕了與宇宙大地精微能量場的聯繫。如果有幸能夠居住在充滿好的磁場空間房子中，就好比泡在大自然充滿芬多精的森林浴中，居住者的精、氣、神都會高人一等，人家想不通的你想得通，人家想不到的你想得到。當你處在這麼好的環境下，永遠掌握著『先機』，幸運就自然而然的找上門來了。」

2-3 水晶是地球龍脈的骨髓

好了，既然用網路資訊場來解釋風水的內容，我就先把地球龍脈用風水網路的骨幹來比喻，地球的組成元素以矽質最豐富，地心是最重的鐵金屬核，最外層的地殼有很多的石英爲主組成的岩石，這一層面可以因爲造山運動，山脈起伏頓跌，岩層互相擠壓扭曲，這個作用使得岩層內部的石英岩，因爲本身有壓電性，而變成一系列石英骨幹網路。石英就是水晶，水晶中有撓場存在，撓場能夠存取精微能量資訊，我想不久後就能被科學家實驗證明出來。地球最厚的地方是中國的青康藏高原，這片高原人煙稀少，在地球自轉時，與外太空形成的撓場，將宇宙與地球本身的意識大量的記載儲存在此區域；它們就是地球網路的主機硬碟記憶與資料儲存所在。主機在架設龍脈時，有計劃的分成十二條主幹，是一種星形網路架構（Star Network）每一條主幹長短不一，再於某些地點形成節點，分支佈署支龍，這層通常是用匯流排（Bus Network），層次分明的架構下來。

西方一位央德武（Guy Underwood）的作家，研究許多神聖古蹟附近的電磁能量模式，發現從地底該電磁能量是往上傳播，是一種垂直於地表的波動，有很強的穿透力，影響動物的神經細胞，形成螺旋狀，他以地球力（Earth force）稱此。這種力是不連續性的，他稱此爲地力線（Geodetic Line），愛爾蘭人稱「仙徑」，英國格蘭原住民稱「歌線」，這個地力線呈網狀分布。低等動物對此線感應強，但人類感應較弱，需藉由一些輔助工具才能測得其存在，尋龍棒、感應尺、靈擺等都是這種應用工具，但是其地力線強度我認爲光子密碼儀是最科學的，它能驗出數據來比較。這個地力線所組成的網狀結構，老中就叫它爲龍脈，而地力線交會的節點，我們稱爲穴點。新紀元開始，美國小海豚意識機構開發的光子風水機，就是一種將大地穴場的光索能量網頻率增強的產品，類似傳播系統的中繼站，可以消除弱能區域的負面頻率，也像大哥大系統的強波器，讓使用者能更接近光索網路，優先享受宇宙無盡的精微能量。

2-4　祖山就是基地發射台

每條龍脈都有主要基地台發射站，互相將龍脈的資訊場振盪頻率維持在一定的水準；其穩定的頻率一般由地球外層所謂的舒曼共振腔的七點八三赫芝基頻來做上傳與下載的聯繫，此振動波是由地底脈氣經各山峰往上發射，達到電離層再反射回來，而形成了一個包圍整個地球表面的同心圓共振腔。

近年來，手機通訊的基地台被罵慘了，因爲大家怕它發出的有害電磁波會影響人的健康。但是，精微能量的基地台卻是可遇不可求的好地點，住到吉穴，比中樂透還幸運，它就是送給人全方位提升好運勢的好龍穴。

所謂的風水龍穴，除了是因爲地殼變動與風化關係造成，還有是該處地脈能量網路形成的交會調合點，這些地點會將精微生物能量IDF訊息產生的共振放大能量，自古以來，氣功師父就喜歡找到這些地方採氣練功或閉關聚氣，漸漸的發現這些氣的能量比較高的區域有一些特性，經過不斷的檢討與研究，中國風水的理論就出現了。

中國古代練功的很多是道家的修行人，因此就以中國《易經》的學理以及五行的生剋制化理論，把有關風水環境一切所記錄的資料，加以分類並整理後，就成了這一門中華文化中獨家專利的「風水秘笈」。

很可惜，這些秘笈的服務對象往往是有權、有勢的王公貴族，一般庶民只能被哄騙，而一些神奇傳說充斥民間，許多老百姓很容易被一些江湖術士玩弄、欺騙。

這個狀況到現代還是一樣，特別是廣告得越厲害、行銷越大膽的，一般民衆往往趨之若鶩，有些人被拐了，不但送了巨額紅包還大大感謝人家呢！

由於以往一般的媒體對風水的渲染都太過神化了，以致於高級知識分子會將它斥責爲迷信；我們特爲此，用比較科技化的說法來引領讀者很快的進入眞正風水能量學的大門。

近來中國科學界研究人體的經絡與穴位，獲得許多突破性的進展，他們發現人體針灸的穴位，有七種元素鈣（Ca）、磷（P）、鉀（K）、鐵（Fe）、鋅（Zn）、錳（Mn）、鉻（Cr）等，在穴位和非穴位上的含量，有40～200倍之間的明顯差異，一個穴位的直徑約五至八毫米，所有這些元素的衆多分子，都只存在於骨間膜的表層，約一個微米的厚度。這是非常令人振奮的成果，是人類第一次發現經絡存在的物質證據，從此沒有人可以懷疑經絡和穴位是虛無飄渺的了。同樣的道理，在地球的風水穴場也都會發現有太極暈或五彩的圖案出現，它們是矽質石英結晶中含有特殊的金屬離子，才會與周邊的土質有不同的差異，我們引用中醫的經穴來說明風水的穴，都在說明宇宙的造化，是有系統、有智慧的設計，以往因爲科學家觀測不到經絡就認爲這種東西不存在，我想慢慢科技再進一步發展，會有科學數據來印證風水也有像人體的經絡與穴位之說了。下圖是大陸磁療學書中的資料，人的肉體主要成分是地殼的土石所打造的，不是嗎？

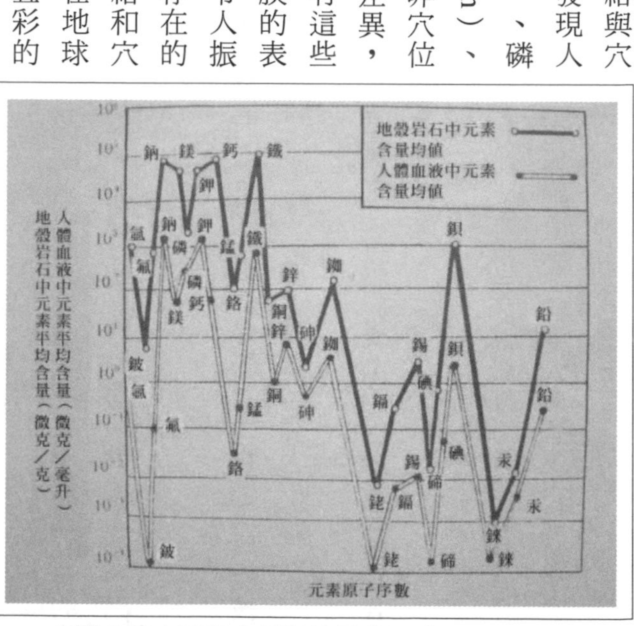

人體血液中元素含量與地殼岩石成分是呈正比

第三節：光子密碼能看穿風水的因果與來龍去脈

3-1 總體能量與房間臥室的能量是相等的

有一天，一對夫妻來我們的辦公室，K先生的是一家銀行的襄理，太太則是一家信用卡購物中心的財務人員，兩人都對修行有興趣，更對我們的光子風水著迷。

K先生主要是睡眠問題與肝臟很差，因爲已經到醫院看了無數次，沒有任何進展，所以想了解到底光子密碼對他是否有幫助。

「疾病的事，要找醫生。」我還是要他再找另一家醫學中心去檢查，我們不做任何醫療的服務。

他太太說：「我們是想了解我先生每晚睡覺時都會被干擾，常常翻來覆去，還會亂叫，我都被吵得很煩，我們是想我們的臥室是否有問題？」

「每晚子時到丑時都還無法安睡，早上又要早起，中醫說這樣子的話，肝毒就排不出去，所以連中醫都已看了不少家，還是沒改善。」先生再補充。

我眼睛瞄一下K先生，眼眶果然有點黑。

「看來，我們先由修行方面著手來檢討看看，你就剪下數根頭髮來做評量看看。」我就請同事以消毒過的剪刀，手上套了塑膠套，剪下了樣本，將六根頭髮放進特製的玻璃紙內封好，再請他在上面簽名，就開始檢測了。我們也可以由字去分析寫字者的心境及意境，或寫字者這個人在此時此刻的處境，其實是非常有趣的。

「總體能量密碼9-49，測起來怎麼這樣低，才89.5。」我有些詫異；我連測兩次結果還是一樣。

「看來是靈的問題了。」我的直覺告訴我。

於是將黑暗靈力與致命靈力的頻率這兩項加進來進行評量，果然出現是這些負面能量在干擾他，而且每一黑暗靈力的項目中都超過1；算是嚴重的。

幸好致命靈力的干擾沒有出現。至於爲何有此黑暗靈力出現？當事人沒有提出要求，我當場也沒有做這方面的掃瞄來找答案。

初步了解了有負面的干擾後，我就詳細解釋我的評量結果，告訴他如何改善他的處境。

3-2 伽楠香、共振CD帶、光子風水機能請走負面靈氣

「這是一張清除負面能量及保護自己氣場的CD音樂片Resonance Tuning給你用，每天用具有立體音響的CD錄放音機聽一小時。」

過了一星期，他又來了。

「我們覺得有進步，希望你順便幫我們看看家裡的風水，我們把已經拍好房間與客廳的拍立得相片帶過來請你查查看。」他將相片交給我。

我檢測結果，客廳的納氣並不高，只有93，能夠平安過日就要謝謝老天了；而他臥室的能量很低，只有89.1，和他原先的總能量很類似；我做了很多這類個案，結論是臥房與當事人的能量指數往往是很接近的。

這也難怪，一個人一天在床上睡覺所佔的時間最久，主要以補充精微能量及恢復精氣神的體力爲主。如果腦袋無法充分休息，就無法使腦波進入δ波，則人類生長激素就無法充足的分泌，肉體損壞，老化的細胞無法修補與再生，則健康也會大受影響。如果你房間能量不好，在同一間房子內，你不論怎麼轉換床位，依各種門派法則來安床，甚

至請師父安了一大堆符咒，也是枉然。

K先生在經過平衡後，個人的黑暗靈力已經降低很多，剩下一點點，但因為環境繼續有黑暗靈力在干擾，雖然有伽楠香與共振CD能請走它們，我想了想，還是勸他搬家為上策。

二〇〇六年美國小海豚意識科技機構成功的開發出一種隨身可以攜帶的光子風水機，能夠調控環境中負面的各種頻率，同時能將光子的生命總體能量（9-49的密碼）大大的提升，是最新科學化的化煞消除污濁能量干擾的利器。

3-3　風水也有相容性問題，調整要步步為營

由於當一個人的生物能量值偏低時，他想要找到好的風水場，利用它來補充能量會比較困難，因為彼此間的波動頻率差太多，相容性會有問題，當事人是無緣分享受好風水的；這就像一個住在北極的人，一下子換到赤道住會受不了的。為今之計，只有先逐步提升當事人的能量，並消減環境場的負面能量來著手了。

「我先給你一盒伽楠沉香環每天點一小段，再給你一瓶五行平衡能量水，噴一下住家各角落，特別是臥房，試試看能否改善。」我也以光子密碼儀進行遠距傳輸，平衡失

常的當事人陽宅，如果再配合光子風水機架構成密集網路來加持更爲殊勝。

第二天，他太太來電了：「謝謝你們！我先生好久沒有睡這麼甜過，眞有效。他精神也好很多了，不知怎麼感謝你們。」

「希望你們能夠持續的聽雙腦同步音樂，以及每天噴些愛的能量水，偶爾點個小段的伽楠香調氣，相信一個月內會有明顯的改善。」

我們衷心祝福這對幸運的夫婦；每天給予一段時間調整與傳輸，他們的總體能量很快的就提升到96以上，因爲房子在衆人的愛心關懷下，也提升到96左右了。

因爲該房子本身有缺點（附近有隧道與小道宮），已經無法再往上拉了，96已經是頂點了，所以我請這位裏理開始另外找房子。

說來也算幸運，他們很快的在內湖找到一間不錯的公寓，條件也不錯，經過光子密碼測起來有98.1左右，我希望他們先租下，有個平安不受干擾的環境就好了，等到條件成熟再買下。總之，陽宅方面以遠離干擾是當務之急，這樣處置應該可以了。但K先生突然要我占卜一下，到底是甚麼東西會干擾他。

3-4 基因光索與祖先靈氣

我請他親自寫下要占卜的事項，我爲甚麼請他自己寫的原因是：我們自己所寫的字，每一筆、每一劃都是反應個人從出生到當時的總心血結晶，也就是一個人當下的心境與其生物精微能量的總體符號表現。特別是對當事人目前所遇到的難題，透過光子密碼機，從寫下來的文字本身去感應它所產生的波動頻率可以找出對應的解決辦法，是一定可以辦到的。

我就以光子密碼機架起掃瞄筆，進行逐項掃瞄，結果很怪異的答案出來了，竟是他的祖先靈！首先，我強調一下：我們不是乩童，也非靈媒，只是利用生物精微能量頻率共振的評量人員，我們只是根據數值的結果據實以告。

聽了我們的結果，這位襄理並沒有顯示出詫異的表情，反而是以感慨的口吻回答我們說：「我的祖父是山東濟南望族之後，因爲戰亂，家父隨國民政府來台，彼此失聯已久，直到現在，才能回鄉探親掃墓，只是有幾門祖墳都已經找不到，還有家父常常要我回去祭祖，我都沒有答應，是否因此祖靈找上門來了？」

3-5　以愛來化解黑暗靈氣

由於當初我們爲他平衡負面干擾是用光子密碼中「愛與慈悲」的頻率，有別於一些道觀法師霸氣的「驅魔趕鬼」法術，所以不但不會傷害這些不懷惡意的陰靈，還送給它們一些慈悲與愛的能量，化掉它們的瞋念，滿足它們的缺乏，說不定它們喜悅後變成你的守護靈呢！電視上我曾看到有些法師用凶狠的法力攻擊黑暗靈力，符咒滿天飛舞，如果這些黑暗靈力是你的祖先靈，因此受傷害，累積更多的瞋念，那是多麼令人遺憾的事。

我接著告訴這位裏理：「人的生命是無限的，不要永遠死纏著這個曾經活過的凡間地球不放，你的祖上往生時，該旅行到天堂或另一個佛土去進修，或再續前緣來此世投胎做人，如果執著於死前的一世，不肯離開該幻境，就會干擾凡間的後人，你若夢中有幸與祖上碰頭，應該勸他要快樂的出航過渡，不要戀棧此凡塵。只是，太多人因爲在活著的時候，無明的種子茗了芽，看不清生命實相，沒有時間修行，更遮蔽了心眼，所以更放不開，但這一念無明，就會讓我們靈魂無法進化。」

函館夜景

3-6 執著的祖靈反而妨礙後代

在此，也特別奉勸各位阿公、阿嬤，好好珍惜最後的銀髮生涯，把焦點轉到內在的心靈層次，能夠察覺活在當下就是最好的修行。等時間一到，往生了，就不要再掛念這個世界，「兒孫自有兒孫福」，不能放不下，否則自己會脫離不了這個世界的羈絆，不但庇祐不了自己的兒孫，還會干擾後代的生活。有些更是糾纏不止，還要再續前緣，再來世間輪迴，我認爲這種情況叫做「留級重修」。

接下來卜卦問事的結果，依老天對他當下時空環境的建議：他還是基於孝道，回山東老家祭祖掃墓，完成他父親的心願。他想了想同意我們的建議，而我們也樂觀其成，祝他一路順風。兩個月過後，他們又來拜訪我們了，看來精神很不錯，原來他回山東老家一切出奇的順利，且大陸的公安效率絕佳，連他們自家找好久找不到的幾個祖墳都幫忙找出來。很快的將所有的祖先靈位安頓好，完成祭祀典禮，他終於與祖先的基因光索建立好了，我們很高興，因爲眞的幫了他們。

3-7 祖先遺體火化是避免干擾的好抉擇

K先生有次來訪問我：「爲甚麼我們會因祖先的風水不好而受到干擾。如果祖墳好又如何幫助後代的子孫？」

這也是千古以來未解的大秘密，我說：「由於我們在地球這個生態環境所繁殖的生物，基本上都攜帶有祖先的遺傳密碼DNA，你有一條是父系的DNA，一條是母系的DNA，除非祖先的骨骸已經火化，DNA完全消失，否則祖先的DNA與我們有一條『基因光索』會影響我們後代子孫，是透過地球的風水場的網路架構；相同的DNA螺旋，有其共振的撓場資訊，當祖先的DNA在精微能量場極佳的風水寶地吸取吉祥的波動頻率時，也會全天候的以超光速光子網路把能量藉著共振傳給子孫，許多高官巨賈的氣色紅潤、神氣軒昂，多少皆獲得這種『7-11』式二十四小時的長期穩定加持。」

我們的光子密碼科技就有辦法測出來有沒有這種加持。相反的，蔭屍地的祖骨，就會把負面的干擾傳出來給後代，所以大家說「入土爲安」並不是眞的只要埋到土中就能安心，唯有遺體經高溫火化後，其DNA螺旋已經完全消滅，就對後代子孫沒有任何好壞的影響，他的後代完全靠自己的努力。

「我因爲看到地球許多好的穴場已經受到破壞，有些看似寶地，但來龍已經被挖斷了，能量洩漏嚴重，因此，如果沒有眞正好的風水穴場，我建議火化後埋葬或放置在管理完善的靈骨塔較讓人安心。將靈骨塔區域變成花園綠地或是有藝術的景觀區，後人來『掃墓』，既不會燒銀紙亂飛造成火燒山及污染環境，人們也較不會被陰靈干擾，還能接收都會區外的花草香氣，與大地的負離子能量，希望未來殯葬業者能往此趨勢發展，對大地與人間都是功德一件。」

K先生想了想說：「這樣也對，死者與活人爭地，對地球的土地資源也是一種浪費與環境的破壞，火化又乾淨又衛生，更不會影響後代，一切靠自己的努力，也符合公平正義的原則。」

3-8　生基是利用基因光索

由於談得很盡興，我還告訴K先生，中國高明的風水師還有一套做「生基」的工夫。這是利用本人的頭髮、指甲、血液等不易分解的基因性物質，再使用各種方式把它們密封起來（固化、真空），使其中的DNA不受分解破壞，然後找到風水能量吉祥又逢元值旺運的強勢穴點埋下。由於這些生基穴點大多是地靈光束匯聚之地，此時地靈能量會透過本身的DNA撓場效應，經由光索地靈網路與自己的星光體產生共振。如此，在無形中，人們就能夠藉這個生基穴點，無時無刻繼續地充電。當然，如果該穴不吉，或分金坐度失誤，特別是在地震後，或大雨產生土石流，此際地形地物景觀改變，就會不靈甚至反凶煞成禍。所以大師們都會交代人們要積德行善，不要讓地靈媽媽生氣反教訓你一頓了！921中部集集大地震，該區的風水場就首當其衝，一些原有祖蔭的大富大貴家族，不久之後，竟然變成經濟犯，眞是令人始料未及；所以世事難料，藉由基因光索來加持，畢竟還是外力，如果福報僅只於此，也只有自求多福，莫怨天尤人，我就認爲陽宅比陰宅重要，尤其是臥室更要緊。

美國小海豚意識機構開發的光子風水機，本身就像是一台迷你型的龍穴，應用得宜，不輸給利用生基的加持功效，我把它當成「迷你生基穴位儀器」應用在好多的情境，眞是神奇！

3-9 香不要亂燒、神不要亂拜

我和K先生經過這些事的交流應證，也漸漸由客戶關係變成了朋友關係了。後來，有一次他太太拿來一包到印度旅遊買回來的檀香，希望我幫忙了解它的品質。因爲一般人都覺得印度檀香很神聖，我的立場乃就事論事，只依照光子波動的能量數據來評鑑。

原本期盼聞到印度芬芳神聖的香氣，但我一打開，聞到的是令人嗆鼻的香精刺激味，心中涼了半截，接著測試的結果果然很差，遠低於及格的90，只有83，是有害的不宜使用。我還沒點燃，單單聞一下就很不舒服！

我告訴她，好的香沒有點燃時溫柔如處子，點燃後才會發揮渾厚飽滿的香氣像貴婦。加化學香精的香，沒點燃時香氣襲人，點燃後揮發的氣體後（有些是甲苯類）有害身體健康，前一陣子衛生單位還警告到廟宇燒香要避免吸入太多香的煙塵，有致癌的危險性。因此燒香要謹慎選用。

對於前年SARS發生期間，有些人使用號稱能夠抗病毒的「XX精油」，我們的評量資料是負面不少，如果完全使用純天然的有機精油，能量不但高還有降低有害物的波動頻率，但如果用人造石化煉製品異丙二醇等有揮發性溶劑類，往往對人體造成刺激，呼吸系統會受到傷害，長期下來會有負面的影響。

其實香的妙處很多，我的好友鍾金佑先生就拿過越南最純的伽楠香木來測試，其能量是100等級的。通靈的友人皆能靈視到其中具有觀音的法力，在高能量、高頻率的沉香木堆中靜心冥想，常常有仙佛下凡引導有緣者的星光體進入高次元的境界，這方面我們有緣再做詳述。

另一方面，偶像崇拜也是現代人的一種難改的習性，人們往往不內省，與自己本來擁有的內在光明神性連接，反而去拜那些人造出來的偶像，大家可能不了解，這些偶像也偶爾會有某些神奇能力會發生，此乃偶像的能量，是藉由迷信群眾的信念餵養出來的，這些信念就是信眾們想要獲得更多、更好的「慾念」。當你正發心、發願拜拜祈福時，你的生命能量正逐漸消失，它們漸漸被偶像吸走了！許多電影明星，經過媒體的炒作，粉絲見到他們就發狂嘶吼，看起來眞的是現代版的邪門武功——「吸星大法」。一些政客們也開始引用此計，把自己塑造成明星偶像也好，甚至於瘋狂式造神運動也好，都是吸取我們人民意識能量的騙局！

資深媒體人孫樸園曾經爲文談到「甚麼人是台灣的大贏家？」他認爲最貼切的答案是「宗教性詐騙集團」；這些集團的人使用的手法與政界或金融界之詐欺同業很相近，他們舌燦蓮花，口才絕佳，常令信衆虔誠受教，慷慨解囊，捐輸鉅款，忠誠供養，有時除了獻金以外還要獻身，爲何會如此？這是因爲一些政治明星、金融鉅子、影視名人等大人物，在騙取衆生的信念，贏得財富與權利後，由於內心感覺造孽深重、心懷內咎，恐懼下地獄，無法安心，於是就想辦法皈依各派名師，心甘情願被修理論述一番，並將所騙來的財富捐出一部分來贖罪，買點功德「票券」及取得大師的祝福加持。如此看來，宗教教主才是高人一等，幾乎是神明的化身，接受膜拜，實在神氣無匹。台灣一般百姓素來單純，喜歡拿香跟著拜！所以社會評論家孫樸園先生感嘆說道：神到底有沒有造人，一直是個迷，但人一直在造神，這倒是眞的。台灣的神超多，還能依信衆需求，創出新的偶像，最誇張的是它還能渡海外銷，是產值極高的萬年服務業，眞的是台灣人極有創意的行業！

第四節：世界風水場是光索地靈網路的佈局

4-1　板塊漂移，才演變成今天這七大洲

近來，因為經濟的發展，整個地球環境都遭到過度的開發，從鑽井採礦、炸山開路、挖掘隧道、伐木濫墾，地球表面已經大大改變，人類霸佔了地球大部分的資源。

我們要了解地球是有意識、有生命的，要珍惜它、愛它，使我們人類在這裡學習與進化能夠有良好的環境。

為了讓大家體會地球本身是一個完美的資訊能量光索地靈網路場，我們就先從地球的精微能量網路佈局，一點一滴的說下去：

地球的風水佈局是在46億年前，在太陽系內出現第3顆行星時，就以地球意識去建置出來。其實在全思想的無限思維中，46億年只算是一瞬間而已。

話說回來，當初地球外殼冷卻是一整片比重較輕的原始地殼（到現在為止，還是這

一個陸地地殼），但是地球慢慢膨脹起來，內部的岩漿自地縫湧出，把原始的盤古大陸分割開來，就是這樣子再經過數度裁切整合，也就是地質學的板塊漂移，才演變成今天這七大洲之模樣，但也有一派認爲是由外來的小行星衝擊到地殼，才引發一連串的板塊活動，不管是自力與外力都是一樣的有意識的活動。

4-2 板塊運動就是架設風水網路的基礎工程

在板塊互相推擠交切的運動中，有了高聳入雲的山脈，也有深不可測的海溝。海洋裡的地殼比較薄，但它的比重較重，它能夠進行「新陳代謝」，它用地球內部地函岩漿的熱力，湧升強大的動能，新生出的海洋板塊，往外推擠陸地板塊，使兩種板塊間磨擦產生高溫、高壓，造山運動另一方面的解讀，是進行架設具有超時空通訊的硬體網路結構。

這個板塊推擠的動力，一方面也把地球內部的能量與訊息一直釋放出來。好幾年前西方出版一本環保書，就將地球定義爲有生命的「蓋亞」GAIA母親，可見人類已漸漸意識到生命的廣泛定義，不能只以人類數十年短小的生涯視野這麼窄小的限制來決定，而應該由無限宇宙時空的角度來判斷之。

4-3 可怕的干擾低頻區塊——致癌風水場

地球整體風水龍脈之佈局，類似現代之網際網路Internet。西方地理能量研究學者把這些密密麻麻的網狀格線稱為Lay Line，而能量線交會點就是調和點（Coordinate Point），這些點的能量非常清純，就是中國風水師所稱的龍穴，若遠離調和點的位置，而有異常偏頗的頻率往往能量低弱，特別是產生低頻6.91～7.81Hz的區域，會有一些不好的負面東西影響到人們。有一些生物工程師就針對此地區做過細胞致癌的實驗，發現暴露在這種低頻干擾場下的細胞，比放在其他地點的細胞，基因改變致癌比例多出很多倍。另外，統計上也指出，這種地區交通上出車禍的比例高出其他地區很多倍，國外也有能量科技公司開發中和此種負面頻率的電子儀器來使得負面干擾減到最低。

本人近來也有一例是有關這種低頻干擾的案件，這家人長久以來幾乎每天跑醫院，藥碗不斷，以總體能量檢測該宅只有89，他們主人曾請一些大師改運貼符咒，還是沒

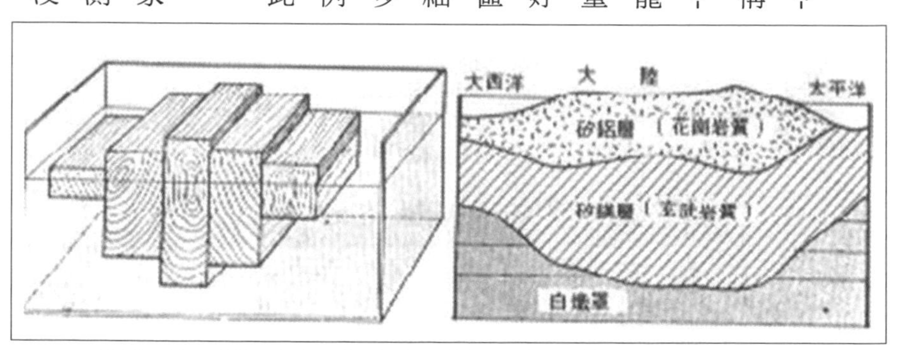

地殼是漂浮的板塊，像冰山一樣，山標高越高，底下也越厚。

有進展，我最早使用能量水噴灑宅第補充能量，但只能維持能量在95幾天，約三天就重回90以下。後來曾坤章博士提供我美國小海豚的新科技產品「光子風水機」來做改善的建議後，首先我利用光子密碼儀搜索出該宅確實是受到此低頻干擾，就當機立斷給他們應用該光子風水機精微能量產生器，啓動後該宅能量馬上上升到95.8，經一個月複測，竟然升到97左右，兩個月再試達97.8，約經半年再追蹤該宅能量竟然穩定於98的優良等級。我很爲這家主人慶幸，還好有這種新的能量平衡科技，可以減輕它的負面影響。

4-4 地球祖山在崑崙，龍脈像全球網路的硬體佈局

爲了有系統的說明整體地球的能量光子網狀結構，我們就用大家熟悉的網際網路來解釋，相信大家比較容易了解。網路都先架構主幹，最原始的主幹佈置類似網路的星形

低頻通訊電磁波天線在都會區林立

（STAR），總主穴如Server主機，在中國的崑崙山間（有人認為喜瑪拉雅山是主穴太祖山是錯的）。帕米爾高原就如集線器（Hub），其高原中有一平頂如鼓的山嶺是公格爾山，七千多米高。我們就可以將它作為類似網路硬體的集線器，利用匯流排網路的佈置，將散佈到全球的十二條龍脈（主幹光子網路軸線）接續起來。這種光子地靈網路架構，我們給它一個簡稱，就叫做「風水光索」。

接下來，再於主龍脈幹線中，衝起呈現祖山的能量駐足地，自行依地理環境，用環型（Ring）或匯流排（Bus）方式佈局各支脈。

各分支地脈主穴為網路矩陣（Matrix）進出口，好像網絡通訊的主要ISP系統業者一般。而各個分支龍脈，再細分給一些掌管網路主機分享的業者。如此，層次分明的將這個風水地靈的能量，藉由風水光索，一層一層的分佈到地球每個角落。

而接下來，各支脈的主要穴點，則是與宇宙訊息波通訊交通的企業公司主機要站，因此，穴點皆有衛星通訊接收器硬體的結構，主要穴點，依照通訊能量分成幾種等級，對星際發射與接收資訊，我們給它的名稱是「風水光束穴位」！

畢業於美國麻省理工學院，主修生藥學副修大腦科學的桑德士Sanders修行者，在美國亞利桑那州西多納（Sedona）探勘修行場所，發現該處很特別，他以其直覺感應到此處地表上某些區域，具有強烈的以太能的渦輪Vortex，他認為此渦輪就是地球能量的進出點，這就是屬於西洋科學家的觀點。桑德士在某些渦輪點打坐冥想，發覺能夠很快幫助冥想者有出體與通靈的經驗，這種渦輪點是上湧能量（Upflow Energy）的位置，對修行開悟與促進身心健康有益。另一種渦輪點就不同，該處的能量會誘發人類大腦邊緣系統的活躍，而讓人產生情緒不安，他認為這種產生情緒壓力的地方是下陷能量（Inflow energy），不適合在該處打坐冥想，但如果要做前世催眠的療傷，該點效率就很好。

4-5　天有羅地有網，皆有十二面體乙太立體的五角形面向

神話說的天羅地網，這個地網就是山龍地脈傳輸訊息的「網際網路光索」，而天羅就是宇宙中星系間的泡泡。各個星系的分佈，並不是均勻的散佈，而是像一堆泡泡擠來擠去的，星球只集中分佈在泡沫的表面，新的天文學家認為這種架構有十二面體的形狀，泡沫中心是密度很低的近眞空狀態。所以星際與星際間傳輸訊息，其實也類似羅網，靈界通訊及另外一種網路，就是「光束網路」！古時候的天羅地網神話也有神奇的內涵吧！

由於地球場本身向東運轉，故風水的光索網狀佈局也向東為主。左手大龍砂一路經新疆、蒙古、西伯利亞，再過白令海峽入北美，經中美洲入南美後再由福克蘭群島進南

極洲，它完成抱住太平洋這個遠大外明堂。右手龍砂則由喜瑪拉雅山脈入緬泰馬，經新加坡入印尼群島，出依利安大島，再散爪進入大洋洲諸島嶼，最後再繞回菲律賓群島，這個大右虎砂亦抱住以中國南海爲主的中大明堂。

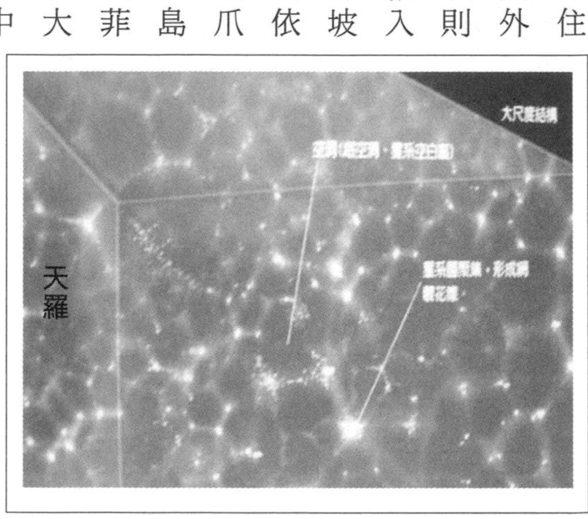

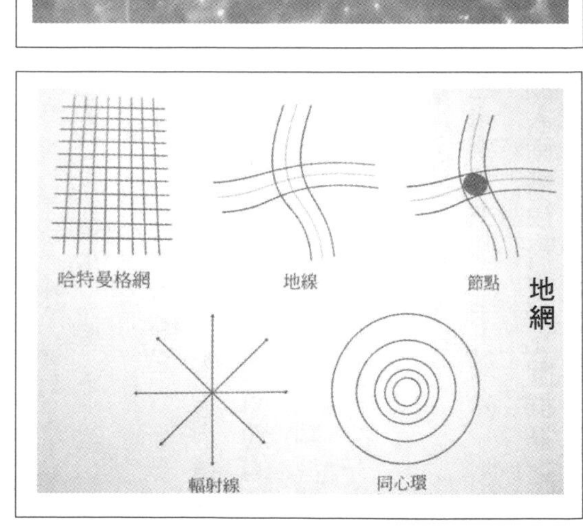

中國風水強調「龍長虎短」，是因爲逆時鐘方向的左旋陽生氣需要這樣的包羅才不會漏失，地球內部能量也能駐留較長久。

這些佈局皆以千萬年爲單位，非人類這麼短期的生命可以見到。這個地球是以另外一種生命形式，活生生的進行大宇宙賦予之進化任務。

地球如上述顯示出它是有意義、有生命的存在體，所以我們眞的需要學習更謙卑的對這個地球付出關愛之心，莫貪一時短暫的利益，截斷山龍、塡塞海河，這樣做只會帶來災禍。一切水、旱災發生頻繁，原因有大半是人爲因素造成，主要是濫墾濫伐、超限過度的開發引起的。森林是很重要的水資源，是地表的隱藏水庫；最早就因人類農牧活動而使森林面積大幅度縮減，使得沙漠面積越來越大。近年來華北沙塵暴越來越嚴重，連台灣、日本、美加地區都受影響，這個原因就是大陸經濟快速發展，爲了滿足市場肉品的需求，因此過度放牧，在缺乏大面積的森林來固定水資源與地表草皮被快速消耗，草木無法植根長好以便固定土壤，其中水分的損失也就越嚴重，接下來土質就呈現劣化，最後只有變成黃沙滾滾來抗議我們了！

4-6 宇宙綜合磁氣場就是生命意識場

爲了明白地球內部的構造，科學家就利用震波測出地函黏度不同與地球內部升降流動的關係，分析資料做出的報告指出：陸地部分的地殼下方有許多爲板塊下降區，海洋的中脊嶺上有許多是地球岩漿湧升區，能新造出海洋地殼；由於有了這個對流，地殼內部鐵元素的流動才會產生磁場，由於地磁的出現，使得地球上空有電離層存在，及上方外層的范埃倫帶，它能夠保護地球表面的生物不受宇宙間有害的高能量粒子的侵入，讓DNA不會受到幅射的傷害，生物才能存在這個世界中。而此共振頻7.83Hz，就是地球風水場的載波基頻，地球上每天數百萬次的閃電就是要清除此共振腔中的干擾幅射雜亂粒子。由於太陽發射的帶電粒子在它與地球間會產生一片磁性的場域，是地球接收宇宙各種「氣」信息的重要來源。而太陽發射的氣又受到銀河系與外太空整體流動的電磁場所影響，這就是宇宙訊息場對地球風水與人類發出的監控密碼資訊，我們任何人都逃不出它的手掌心。古人講的天，指的是這個包圍地表的電離層，它像圓罩般的送來宇宙外星整體屬於陽的信息，所以古人說：「天圓地方。」地屬陰爲方，地脈穴場將陰的氣往上發射而與天上陽的氣下臨交合，產生了無數的排列組合結果，這些組合也就是萬物的命運起伏程式資料庫，如果說它是靈魂的超級虛擬硬碟也不爲過。

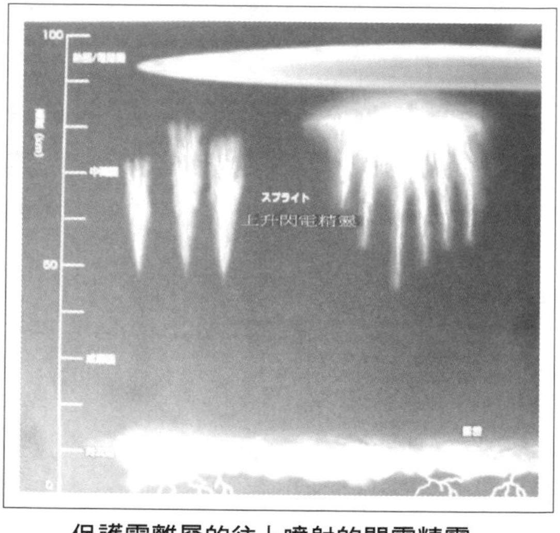

每當太陽的黑子活動激烈時，就有強烈的電漿粒子隨太陽風侵襲整個太陽系的行星，此際地球的南北兩極會因自身的磁場與太陽的帶電粒子相互作用，使大氣中的氧與氮原子發出亮眼又很迷幻的極光，這種時刻，地球的生物活動都會因此受到影響。

保護電離層的往上噴射的閃電精靈

4-7　地球的宇宙總天線在崑崙山

北半球陸地最多，板塊經印度次大陸擠壓出喜瑪拉雅山脈，兩片板塊一擠，南邊的印度板塊前緣就往下潛入地心，整個青康藏高原是地殼最厚的地方，二氧化矽爲主的水晶也最多，這就是全球陰生氣的中心點。這裡就是地球主穴中心。通靈的堪輿高人玄通老師就指出此主穴位於崑崙山脈的群山中，佈局如九宮矩陣，是地球的主穴點，其風水光束能量是最高的。

地球的南半球是水半球，尤其是南太平洋，海底火山活動頻繁的大洋洲，大溪地島等一片，是地函湧升最強的區域，是地球內部陽生氣往上送出最強的地區。這個區域廣大的海水，將地球內

地球風水網路主機的位置

部陽的氣息，藉由全球繞行的深層洋流系統，把生命的活力旋繞到世界各處的海中。再藉著各處的季風，將含富陽氣息的水，普降到內陸偏遠地區；有時也利用颱風或颶風強烈的將它的訊息掃蕩到過度疲憊不堪的內地去，我們只要在海岸邊聽到海浪拍擊岸邊的礁岩所發出的海濤音，就能夠獲得一種生命的能量。太平洋大盆地長期是以逆時鐘方向旋轉著，陽生氣是逆時鐘方向來的，帶動著歐亞大陸板塊邊緣，以相反的順時鐘方向旋轉相對應。所以三元地理學在排卦象順序時謂：「陽從左面團團轉，陰從右路轉相生。」

世界的最高峰聖母峰（Everest峰）也好，K2也好，都是呈現金字塔型尖頂，紐西蘭皇后鎮後山呈三尖峰，這些金字塔型的尖峰都是地球網路光索中的重要資訊能量重地，這些尖峰是因爲含大量水晶的岩壁，才不會風化分解；這些尖峰有強大的水晶撓場，擁有巨大的資訊傳輸力量，我們都把它們稱爲當地的祖山。

4-8　祖山皆是石英岩爲主要成份

這些祖山的山尖（PEAK），我們可以基地台的觀點來說明，是將當地精微能量訊息，一方面以超光速、超高頻向宇宙天羅光束網路接觸；另一方面則向地球各網站，透過電離層反射，以低頻發射精微能量場訊息。位於祖山該地的地殼亦厚且深，特別是水晶、石英類的礦物也蘊藏豐厚。陰信息波就是以此等物質當記憶體並能將資訊傳導至全球各分支地脈，這些結晶礦物也是電腦資訊業原料——矽晶的主要成分。水晶對意識科技領域來說，是意識放大的工具，是人類由顯意識進入潛意識甚至超意識的利器。水晶的撓場效應如果被完全了解與應用後，人類文明會因爲此種無污染能源的提升而進化到另一層面。

4-9 穴點是風水光索調合點

另一方面，風水師所謂的地理穴點，新的觀念是這些位置是在整體風水網路的調和點（Coordinated Point）上，這個穴點的土質都很油潤且細緻，色澤也很美麗。在這種穴場內，我們用身體去感覺是冬暖夏涼，挖幾尺下去看，是一層沙質一層黏土質，顏色有五彩甚至七彩，這是因爲該地質在矽質結晶中有各式各樣微量元素混入其晶體結構中；這些微量元素擁有極佳的波動頻率，在水晶撓場效應下，共振放大微宇宙的能量。我們也能看到有些穴心的圖案呈現太極交媾的圖形，在這種地質，蓄氣保溫力很強，這就是觀察好龍穴的特徵之一。

人站立在龍穴地面上，有練氣功者會感應到由腳下湧泉穴一股靈氣會盤旋而上；打坐時更直接由會陰穴衝上來。該穴位的土質與色澤，皆氣暖而溫和。

至於石穴，其結構特別，很多是屬於奇穴，脫煞未清者較多，需要專業的師父，以特別的手法應用才可以，如此才免得使葬者的後代產生奇禍！

以下有一則新聞，如果你曾經到過現場，或許也有一些感應。

太美了！小心暈眩染上大衛症候群

熱愛歐洲藝術文化的民眾要注意了，根據義大利醫學人員表示，許多人在欣賞完美麗的建築物和藝術品後，常常因爲太高興，感動之際心理影響生理，出現心跳加速、暈眩必須就醫的情況。畫面上這座雕像就是五百年前文藝復興時代，米開朗基羅的大衛雕像。壯碩完美的身形體態被後人評爲最美麗的雕像，每年在義大利至少會吸引一百萬人次的觀光客前來瞻仰。

不過類似大衛和其他義大利漂亮的文化景點，卻會對觀賞的人造成身體與心理的衝擊，許多人暴露在過量的美麗藝術氣氛下，會出現身體不適，甚至產生幻覺以致最後需要進行心理治療。

4-10　梵谷的天眼，看到氣在夜空螺旋運轉

當一件非常美麗的藝術品和我們的內心層面產生共鳴的時候，我們的星光體會被激

起，對周圍的三維空間的感覺能改變成四維的穿透式明亮時空感；就像梵谷的畫作「亞耳的星空」這個作品裡，星空的氣息能夠變成各式各樣螺旋的連續光點，中央就是像易經中太極的陰陽兩股螺旋的氣正在交媾。我們若用另外一個角度來欣賞這些藝術品，會帶給我們更高的領悟。大衛的雕像因爲美，激發我們的潛意識，當越來越多的人在該地點被激發，那裡的風水會改變，因爲意識改變了這個地區的精微能量場，所以，越來越多的西方人，因爲共振的關係，會引起他們的靈魂有出竅的感應，會生起飄飄然的感覺；至於東方人，因爲文化的傳統差異，意識形態比較不一樣，所以鮮少產生暈眩，當然藝術家很多人的腦波是**δ**波，我們也說過他們頭頂有天線，對氣場感受敏銳。

我認爲梵谷是個外星寶寶，他是活在超越四維時空的藝術家，物質世界的供應越缺乏，越激發他潛意識的無窮創造力，這

梵谷住的精神療養院

梵谷的作品「亞耳的星空」

是我去年在法國普羅旺斯旅遊時，在他瘋狂作畫的療養院參觀時，感受到的意念。

4-11　風水離不開眞、善、美

我特別舉這個例子，是希望我們在新紀元的時空環境下，特別是地球本身的振動頻率已經逐漸增強，而這些資訊卻很不容易被我們人類體驗到，因爲眞、善、美這三種意識的層面，只有美最容易透過眼睛視覺的接觸，使我們的心靈激盪引起共鳴；如果能透過藝術的美來提高人類整體意識網路的共振，人類將來才能繼續存活於地球上。

台北有椰林大道

法國巴黎有梧桐大道

談論風水不能夠只談卦象與理論，擺設也不是依照卦理執著的來佈置，「好」的風水場佈局也同樣會讓我們感受到「美」的風水佈局。

住到幸福的、美好的風水環境，我們會漸漸的融入這個環境能量場，我們的認知也會跟著好風水環境的頻率而改變；當我們的認知變了，我們的信念就會改變；而信念改變了，思想意識也就跟著產生變化。人在思想意識改變了以後，整個身體的精微能量場波動頻率也會跟著提升，透過風水場是能夠幫助人類的進化。

人類必須趕緊改變思想，提升意識，否則大部分人類會被未來新地球的高能量、高頻率振動所淘汰。

第五節：台灣的風水光索網路場佈局

5-1　台灣的地形景觀是集世界之最

台灣是一個很特別的地方，葡萄牙航海家給此地取名Formosa，表達出敬仰其自然、雄雅、美麗的意味。台灣本島雖然很小，只有三萬六千多平方公里，卻擁有四川大白山以東，東亞第一高峰的玉山，當作它的祖山。

台灣的地形景觀是集世界之最，因爲台灣是500萬年前，先有南中國海版塊插入菲律賓海板塊，再由菲律賓海板塊每年約7公分往西北擠到歐亞大陸版塊，這樣子擠出來台灣主要的山脈。而菲律賓海板塊向北又在龜山島至琉球群島南方

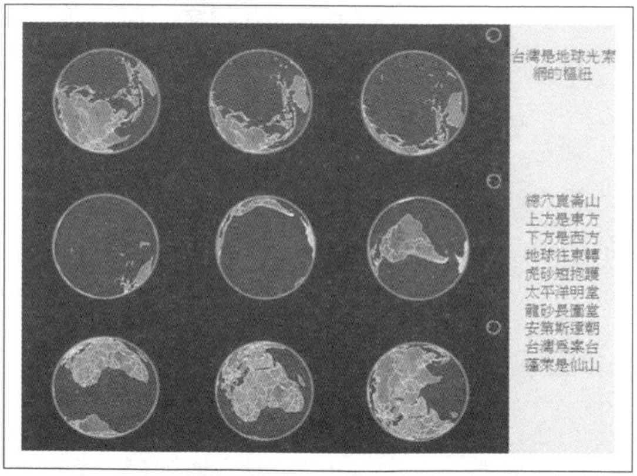

台灣是崑崙主穴的案山及龍珠，右虎砂先抱，左龍砂後擁。（上方是向東，左是北方）

插入歐亞大陸板塊。在地球板塊相互交會的地區，當然地震也頻頻發生，這就指出台灣是活生生的還在繼續架構中（中央山脈每年上升約1公分）。

如果我們從全球風水網路佈局的角度來觀察，台灣是中國崑崙山系地球主龍穴的正案山；相對於主穴崑崙山來說，是左手大龍砂（左主幹網路）所包圍起來的遠大明堂（太平洋）的內屏衛護。而隔著台灣海峽的大華中、華南地區，有四川盆地、兩湖盆地、江西盆地、東南丘陵地帶呈現一片半圓弧，作爲中明堂。

至於位於亞洲東岸的花綵列島，由俄羅斯的伊留中群島、日本列島、琉球群島，經龜山島附近入台灣，這一條風水網路骨幹則是左龍砂展開延伸至美洲後，回顧原穴之護手砂。而主幹龍分出來右側的虎砂網路則向南延伸，從馬來半島出新加坡，轉經印尼諸群島，北轉向蘇拉威西，再經衆菲律賓群島，由蘭嶼、綠島附近推進，海岸山脈是大右虎砂回顧本穴的護手砂。花蓮實在是個好風水地，以後會有越來越多修行者喜歡到此地。

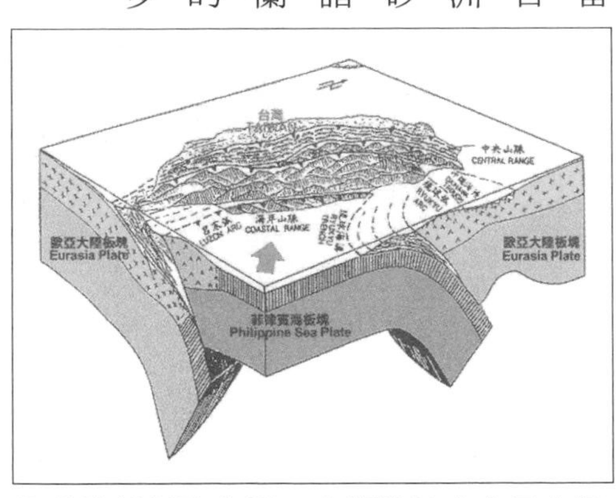

海洋地殼新陳代謝，也塑造地表之風水架構。

5-2　台灣是個寶島，也是位於大陸地球主穴的案台砂

台灣像是一位被中國的崑崙本穴母親抱著的小嬰兒。從另一方面來說，台灣也可稱爲地球本穴雙手所捧抱的龍珠；此龍珠又爲地球本穴大青龍砂手在環繞半個地球後迴護本穴放出餘氣衝出的獨立穴！而這個極爲珍貴、強勁的氣脈爲從宜蘭龜山島潛伏進入台灣本島。

從這方面來省視，各位能來到台灣，或生於台灣，大家皆頗有福報，千萬不要妄自菲薄，應該對此地懷有關愛之心，尤其是對台灣自然環境的保護，更應該不遺遺力！另外，中國不但是台灣主要移民漢族的源祖，也是台灣風水脈氣的根源地，台灣是中國大明堂的案台砂，是海上的一顆明珠，中國如果愛護它、保護它，會獲得不可言喻的大福報。

5-3　土石失了氣，易失凝聚力，成土石流

以往山區的林木濫墾濫伐，不當的炸山挖隧道，其實會切割隱而未能爲凡夫俗子所見的地靈之氣（山脈本身是重要的精微能量場通訊主幹網路）。地靈一散，土質本身會喪失它的生命能量，草木也因爲吸收不到土壤中的生命力，無法生根擴展，也就失去水

土保持的凝聚之力，造成現在山區土石流橫行滿地。颱風並不是有害無益，台灣緯度是易乾燥成缺水的地區，所幸有高山來攔截水氣，排除污染的廢氣，問題是森林本身缺乏完善的保護政策，使天然的地上水庫漸漸失去作用，颱風一來，土石流一出現，河川常常可發現被盜伐的原木隨波逐流，我們應該好好省思。

這次台灣九二一地震，若能喚醒我們對大地的尊重，亡羊補牢，尚不爲晚，應該有長遠的環境保護規劃。

台灣目前位於美國、日本、中國三大強權的中心樞紐，是海權與陸權的衝突中心，是北方先進勢力與南方落後區的分界，台灣未來唯有全球化與自由化，才能避免自己成爲強權爭奪時的火藥庫，或是海上的大水雷，這是目前當政者要有超越的時空觀；由區域到世界的統合，是這個資訊時代的長期趨勢，讓台灣成爲地球村最有愛心與創意的休閒度假與金融投資中心，成爲東方的奇葩，有此抱負，才能帶動台灣另一波盛況。

5-4 台灣是宇宙眾仙諸佛的度假勝地

目前台灣對全世界的宗教是來者不拒，認爲遠來的和尚較會唸經，對各界的修行人更是敬之以禮，不論是佛、道、回、耶、儒等宗教都絕不排斥。

我就曾經對很多觀光旅遊業者說：「台灣早就是全球各種仙佛神靈的度假勝地；爲何不建設它成爲東方心靈與休閒旅遊的世界級勝地。」我認爲乾淨的衛生環境、嚴謹的治安與交通便利是最重的改善要務，做好這些，台灣絕對是東方的瑞士。但是目前台灣人心的淨化以及心靈的改善，尚有一段路要走！

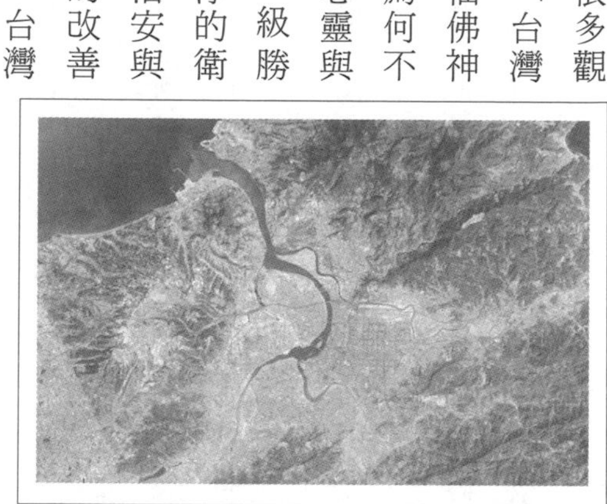

衛星空照台北盆地圖（山水大會）

媒體應該好好提倡與開發和諧與仁愛的心靈空間，不要情緒化報導喧擾負面的小道八卦，如果台灣上空滿布了分裂、恐懼、仇恨、嫉妒的頻道，台灣就等同籠罩在一片烏雲慘霧之中。總之台灣如果繼續沉淪下去，將成黑道與金權的故鄉，全民只爲了追求不當財富與私利，此地恐怕會災禍連連，永無寧日。

台灣目前最大的麻煩是「心」出了問題，急需要用「救心」的重藥，許多人感到沒有依靠，沒有安全感，對這塊土地有一種莫名的恐懼感，心中沒有主見，所以亂拜一些偶像，追隨一些名師求加持要灌頂，忘了自己就有如如不動的大佛在自己心中，為什麼會這麼健忘？我靜思下發現「道」這個上天的話語，生命的能量，太久沒有成為我們台灣教育的主要根基，一切只為升學而充斥著補習數理、英文與才藝，考試的PR值比什麼多要緊。希望政府有創新的作法，從小學開始改變大家的觀念，增加了解生命、珍惜生命的課程，台灣才能蛻變成另一個浴火鳳凰的神仙美地。

台北盆地也是山水大會的地理，外關內鎖，也在時空交會發旺之際，內陸移民到此大大發跡。台北有雙重水口，一在基隆河經圓山橋地點；圓山飯店是小龍的頭，圓山動物園舊址是龜形小丘，這是第一層的龜蛇鎮水口；是一大格局，且基隆河自汐止以下，蜿蜒迤邐，呈九曲朝拜入堂，忠烈祠是全盤收，無怪乎只數十年功夫，中華民國累積外匯存底排名全球前兩名，但現在政府將該處河道截彎取直，名義是防洪治水，我的看法是與大自然爭地，減少了水的容蓄量，在風水的角度看是損財，經濟倒退，忠烈祠是中華民國的神主牌祭祀宗祠所在，也造成政局之不安，以及近幾年來資金外流頗為嚴重（這幾年流到中國地區資金據說就超過一千億美金），如果能在該祠前明堂做人工大型蓄水庫池，還是能救回一些財氣並穩定局勢。

由於人為改變山水自然配置，造成地靈變動，同時也讓基隆河上、中游水患加劇，連帶本是好穴位的圓山大飯店亦風波不斷。火災、內部糾紛不止，雖增加大直大彎段土地，讓一些財團享受土地增值利益，但是對全體國人是吉、是凶，以後自有公論！

新店溪自曲尺一路下來也是迴繞蜿蜒，再與大漢溪交會於華江大橋，衆水匯聚，所以台北是先天的大富格局；第二重水口在關渡大橋，爲自大屯山像一隻象頭，不是豚頭，其長鼻乃直伸入淡水河吸水呢！另一方面，觀音山又是北斗七星投射入地所結的穴場，如一隻伏地金獅。它以圓倉方庫辭樓下殿至獅子口來鎮守，形成獅象護水口之一局。由於有此雙重水口大格局，使來此地的衆生，致富者多如過江之鯽。七星山，顧名思義，乃頭頂七個尖峰，像國王之冠，亦表王者貴氣顯露。該峰鎮守北方，呼應由雪山山脈分西、南、東三路拱固起來的台北盆地。所以台北地區雖在世界版圖是個小不點，卻也有具備影響世界局勢的隱藏能量。台北格局，依玄通大師的靈視認爲，以基隆河爲界，有「北貴」、「南富」的風水趨向，可供不同需求的人去選擇。

第六節：陰宅風水的神秘力量來源

6-1 正念才能與好穴場共鳴

當我運用光子密碼科技來評量一個風水的能量時，發現只要合元運與卦氣的陰、陽宅，比較不會出現負面的能量干擾，至於能量很高的，則不但巒頭要好，理氣也必須要逢元得運，只有軟、硬體都配合得宜，才有明顯的效應。

各位讀者，這麼看來風水能量的取得好像很簡單，只要我們自己有足夠修爲，積的福分夠，自然會有機運獲得這種福報！今天，你能看到本書，相信也有不錯的修爲，希望好好珍惜這個福分。

再一次告訴讀者，絕不能貪心，因爲貪取風水能量的人，本身的頻率振動就會偏差，無法與此福運頻道產生共鳴，再好的風水也和你沒有緣分。所以每個人最好先有正念，除非有好的意念，否則花再多大的金錢，也沒辦法感應此種浩然的能量來受福。

6-2　三元卦氣口訣簡易好記

接下來再談一下三元玄空卦理，這部分是應用於陰宅上，主要定律有4項：

1. 卦運合十訣：山向水峰之卦運相加合十，爲大吉。
2. 挨星五行訣：各元運相差爲二，顚倒挨星，亦吉。
3. 生入剋入訣：穴生龍，水剋向，爲生入剋入吉格。
4. 玄空五行訣：同類吉，相生吉，相剋凶。

以上是最重要的理氣原則，理由是這樣的：

發射資訊能量的是基地台（山峰），收納訊息存取的是水流。當穴位的墓碑收納到水流過來處的玄空卦氣，與我們本穴位所立方向的卦氣（收發訊息頻道），彼此如果在同一個聯播網頻道內（同星運、顚倒挨星運），那麼好的山峰（形勢好看），表示它的質氣是好的，所發射的訊息經穴位接收也會不錯，對我們有利。

另外一項，合十是取得平衡的意思，去水的卦或是不好山形的砂手，當它們的星運與本穴卦氣星運合十時，代表它們是屬零神（衰退的卦），但是因爲卦的星運平衡了，就對我們沒有任何不好的干擾，還會把我們不好、不需要的負面資訊頻率帶走，像去水口，最好是零神卦，會把我們的衰氣都帶走了。

要談到五行的生與剋，就有必要再一次談五行了。我們中國傳統陰陽學所說的五行，坊間風水書籍都已經重覆寫了很多，我只是簡單把重點告訴本書的讀者：相生是：金生水、水生木、木生火、火生金、金生水；而相剋是：金剋木、木剋土、土剋水、水剋火、火又剋金；循環相生隔一位相剋，互相牽制。我們累計很多的光子密碼陽宅實例，特別是玄空飛星的生剋，使用時特別靈驗。

6-3 風水是大地的陰陽交合之道

再回來談陰宅的「生入剋入名爲進，定知財寶積如山」。爲何生也吉、剋也吉？不只是一般的讀者，特別是風水高手，也常常不了解眞相，只是依照經典所說和老師父代代相傳照表操課，今天我們知道風水本身也是精微能量場的架構後，我就解釋給你們聽：「陰宅是要由時空場取得波動能量與信息來餵養祖骨，也就是說祖先的DNA要放到『充電座』接收好的資訊場頻率加持；由於水是動的陽氣，能聚財氣，穴心要收水的能量，就

摩洛哥的水神極旺，富豪滿坑滿谷。

必須我弱他強（陰的子宮要讓陽具攻進來，才能生下寶寶），要讓高勢能量（精氣）的水，往我方被動的穴位（子宮）流過來與卵子結合，八字命理學中『夫是官星；妻為財星』就是此理。

穴星的陰陽交媾方法就是讓它直接剋入，所以向要被水剋；而我的穴心坐山卦氣，也必須將能量在『充電』飽和時，將能量留存到山龍的存款簿裡，讓穴心收的陽生氣波動與幹龍傳導的陰生氣波動能量交流，所以要穴生龍，這樣才能源源不絕的吸收與調節精微能量達到最佳狀態。」

再說清楚這個陰與陽的底子是什麼，陰就是由地球內部帶有鐵質緩慢流動的漩渦所產生的地磁源，可以說是垂直地面湧出的能量，陽則是因地球內部磁力線，使得地球外太空產生的電離層，這個陽，包住整個地球，沒有地磁陰就沒有電離層陽，彼此間有一個溝通的頻道就是舒曼共振頻，因為地表的地形與地物的不同配置，產生和諧共鳴或干擾衝突兩種結果，一切命理、風水、五術之道由此產生。

6-4　無形波動是氣，實體有形為質

另一方面，穴前的山峰都是本地球光子風水資訊場的基地台，好形好勢的山峰，它所格到的卦氣五行，要與我們穴場所立向的五行，是相同或相生才吉利；因為山與龍都

屬陰，同性相互合作、合群最好，所以五行是相生或同一個五行最有利。要催貴氣升官一定要有貴人峰，同時也要有靠山才能做得久。去年，我們就幫助一位政界人物評量他的祖墳，也是利用拍立得相片來分析，他們家族的祖墳原本就葬得不錯，是在桃園蘆竹的一處好穴場，這穴蔭福已經多年，由於地運流轉，氣已經漸漸退了，原來的立向分金坐度皆以六、七星運爲主，但是從一九九六年起地運已經轉入八運，所以該穴的總體能量也退了不少，當時我們用光子密碼評量時只剩96.5左右，很多負面能量也開始累積起來，若陽宅再失運時，等當事人的命理中大運流年逢官殺時就會發作，故此等能量算起來能保平安就不錯了。但這位政治人物是很有魄力和果斷的人，知道結果後就當機立斷，積極的請風水師幫他找個牛眠吉地好移葬祖先。

日本富良野的薰衣草田

6-5　形由氣塑，氣居於形，陽氣從風而行，陰氣駐水而停

很幸運的，一個月後，他提供我幾張照片，都是風水師精挑細選出來的，我用光子

密碼掃瞄，找到其中一個穴心位置，有明顯的光束能量，再評量後顯示出它的總能量達到99.7，穴點來龍值旺，朝山有義，收水有情，是個眞正有風水光束能量聚集的好穴！審穴要點是形由氣塑，氣居於形，陽氣從風而行，陰氣駐水而停，該穴的形與氣皆是上乘，砂手包抄有勢，陰陽交媾有形。這種好穴，連我都感到興奮，這位貴人也趕緊催促風水師，擇好吉日移轉祖墳的祖骨到新的穴場，幾個月後，挑到蔭福全家族的吉時，就完成遷葬的大事了，由於當事人未將該新祖墳的拍立得相片給我，不知其完成後能量如何，但相信福地福人居，應該有99以上的能量才是。

我們很高興看到這位有福氣的家族，又增加一份精微能量的充電器，也幫助他更上一層樓，我們也祝福他不論事業與政壇都能一帆風順。一座好風水，蔭福的是一整個家族，且源流長遠。因此，當祖先的DNA陸續傳輸好的能量給後世子孫，這些後代也比較容易找到好的陽宅，因此頻道的共振，子孫會搬遷到能量高的地方居住，通常也會發富發貴的；如此形成良性的循環，所謂一人得道，讓後代都雞犬升天，但也要廣積善德，本身若貪財敗德也會收不到光索傳送來的能量。

第七節：辦公室風水最重納氣的大門口

7-1 玄空飛星是計算時、空交互振盪的吉凶程式

有一次，一位開貿易公司的小姐請我到她位於南京西路的公司看看要不要搬，因為她原來的公司面積較小，想搬到對面大一點的辦公室。我到達樓下當然先用羅盤審一審卦氣，發現該宅已經退氣了，再上樓用玄空飛星挨一挨她辦公室大門，也只有平吉而已。我只輕輕的嘆口氣，這位小姐很敏感就急著問我：「有問題嗎？」

我怕她著急就先回答她：「如果要辦公室很旺，大門是最重要的。因為風水學中最重要的口訣之一就是『向首一星災福柄，來去二口死生門。』也就是說，一間房子，它就像是一個人一樣，大門就是嘴巴，嘴巴要開口吃東西才能活下去；而辦公室的門就是嘴巴，它要吃精微能量，也就是中國人講的財氣。妳的辦公室大門就稍微弱一些，這是實情。」

我發現，即使我們不進入人家的房間裡面，只要了解大門的納氣，就能對裡頭的好

壞大致了解了。就好像面相師，看看你的面孔就能對你解說你的身體哪部位較弱要注意，命運與流年運勢都是一樣的道理。

當我到一家公司做陽宅能量檢測時，首先就要看進出的門路，如果門路堵塞或是開門見壁，就已經八九不離十的可以判定該公司財路不旺，爲何這麼快就能斷？因爲我們要求財，一定是從外面來的，家裡頭哪裡會冒出錢來呢？即使你家是座落在金礦、銀礦或石油礦脈上，但你的住家產權只有地上權，地下的礦物還是歸政府所有。

7-2　財由外來莫擋路

所以求財是靠門路引財氣進屋子的，門如果堵住不通，財神爺要進來也被堵住了，所以千萬要記住，許多人聽信風水師要檔這個煞、那個煞，把門路整得歪歪斜斜，最慘的是把大門堵死，進出都要

威尼斯鳳尾船的船夫藉水發財

從小門來，這就因小失大，得不償失了！

這位小姐知道原來的辦公室普通而已，心裡就急起來了，趕快帶著我到下一個樓層，看看與她原來面向相反的另一家大辦公室，是否好一些。我們到了該辦公室門口，她按了幾次門鈴卻都沒有回應。

我就跟她說：「雖然進不到裡面，只要在門口拍上一張拍立得相片，明天我就能夠有效的將它的能量好壞評估告訴妳。請放心！」

對於從大門可以看出財運好壞，我的推論是這樣子：好的財務管理者很重視現金流量（Cash flow），不論你家財萬貫或一貧如洗，如果現況是收入的現金越來越多，積少成多，未來絕對是走向富裕之路；反之，現金流量越來越少，入不敷出，縱有金山銀庫也會坐吃山空，而大門的磁場就會悄悄的記錄下你一家的財務流動是正面的或負面的。因此，旺門很重要，坐到天心正運的門向，又有旺盛的來氣迎合，是最吉祥的配置了。

7-3 大門是全家人進出與收納「氣」的總記憶體

這位小姐想，好不容易找來這位看風水的，怎麼能夠不入門就跑掉了，靈機一動，就請我再上樓，到她原辦公室正對面的室內做參考，這間辦公室主人是她的好朋友，所以我就自由的進入，拿起羅盤對準南北，再將各個區域的納氣與九宮分布置於腦中。這位小姐還特別說明它這一間與樓下辦公室相對的位置，大門開的位置不同，主管坐位也不一樣。

當我往西北乾卦一瞧，糟糕！該方正看出去，就是馬路對面一棟新大樓正在施工，該方出現明顯的壁刀煞，而且二〇〇五年五黃正飛入乾卦的方位，如果用風水師的口吻來講，就是「煞氣騰騰」，二〇〇六年就跑到正西方了，二〇〇七年走到東北方位，它輪流跑到九宮作威作福，所到之地，都沒好處。

我對她說：「這一間，因爲它的西北方位是作爲倉庫，今年犯的煞氣影響有限，而且它的門路擺設得還好，只是今年較難賺到大錢，算是險中有福氣。但是樓下那間辦公室，如果依照妳講的格局，我想大事不妙，一者，門路閉塞，二者，西北乾卦是負責人的坐位，今年是……」

以上所用的判斷程式是玄空九宮飛星法則，是一套計算時間與方位兩者間交互振盪的方法。所用的方式是在不同的星運時，依照不同的坐與向，就組成不同的九宮星盤，接下來再依照流年、流月，甚至流日、流時的星氣入中來挨排，依陽順陰逆原則分布到其它八個方位。由於時間不同，空間方位不同，人進到這個時空場就會產生不同的吉凶剋應了！但是，玄空飛星要應驗吉凶，除了要逢到司權柄的元運外，仍然要配合巒頭才有靈驗，所謂「皮之不存，毛將附焉」。

第二天，我把照到的拍立得相片放入光子密碼儀評量，果然，總能量只有90.3。

我們的經驗是一間公司的總體能量，如果沒有96以上，就很難維持下去，最好有98以上才算是好的，煞氣的負面密碼若有超過1的，都急待改善。

第八節：用五行制化法來化煞，行得通

8-1　化煞的依據：虎毒不食子

像前述的辦公室遇到五黃煞是否沒救？答案是有的。陽宅在使用五行生剋的最有效武器，是應用於玄空飛星，特別是當二黑病符星與五黃凶煞星疊臨的時候，往往用金洩土的原理來解圍。我們用過的經驗與光子密碼的檢測數值，都證明洩去煞氣往往能獲得良好的效果。例如，朋友的辦公室大樓是七運建屋，坐卯向酉，他開乾卦的門，屋子收納八運的小畜卦，玄空飛星的八白向星到乾卦，難怪進來此處辦公後業務旺盛，算是「嚇嚇叫」，但今年五黃煞來臨到是有一些麻煩的事發生，我們用光子密碼測出該辦公室能量98.4，我們就在門上掛起主體是四根金屬棒的風鈴，搖一搖，清脆的響聲把煞都軟化了，我們接著測量改變的結果，竟然馬上衝到99.5，從這點也讓我們不得不佩服中國玄空派的老風水師提出五行化煞的技巧，就是五黃是屬於土性的煞，用金的氣來化解它，因爲土是金的媽媽，母親是不會傷害自己孩子的，俗話說：「虎毒不食子。」因此這一招眞的有效！

現代人，對於犯小人或犯官符也是極爲頭痛！通常遇到這類事件都會讓人產生緊張與壓力，這些緊迫（Stress）都很傷害人的健康，特別是腦細胞，都會因此而「死了了」，常常發生，久了就會變成老年痴呆症。我就見過很多這種案例，通常一個人的八字四柱中，官殺星太多，再遇到正偏財的流年流月來臨，多少會遇到無謂的麻煩，八字本身如果有生助命元五行的正印或偏印，都有些化解的助力，但遇到這類事情麻煩還是免不了的。

8-2 天運、地運、人運，最重要是能夠合運

我的友人去年初來找我，就是拿了房子的拍立得照片來求助。我在還沒有啓用光子密碼機評量前就用玄空飛星排一排他家的九宮佈局，一排就大概知道他的麻煩；他家是六運屋，戌山辰向，二十多年前是很風光的，因爲雙六到門到向。但是去年四綠入中宮，大門遇到三碧蚩尤星飛臨，因爲去年二〇〇五年已經走到八運了，三碧是失運的星運，該氣已經變成是衰死的小人盜賊星，原本他家大門納氣是六白武曲星早已經過了運，該年酉年正月，八白星入中，流月大門巽卦再來個七赤破軍星，所謂「三七疊臨，被賊盜更犯官災」。這種事，眞是要人命，這位仁兄好不容易跟的活會快到期了，就只差兩期，竟被倒了近兩百萬，自己的部分算是認了，被偷走了，但是以前的同事因爲他

的推薦跟這位仁兄一起合夥再跟一腳，六十幾萬卻變成他要負責，爲了這件事，多年的老同事快翻臉了，先是報了警沒甚麼路用，再來就是開始走法庭，想辦法去查封人家不知已經是第幾胎的老房子。

我用光子密碼一測，天呀！他家大門的資訊場總能量只有89.8。我跟他說：「你如果再不搬走，將來會更麻煩，大門氣口是一家的災福柄，失元無運已經是折了一隻手，無法擋住各式各樣的煞氣，內局再好也只能求沒事，好康的沒你的分！流年來了煞氣，會叫你吃不了兜著走。」

「你早講過了！我就是想快存些錢，但現在銀行利息太低了，爲了多賺一些利息才跟會，唉！怎麼辦，現在積蓄被倒了，更沒錢搬家！拜託了！有沒有救急的辦法？」他都快掉下淚來了。「這一招是風水師常用的五行化煞法，不知道管不管用，反正事到臨頭，你回到家，就如法炮製：首先，在門上用紅紙寫『福』貼在門上，門口點盞燈泡，

威尼斯中央的嘆息橋分隔了天堂與地獄(房子外氣)左是王宮右是監獄。

要用紅色燈罩來發紅光，門內鋪一條紅地毯，這些安排就是利用代表火的紅色，來化解目前已經失運的流年三碧木這個賊星煞氣。希望有用！」

我另外再做一瓶增強五行能量與兩極平衡的IDF水送給他，交代他每天在住家各角度噴一噴。第二天，我到公司趕緊再測一下他家大門的能量，還好，回到95.8，打電話告知他已經回升，要他每天繼續噴一噴，只是一有機會還是要離開這間已經失運的房子，如此比較不受這些無謂的干擾。

在此特別說明，一般人常常說依命理要找向東或向西的房子，比如說，八字缺木或以木爲喜用命格的人，向東方木最吉，但不懂易盤的算命師只知其一不知其二；在羅盤上一個東方（震卦）就有八個玄空卦氣，有目前屬衰退的四個上元運卦，有四個屬下元運的卦，但其中只有一個是當家值班有權的節卦，這個卦氣的五行與星運如果和此人的命理沒有同運或生入的佳配，一點好處也沾不上；好風水無法蔭助某人只有一個原因，就是彼此沒有相容與共振，換句話說就是頻道不通也。

8-3 過運的房子無法改，三十六計走爲上策

經過我的分析與建議後，兩個月過去了，有一天他來電話，從他的語氣中感覺到有自信多了；他說自從門上貼好了福字後，鄰居剛好過來，大家聊到倒會事很氣憤，鄰居

就介紹一位當地經驗豐富的老代書，幫他查倒會的會頭是否還有不動產的資料，幸運之星竟降臨到他，會頭還有標的物可以查封，他動作快，趕在該筆地產轉移前先下手，逼得該會頭願意拿錢來處理並撤消手續，雖然沒辦法拿到全部，也算是不幸中的大幸。

我恭喜他，但也告訴他，他大門總體能量也只有96.3左右，還是要有搬遷的打算！一般，對住者有蔭福的房子，總體能量應該要有98以上。

我的經驗中，一個人要搬到一間好房子，除非他的祖墳很旺來長期蔭助外，一定是他有很好的福報。如果沒有這個先天的好條件，要改運找到好房子住，就比較困難；雖然如此，還是有改善的辦法。要怎麼辦呢？

首先，一定要把目前睡覺的地方先調整好，最起碼也要把煞氣來源的各種干擾原因調整好；接下來，也要調整好他工作環境的風水；譬如他的辦公桌位置，或是長時間工作停留的空間位置。任何風水的改善，都要先經過這些造成負面影響因素的脫劫去煞，才能調整好自己的生命頻道往好的方向移轉，否則，再怎麼找，也找不到好的住宅，當然運氣也好不起來。每個人生下來都有不同程度的福報，人在好運亨通時要惜福，懂得取之於社會，用之於社會，有時因爲獲得好風水來蔭助，發達一時，畢竟在消耗自己的福分；要思考到福報有時盡，因此不要做超過自己本身身分與能力的享受，才能使福分源遠流長，所以孟子說：「富貴不能淫。」當風水的蔭助一過，福報用完了，自己的運勢往往一夕反轉，許多不可一世的企業鉅子如今變成經濟犯，令人感嘆！反過來說，當我們困頓之時，不必怨天尤人，把境遇當作是上天考驗我們的試題，只要我們秉持忠誠不變的心態，貧賤不能移，當業力考驗完成，自然而然會恢復過來。

8-4　植物有強的生命能量可運用

還有，住宅四周宜種植吉祥的植物：竹子、桂花、柑橘、松柏等，這些植物具有好的生命力，會調整周圍的第一層生物能量。有的風水書說西方屬金，不可以種樹，會金木交戰，但是經過光子密碼儀測出來就跟這種說法是相反的，台北市的仁愛路與敦化南北路，還

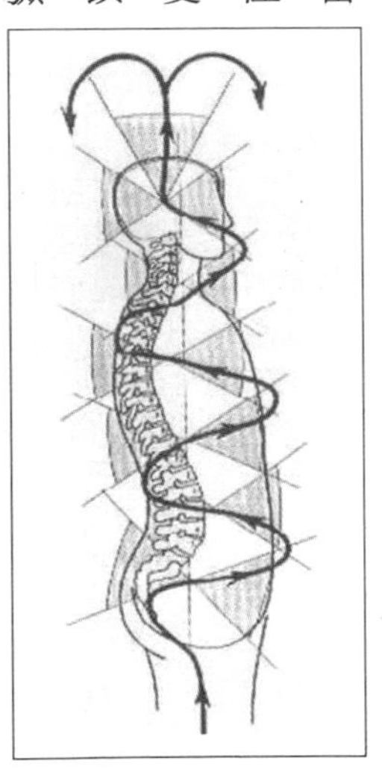

生物能量是螺旋狀

有中山北路一部分，兩旁的房屋能量都不錯，當然房價也是極高，因爲能量高的房子吸引人，特別是房子附近的樹長得越好，表示該處氣也越旺。最近接受委託做「奈米負離子發生器」與陽宅氣場的評量，顯示出負離子對居住的空間有不錯的正面效率，植物能夠調和住宅的毒性化學游離物質，負離子竟然也有這方面的表現，這個發現，我們也感到很有意義。植物就是靠木質部把水分從地底下的根部抽上來到樹葉，地氣旺的區域，樹長得好也高，最強的穴地，樹幹也呈現螺旋狀，這表示樹木能量極高，有很多微量金屬元素在其中。

風水的能量是否調和，最重要的還是主客要分清楚，陰的「靜」和陽的「動」彼此調和就對了。還有來氣旺，但是也要有好的窗戶來排出廢氣，使房子的空氣流動，有來有去，維持平衡與穩定。房子跟人一樣，有新陳代謝，也會老化，所以如何維護保養，就要看住的人有沒有關心與用心了。

自古以來，我想還沒有人能夠把中國的這種風水學，用量化的數字來作爲評量標準的方式，而且光子密碼也解開了玄空風水學中，利用五行生剋制化的理論應用於陽宅的道理，這也算是我們對這個時代，包含風水學的中華文化有些微的貢獻吧！

結論

地球的風水能量場就是一種光索網路的結構，龍脈中有水晶共振精微能量場來放大地球的意識，它將該波動往上送達電離層再反射回地表，於此所謂的舒曼共振腔同心圓的空間形成風水場。

天運、地運、人運要能夠和諧共振才能獲得宇宙能量的加持，人也要累積到足夠的福報才能享受人間的榮華富貴，而睡覺的地方是「活人墓」，是人的能量充電的「插座」位置，也是改運扭轉乾坤的關鍵點。

命運是有限性的，依量子論來說，照機率來計算，因此不要以預期如何如何來武斷未來如何，反而要好好調整當下一刻的狀況，承認自己的有限，才有福分與機緣把自己的周遭能量場調整得和諧沒有衝突，只要消除了對立的力量，就是最好的改運契機。

第三章 中國風水學的另類介紹

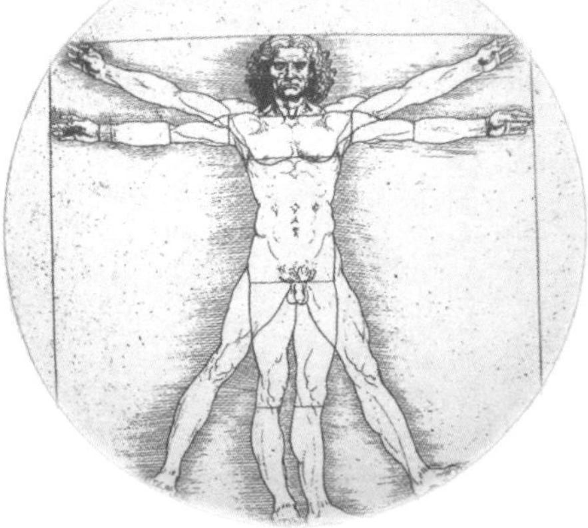

「首先講風水的起源，三皇五帝時只有象形文字與結繩用物來傳達信息，到了夏朝，才有生肖、甲子這類學問建立起來。周朝時期，文王口述而記下來的《卦解》，後列入《易經》中，成爲哲理與卦理的研究依據。河圖與洛書的出現，又進一步的建立方位的數理原則，五行的觀念，這時也在曆法中，被應用於四時耕種與收藏的循環法則。人們看到北斗七星的運轉，依照天星的運行指向，有了四季的變化；再觀察月球的盈虧，發現它左右動植物的生長與繁殖，又在水的三態變化中，了解到有一種氣，它有一套運行時遵循的軌跡。」

本章屬於專業地理師進修探討的範圍，剛入門懂風水者，可先閱覽前半部，跳過本章後半部第六節的古傳經典，等學有專精再回來閱讀後半部，會有突破性的視野出現。

第一節：風水的起源與演進的歷史

我的朋友老張，因爲我們曾經以光子密碼幫忙他調整風水，解了他很多難題，已經對光子風水產生興趣，想要更進一步了解其中的奧妙，希望我能夠將這套學問，用最簡單又通俗的方式教他、講給他聽，滿足他無窮的好奇心。我就按部就班的說下去：

1-1　引古說今話風水

「首先講風水的起源，三皇五帝時只有象形文字與結繩用物來傳達信息，到了夏朝，才有生肖、甲子這類學問建立起來。周朝時期，文王口述而記下來的《卦解》，後列入《易經》中，成爲哲理與卦理的研究依據。河圖與洛書的出現，又進一步的建立方位的數理原則，五行的觀念，這時也在曆法中，被應用於四時耕種與收藏的循環法則。人們看到北斗七星的運轉，依照天星的運行指向，有了四季的變化；再觀察月球的盈虧，發現它左右動植物的生長與繁殖，又在水的三態變化中，了解到有一種氣，它有一套運行時遵循的軌跡。」

1-2 黃石公青囊起頭

「到了秦末漢初的年代，有位你的老祖宗親張良所拜的老師黃石公，他把兩儀、四象、八卦、天干地支，經過精密分配位置後，釐定了二十四山的方位，這時候才算是有了羅盤的雛型。」老張說：「黃石公不是有傳授張良一部談論各種戰略的兵法書嗎？」「當然，古代的陰陽學大思想家，以易經卦理結合陰陽五行來佈局，上至治國安邦，下及兵事戰術都能應用自如，風水算是其中一個應用的項目而已。堪輿術本來就是歷代國師輔佐王朝、祚君富國之用，是屬帝王統御術之一，唐代的李淳風就是代表性人物。」

1-3 楊救貧大師集大成

「接下來，邱延翰大師傳楊筠松後，才開始爲庶民造福，因此筠松被尊稱爲救貧先師，楊救貧大師特別觀察到羅盤卦位與巒頭相互間的對待關係，以及巒頭與時空變動流轉時會產生各式各樣的風水卦理組合，經過有系統的統計整理，分析其中的吉凶剋應，至此才歸納出一套堪稱完整的風水學問。

而他教授的弟子們再繼續研究之後，整個風水學的理論架構就越來越清楚的顯現出來，此後代代出賢達人士。

古時候，對這門學問是使用『堪輿』二字，仰觀星斗叫『堪』，俯視河川叫『輿』；爲了掩飾對『氣』的研究，說成是『風』，氣和水的吉凶剋應研究，就被大家用簡單的『風水學』來代表堪輿這套學問了。」老張很快就了解了風水學的由來，接下來就要進一步來體會這門學問的內容了。我還告訴他有關尋龍尺的一些典故。

1-4　西洋的卜杖術

尋龍尺屬於卜杖術的一環，此術在西方世界約有七千年的歷史，是人類最早的技藝之一，最早起源於地中海的居民們爲了探水源而發展出來的一種超距感應術，在西方，人們都會在尋找水脈與開井時，找卜杖師標定位置。這個行業在英國於一九三〇年後逐漸式微，但直到目前仍然有石油公司請他們幫忙偵測地下油藏。

卜杖通常是兩根L型的銅棍，或Y型榛樹枝，或各式各樣單擺，中國也有用這種方法來探尋礦脈，又稱爲尋龍尺。基本原理是利用人體本身有65%的水具有電磁性，它是由交互變換的磁流所組成，人體的磁場會與外界的電磁波互動，當穴場的電磁波流動產生了某種頻率，會使得卜杖師腦部產生感應，特別是θ波高的師父，這個磁場經由人體心輪的副輪，就是勞宮穴來轉譯，腦部解讀後會驅動運動神經系統的肌肉，引起手中卜杖偏轉，距離越遠就會偏轉的代表其脈氣強、能量大。也有利用單擺來測量穴心位置的能量大小，旋轉越大、越快代表能量越強，西方的地力線（Ley Line）就是經由他們逐步整體出來的。對於使用卜丈術或尋龍尺的人員，必須有完整的訓練過程，卜量時也不能有先入爲主的觀念，要有專注與放空的工大，否則會錯得離譜。

第二節：五行八卦是各種方位向量的表象

我想了想，由於光子風水學的理論架構，有一半仍是以中國的陰陽五行八卦作爲理氣部分的基礎，因此必須有一些基本的五行八卦常識，才能很快的了解風水的個中三昧。有基礎的陰陽五行概念後，了解它們可以用向量來表示，就能在風水的應用時，使用光子密碼的效果會更上一層樓。

2-1 二十四山的起源

一開始，我就先講解了上一章的河洛理數，重點是「先天察氣用於穴中，後

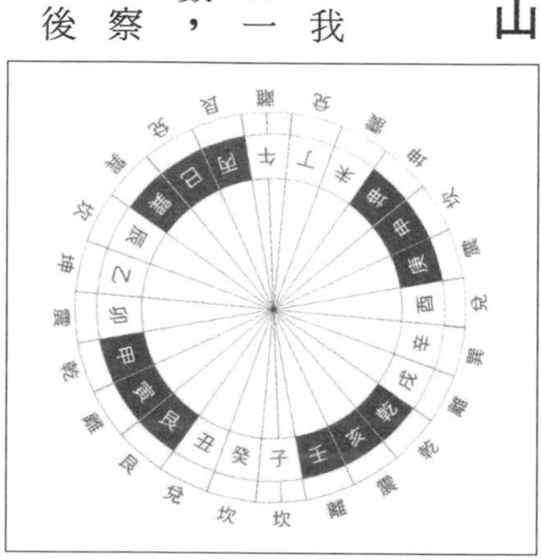

二十四山表

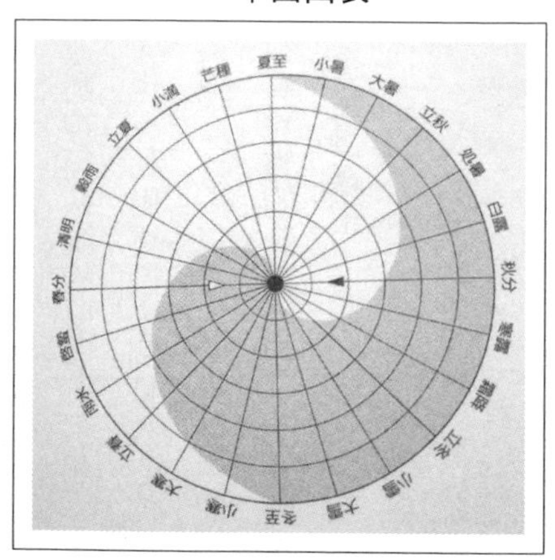

二十四節氣表

天看形用於象外；河圖辨陰陽之交媾，洛書審元運之興替」。接下來，就是講解不管任何派系都要應用且最常用到的二十四山了。

我對老張說：「我們已經在上一章中提到河圖和洛書，以及先天八卦和後天八卦在東西南北的配置，接下來，就來講解中國風水最通用的二十四山。這個二十四山就是把方圓三百六十度分隔成爲二十四個區域，每個分區有十五度。」

老張看了我秀給他看的兩種羅盤，有三元盤以及三合盤，裡面雖然有差異，但是二十四山的分布卻相同，就問我：「當初黃石公是怎麼樣設計二十四山的呢？」

「問得好！我就模擬那個時空環境如何製作出這個二十四山的，首先介紹最早期的是簡單的指南車，相傳是黃帝攻打蚩尤蠻族時發明的，這個年代已經很久遠了，據考古學家的看法是，最早分成八方位，分割成四正的北、東、南、西，與四維的東北、東南、西南、西北等。這八個方位剛好能夠用後天八卦來分配，東北簡單用『艮』代表，少用一個字，同理，西北就用『乾』代表，東南就以『巽』代表，西南則以『坤』代表，而四正位的就暫不用去換了。」我答。

接下來我繼續說：「但是這門學問越來越精密，就像電腦從286進展到386、486、Pentium、Pentium 2……，八方位進一步就跳到二十四個方位了，原本八卦方位中，每戌年屬狗，這一年坐山是東北的寅山、正南的午山，以及太歲的戌山、歲破的辰山，這四個坐山特別有強烈的感應。該位置有工程動工，或有路沖、反弓、壁刀、尖峰沖剋物等皆有災禍應驗。」

為了增加老張的記憶，我再幫他複習一下基本的天干地支等五行概念。

2-4　五行平衡是吉凶的關鍵

「天干五行及方位是這樣的，甲、乙屬木，位東方。丙、丁屬火，位南方。戊、己屬土，位中央。庚、辛屬金，位西方。壬、癸屬水，位北方。地支五行、四時及方位是這樣的，亥、子（丑）屬水，司冬季，位北方。寅、卯（辰）屬木，司春季，位東方。巳、午（未）屬火，司夏季，位南方。申、酉（戌）屬金，司春季，位西方。辰、戌、丑、未四庫位屬土，司四季交接前後（立春、立夏、立秋、立冬），位中央，但在二十四山則在四維乾、坤、艮、巽的前一位置。」

「五行生剋這部分很重要，吉凶剋應的產生，是因為彼此間有交集所產生的影響，它們的關係是這樣的，相生：金生水、水生木、木生火、火生土、土生金。相剋：金剋木、木剋土、土剋水、水剋火、火剋金。我們用超弦理論來看，就是彼此間的頻率與振幅，有共振與增強的性質是相生，反之就是相剋。」五行的制化，先天、後天都可以用，應用時，凡是基本的、不動的、沒有變化的與沒有動感的，可以用先天數表達，例如樓層數、筆畫數；凡有時間性、循環的、變動的可用後天數表示，像紫白飛星類、年煞桃花煞等。

由於在玄空飛星有用到十二月建，必須簡單知道，我跟老張提起來：「正月建寅。二月建卯。三月建辰。四月建巳。五月建午。六月建未。七月建申。八月建酉。九月建戌。十月建亥。十一月建子。十二月建丑。在玄空飛星挨排時，記得『過去則順，未來爲逆。』謹記！」

2-5　五行十二支與五臟六腑對應

還有，我說：「爲了要簡易了解風水師如何很快從方位上即刻判斷它的吉凶和人體的五臟六腑有甚麼關連，以下的觀念也要記住：北方的壬子癸屬水，色黑，管排泄系統，特別是腎及膀胱，與男性生殖系統也有關。東方的甲卯乙屬木，色青，主和肝膽有關，腳足好壞也與此有影響。南方的丙午丁屬火，色紅，循環系統的心血管以及吸收養分的小腸，眼睛好壞也看這位置。西方的庚酉辛屬金，色白，對呼吸系統的喉嚨、氣管與肺有關，另外與大腸也有牽連。東北方的丑艮寅屬土，與肌肉、筋骨、脊椎有關。西南方的未坤申卦屬土，色黃，管消化系統的脾、胃及十二指腸，以及女性的生殖系統。

第三節：目前中國風水學主要的派系分類

老張爲了盡快進入光子風水的領域，在我大略介紹了風水的食譜後，拜託我給他一碗速食快餐，他點的主菜是「風水精華」麵，副餐不是奶茶或咖啡，他要「速發能量水」。現代的學生眞是性急，也不照古法先拜師父，奉上束脩，行三跪九叩大禮，歷經三年理論調教，九年臨場磨練，就想要一展身手，實在苦了現代的老師們。但是時代在進步，而且是用幾何級數的加速度在繼續進步，所以我們也只好應學生要求，用最快、最精簡的方法給予「十全大補帖」，希望大家很快就能通曉這套「大小通吃」的光子風水評量法。以下是我給他的資料，要他多看幾次，多看才能記起來。

3-1　眞訣在「陰陽對待」與「動靜平衡」

研究風水的理氣，首先要充分了解各派系的差異，並將之融會貫通；其中風水學的眞訣全在「陰陽對待」與「動靜平衡」幾字！

星宿帶動天的氣是陽，山水帶動地的靈是陰，天地交媾，互爲依靠，互爲沖激，陰陽要調和，任何一方太過強勢，控制對方，都會影響生命的發展，所以萬物都要依賴天地的陰陽靈氣和諧共振，才能夠生存下來。

陰宅是藉由墓碑來接收天上的陽氣，而由棺槨靈骨甕底部接地靈之氣，兩股力量交會形成螺旋聚集鎖定於穴心；所以陰宅要格龍脈，了解地靈是否當運有力，立碑要收天心正運或生旺的卦爻，才能蔭福子孫。

陽宅則是由大樓正面的頂部屋簷接陽旺氣，由各戶的窗子引入室，另一方面從地下室空間，由電梯或樓梯引地底陰的旺氣往上攀升，在各樓層公共通道間駐足，再由各室私門引氣入宅。這兩股力量的陰陽要有交集，所以每個房間皆是太極；陽宅的評量比較複雜，因爲每一室皆有陰與陽的交會。而大樓整體吉凶則與大樓的門向是否引入當運來氣有關。以上這兩段是風水學眞訣中的精華，這一點弄不懂，所用的是什麼派、什麼法，都是「空包彈」。

3-2 風水是時空變化的課題

由易經八卦五行推演出很多的風水門派，各派並無眞僞之別，我們不能只堅持己見，因爲各派的理論各有其專長，我們要能夠融會貫通，再因地、因時制宜，了解巒頭與理氣的相互關係，再做出結論，才能求得圓滿的應用方式。

有一些風水師勘完住宅後，常要主人造假山做噴水池，這些人造的景觀當然是爲了配合其派系的理氣。但是時間、空間的訊息場是瞬息萬變，如果未做中長期的評估，常常會得一失二。所以，我們對這種花大錢改變巒頭的做法不可不察！幸好現在有光子科技，可以藉此來評量出氣場的吉凶變化，同時也能讓當事人了解是否與這個風水有相容性的問題。

另一方面，對於利用靈動神通法術來勘風水，雖能夠藉其法力使風水能量有短期改變，仍然無法抵擋大自然天地磁場之穩定持久影響，此等派系因無理論依據，故不列入以下內容供大家參考！靈符與一些術法是救急時應用的藥，時效短暫，長期用藥是有毒性成癮的危險性，一些術士不斷收錢供應靈符來安宅，讓人覺得好像不斷供應患者止痛劑，治標不治本，因此我建議還是要找健康的房子住，不用讓房子「打針吃藥」了！

3-3　五行定萬物的形態；八卦判方位的興衰

學習風水宜由巒頭（硬體）入門較簡易，同時也可藉由可以看見的，可以摸到的有形物，來體會相互對待的關係。

中國風水各派巒頭硬體分類差別不大，基本爲尖銳有角歸火類稱爲廉貞火星，方形平頭歸土類爲巨門土星，圓弧收縮歸金類稱武曲金星，彎曲變化多屬水是文曲水星，挺立高聳修長屬木是貪狼木星。

而且巒頭方面也有相生相剋的關係：金生水、水生木、木生火、火生土、土生金；金剋木、木剋土、土剋水、水剋火、火剋金。

然而巒頭也不是都是一成不變的，只有是單一種的五行，常常有土金相生的。

3-4 新時代的建築師會考慮建物的生命力

近年來，非常受到西方建築界所敬佩的日本建築大師安藤忠雄，是個人非常欽佩的人物，他曾經獲頒普立茲克獎。他對建造一棟房子的看法，強調房子是建築師用生命力所創造的出來的成品，這個生命力是靠建築師與施工的技術人員用強烈的愛心、深厚的感情所賦予的。當安藤忠雄接到案子時，會先站在客人的角度去考慮，先破除原有的成見與格局，並放任其思緒奔馳；出發點是自然與建築的融合，在他以大格局、小格局的不同角度下，將建築物的生命力展現出來；我們期待所有的建築師，都能有這種

好房子是生命力強的建築

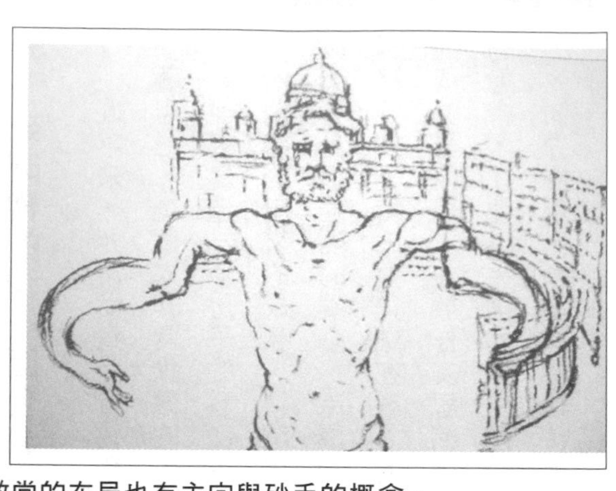

聖彼得教堂的布局也有主穴與砂手的概念。

氣度與遠見，當然，若能加入東方五行的調和理念，使得美感與創意，更有幸福、好運的潛能在其中，相信全球的人類都能夠更安居樂業。有一位建築大師就說：「建築，是城市的潛意識。」我們可以想像到都市中，這些堅硬物質的外殼內，其裡頭所包納的豐富理念，就是城市的文化內涵，所以格局小的風水出來的代表人物也小，格局大必有大人物相映！享譽西方，位於羅馬的教廷聖彼得大教堂，從其平面的設計理念就有十字架爲中心的構思，廣場呈現擁抱的局勢，參觀人朝一律由左手龍砂入而由右手虎方出，是三合法的代表性西方偉大建築（書後頁有圖爲證）。我個人認爲，神聖幾何學與黃金比例，是美學與神聖心靈世界的橋樑，懂得使用它們的「語言」與「密碼」，就能夠將建築的產品提升到較高的層面。

第四節：風水羅盤的現代解讀

4-1 五行是構成十二面立體的五角形平面的五邊向量

市面羅盤數十種，各家爭鳴。不管任何派系的盤面，以及本書特別爲光子密碼所編製的新紀元的羅盤，當我們一開始接觸，都必須先了解中國風水學的理論基礎。這方面除了先判明陰陽五行的生剋以外，還要了解由太極衍生出來的河圖與洛書，以及先、後天八卦。

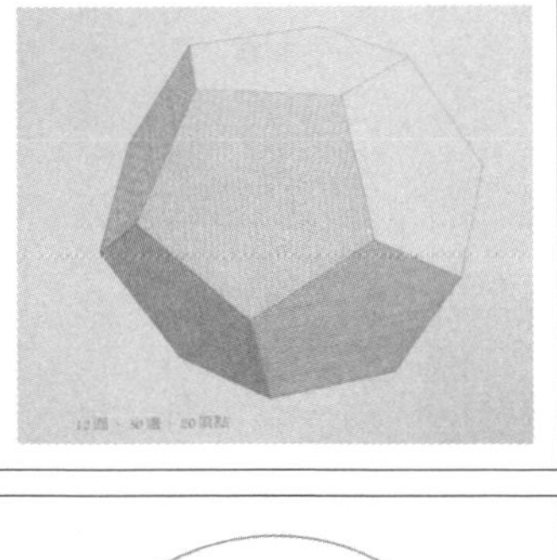

乙太體的五角、五邊形是五行之不同向量，代表力量。愛迪達設計很有能量。

大宇宙的能量場是大愛與和諧的共振場，八卦本身就有相生相成的螺旋架構，與宇宙能量場有共振的卦象；所以羅盤就是一種搜尋和諧的能量場工具，讓我們能掃瞄得到天心正運的頻道，而應用它來安置陰陽宅的坐向，主動的接納宇宙的吉祥力量。五行，用柏拉圖的幾何圖形來破解，它是構成地、水、火、風以外第五元素乙太場（空大）這個十二面立體的五角形平面的五邊向量。這個正五邊形，剛好代表水、火、木、金、土的五行，而此五邊形的頂角連成一個封閉的五芒星，就是代表相剋相生的循環體系，細胞只生不剋，就是癌細胞，相生相剋就是正常細胞；人的八字五行有發展、有控制才是美滿生涯；因此家庭也好，社會也好，甚至國家都要有良性的生剋制化才不會出亂子！

4-2　河圖解五行的相生

河圖是這樣來的：傳說中的伏羲氏看見龍馬從黃河出現，身上有圖：一與六爲水居北、二與七爲火居南、三與八爲木居東、四與九爲金居西、五與十爲土居中。中央土生西方金、西方金生北方水、北方水生東方木、東方木生南方、南方火再生中央土；河圖的完成使我們了解五行相生的秩序，這裡頭的數大家要記熟，風水學用的數是以河圖來代表，特別是數與五行生剋的關係要弄得一清二楚。

4-3 洛書析五行之相剋

接下來有夏禹在治水時有神龜出現在洛水，背上有文字，就是洛書的出處：頭戴九底履一、左拿三右握七、右挑二左擔四、右靴六左鞋八、中間褲帶五。一六水剋二七火、二七火剋四九金、四九金剋三八木、三八木剋五十土、五十土剋一六水；洛書的創作讓我們知道五行相剋的順序。這個佈局也符合數學的矩陣，不論是橫的加總或直列加總以及斜線加總都是十五；也就是說，這是極和諧穩定的振盪場域。

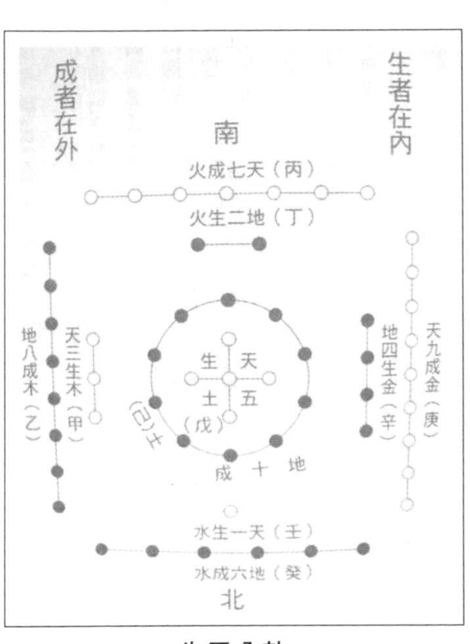

先天八卦

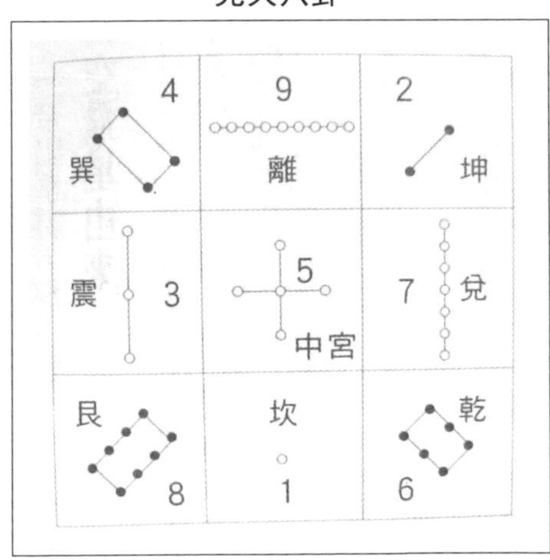

後天八卦

4-4　先天八卦定方位象限

至於先天八卦：「天地定位，山澤通氣，雷風相搏，水火不相射，八卦相錯。數往者順，知來者逆，是故易，逆數也。」宋朝易學大師邵康節曰：「乾南、坤北、離東、坎西、震東北、巽西南、兌東南、艮西北，自震至乾爲順、自巽至坤爲逆。」先天八卦只有卦象，沒有五行的配置。

4-5　後天八卦解五行之序

現在來說後天八卦，《易經》說卦傳記載著：「帝出乎震，齊乎巽，相見乎離，致役乎坤，說言乎兌，戰乎乾，勞乎坎，成乎艮。」宋代理學家依此法則繪成「文王八卦」，陰與陽中分，五行相序。東北陽方列爲乾、坎、艮、震；西南陰方則排巽、離、坤、兌。震巽木生離火，離火生坤土，坤土生兌乾金，兌乾金生坎水，水不能無土來生木，所以先潤艮土後生震巽木，如此完成五行相序。

4-6　先天爲體，後天爲用

後天八卦陰與陽以及五形都具備了，所以我們使用的風水羅盤主要以後天八卦爲主要的推論依據：先天雖無五行之分，卻是察覺氣的陰陽順逆的根源，所以眞正的風水高手都以先天八卦爲體，後天八卦爲用，體用合一，就能達到完美的境界。

4-7 朱義算是先進的理、氣學專家

宋朝的朱義對風水的看法可以作爲一個參考：「自天地言之，只有一個氣；自一身言之，我之氣即祖先之氣，亦只是一個氣，所以有感必應。」朱義生在宋朝，還沒有現代的物理、化學等科學理論，但他是個察覺的人，所以也知道我們今天是因爲DNA的遺傳訊息能夠透過光索來感應給後代子孫，朱義用氣來表示這種波動頻率也眞了不起。

現代的唯物科學家，掌握了由大衆資源提供的昂貴各式各樣電子研究儀器，卻常常自以爲是，認爲所發現的結果才是眞正的知識，只是儀器偵測尺度越精微，發現的事實往往又推翻以前的定理，所以科學家也不要太鐵齒，批評別人時也就是在批評自己。換過來說，中國道家哲學理論反而從一而終都不變。

4-8 風水的眞正內涵——八卦的另類解釋

中國的道家哲學思想有一個主流，那就是「天人合一」的思想。所謂的人法地，地法天，天法道，道法自然，無一不是談到人本身就是一個小太極，屋宇也是一太極，大

地爲一中太極，天是一大太極，如此物物皆太極，彼此間都有共振，和諧的共振才能獲得吉祥的感應能量。陽的螺旋是逆時鐘向上攀升，陰的螺旋相反，兩者相交就是陰陽合一，上圖就是其示意，圖中的索羅門封印就是大衛六芒星，內涵是陰陽的合一。

天有天理、地有地理、人有人理，人理最要緊的是持中道而行；人的所作所爲，如果不合天理，即使獲得再好的地理也不會與該人產生共振。任何一個沒有道德的人，花再大的錢，也找不到好地理，因爲他絕對找不到眞正的好堪輿師幫助他的。自古以來，明師（非出名的老師）皆堅持「風水大地非有德者莫能居」，所以靠廣告來找出名的風水師就很難找到好穴及用到吉時與作對分金納氣！

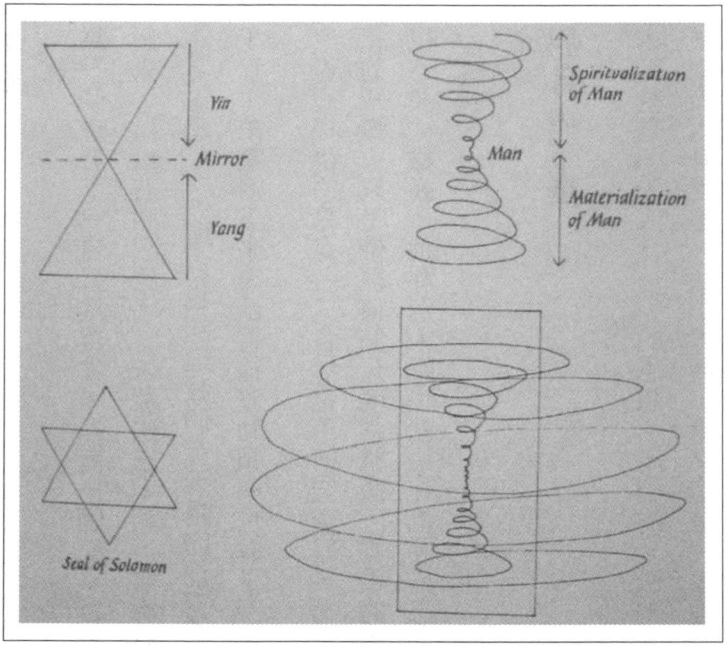

陰陽相交之螺旋示意圖

第五節：量子力學與風水

5-1 八個向量空間稱爲玄空八卦

量子力學中有一種稱爲角動量的觀念，特別是粒子在自旋時的動量，我們稱它爲Angular Rotation Particle Spin，簡單就叫它ARPS，當粒子以45度變動角動量旋轉時，會形成一個場域，再轉45度變動角自旋時又有另一個場出現，如此一個圓圈共360度，共有八個不同的場域出現在一個時空場中，這些場有攜帶著極浩瀚的能源，在極微的尺度下，很平衡的進行著週期運轉，而且，APRS更能夠決定物質形成的密度，不同的密度形成不同的世界；同一個空間就存在著好多層世界，我們把這八個向量空間稱爲玄空八卦。玄空是講這些不同時空場間，相互間的振盪所呈現出的不同週期性意識能量狀態，俄國的希波夫提出的撓場論，用APRS來解釋，應該對玄空飛星的科學理論有破解的空間。

5-2 腦波能感應穴場的氣

很多朋友問我：「爲甚麼有些人，特別是風水師們對地磁感應強烈，而一般人就沒有一點概念？」我告訴他們：「磁場本身是一個向量場，地球任何角落都有磁場分布，而磁場的強弱，國際上標準以泰斯拉（T）表示；地磁約0.5T，心磁約10^{-6}T，眼部磁波約10^{-8}T，而腦波則只有10^{-9}T，想一想，地磁強度是腦波的一億倍以上，是心磁的一百萬倍左右。我們若把焦點放在大尺度的磁場，就感受不到精微能量場的變化，但是人在磁場中的運動，就有作用力產生，我們想要看到腦中的器質變化，就必要用電腦斷層掃瞄儀器。使用的是用強烈的磁力線，對身體多少會有傷害；話說回來，眞正影響腦部DNA解碼，而改變人類意識的，只要極微小的磁力線所攜帶的資訊。還有腦波有2.5Hz波峰的人，特別對環境的背景波動有強烈的反應，這個波頻在**δ**波，屬無意識波範圍。」

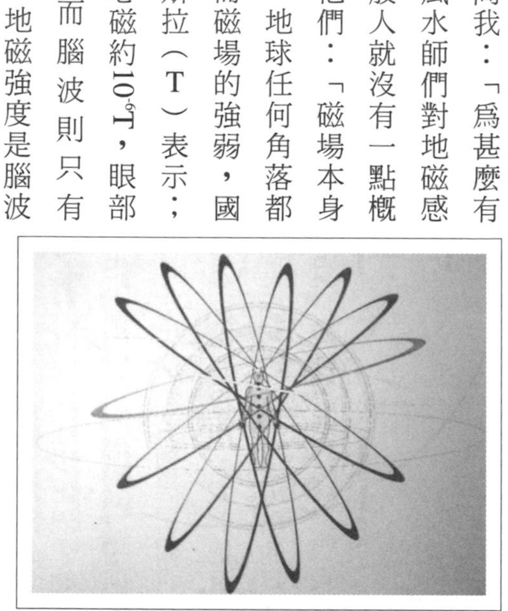

腦波檢測評量

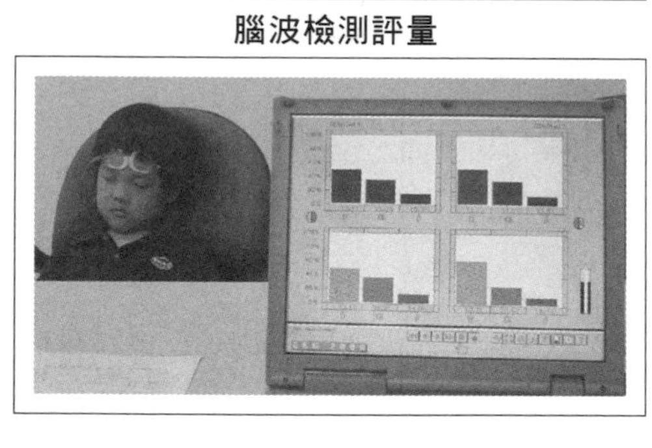

手機的磁場在5泰斯拉，電話筒處約10泰斯拉，我們的信用卡約1000泰斯拉才會消磁。這些數據陸續在說：「小心身體周圍的電磁場。」近來吹頭髮的吹風機，業者爲了降低成本，生產了品質有爭議的高電磁干擾產品，政府應該好好管理；我們一直要經過很長的時間，等身體特別是腦袋發生了病情才會回頭找病因，過程還要經過曠日費時的對照試驗才能取得證明，但這時錢已經被資本家賺飽了，我們已經無法回復到健康時候的身體了。義大利就有業者發明降低幅射影響的手機附屬品，標明通過量子的檢測，可以安心使用；但我們對此仍持保留態度，因爲量子醫療在台灣仍然不是屬於正統醫學，公家機關的答覆是這些資料只能參考而已，國內則沒有人做這方面的研究報導！

5-3　氣功加持與千里傳功時腦波以α波爲主波

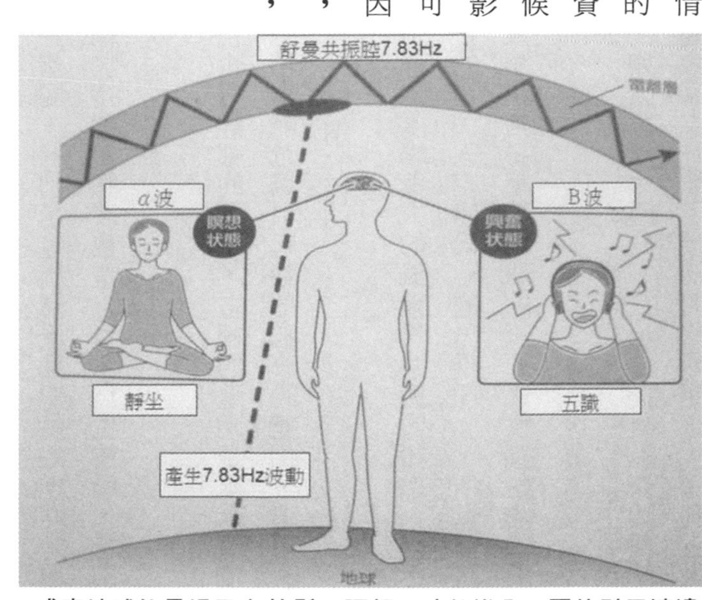

感應地球能量場只有放鬆，瞑想下才能進入，圖片引用渡邊延朗的《光子帶》一書。

「有特異功能的風水氣功師，基本上都有極清楚的α腦波以及δ腦波，這時他的腦波產生的氣場會與大地強上很多倍的地磁產生接觸，特別是有旋轉渦輪形狀的地理穴場會吸引他們的注意。」還有氣功師做千里傳輸加持時，腦波也是以α波為主波段，特別以10Hz為主，加持後收功，恢復以β波為主的腦波型態。

以上的詳細解釋在《你開悟了嗎？》一書也有詳細的說明，這裡的重點是風水環境的變化，乃因為磁場的交互作用，才會影響到精微能量場引起腦部腦波的變化，繼而改變人體神經系統與內分泌的變化，最後就產生了所謂的吉凶。

光子密碼科技的長處，就是能夠偵測到這種風水場與人的氣量場共振的頻率，因為光子本身就是太極的原形。現代的科技發展走的是「人定勝天」的思維理念，所以常常破壞生態與環境的平衡。物質科學越進步，人類越需要壓榨地球的資源來供應無盡的需索。

大家不要忘記地球本身也有休眠的時期，如果壓榨太過分，它也會提早進入冰河時期，為了讓它有喘息的機會，我們誠懇的呼籲大家：「放下唯物的科學觀念，回到天人合一的思維，以意識科技的光子密碼所發放出來愛的能量，與大地和諧共存吧！」

5-4 玄空飛星軌道就是光子波動的週期性軌道

好了，我們已經了解先天與後天的八卦，接下來就要進入比較精彩的玄空飛星與玄空大卦的理論了。我們要了解光子本身有波動與粒子的性質，它的頻率是極爲精微，是在普郎克尺度下，所以我們現在的電子儀器還沒有辦法偵測，只能由意識科技的光子密碼技術來克服這個障礙。

光子在我們空間所進行的路徑，是一閃一閃的由十維時空場藉由白洞與黑洞出現到四維的意識場，由於地球的黃道與太陽的白道有23.5度的交角，地球的自轉軸與磁力線南北軸也有交角，在此種時空轉動下的撓場，會產生另一種信息場，而玄空飛星飛佈的軌道就是光子在地球風水場的運行週期性軌道。

我們可以用乾卦的西北爲天門，以巽卦的東南爲地戶，當作旋轉軸線，轉一百八十度後，每一宮位的數再橫向、直向與斜向加總，所的的結果仍然是15。從這個矩陣中我們了解氣的運作也是有週期性與平衡性，生剋制化皆能夠在動態中達到穩定性。

至於三元玄空大卦卦理，是依照先天八卦，以乾南坤北，在一周360分八個項限，每項限爲45度，依由正南180度往左的逆時鐘方向照乾、兌、離、震順序安下卦，而180度往右以巽卦爲首，順時針排以坎、艮、坤做下卦，接下來，以一周360度細分爲64卦，每卦5.625度，從180度左南邊乾卦開始，逆時針分派依乾、兌、離、震巽、坎、艮、坤順序安上卦，接下來在180度右側，也是依乾、兌、離、震、巽、坎、艮、坤順序安上卦。

5-5　六十四卦與抽爻換象

如此，八八六十四卦就完成了。每卦再細分六爻，則一周共有384爻。基本上我們特別強調，坐山挨向時，基本上以第二與第五爻爲生旺爻，陰陽宅納氣時如果合興旺的元運又合此兩個爻，一家族就極爲興旺！

至於抽爻換象，就是用在陰宅分金立向時使用，羅盤紅線上對正每卦再分出的六個小刻度，就是我們所立的是在卦的第幾爻。當該卦屬於一、三、五、七、九的星運卦時，第一（初）爻要從左邊起算，例如南方乾卦，用初爻時陽變陰，下卦的陽爻變化成陰爻；上卦還是乾三連爲天，下卦就變成巽下斷是風，整個卦由乾卦變成姤，姤卦是八運卦，因爲收納的卦由一運卦的乾，變成了八運卦。這就是說，當大環境局勢，天造地設是上元運的一運卦時，我們利用分金坐度挨在初爻，也可以使用於八運，就能夠在一運與八運時都能夠很吉利。

5-6 羅盤是搜頻紐Tuner

簡易的羅盤說法是把它當成是一個類似收音機尋找頻道的轉盤，或稱搜頻鈕（Tuner），是掃瞄頻道用的。依照八卦陰陽交媾共六十四卦，也可說共有64個小頻道。這64個小頻道又可分類爲8種共振頻（就是所謂的星運），彼此頻率很協調可以共振，只要取得一個頻道就好像進入聯播網，其他七家的節目也收得到；風水師稱這些卦，互相成爲一家骨肉。

生命之花

64 卦羅盤

5-7 玄空是講不同的時、空下，相互振盪弦的變易

玄空大卦的運用，主要在這些屬於值班性質的卦氣，在逢地運正旺時，稱爲「天心正運」。宇宙的訊息與能量的傳播是有週期性的，中國的風水師本身都有感應氣的能

力，經過他們的經驗與整理，發現陰、陽宅如果能夠巒頭本身不錯，再配合玄空卦運的理氣，就可獲天地靈氣充電，受這般感應者，他的靈感特別強，不論處事、理財、讀書、研究皆容易成功。用這些頻率，又能助身體健康，使人萬事亨通。

101 大樓夜景

左中油大樓，右國泰集團大樓夜景

第六節：台北幾家代表性五行樣本建築物

在陽宅五行的分類上，這方面我們以公共建築來做參考，台北忠孝東路四段的SOGO百貨公司，整體是方整的「土」形，但面向馬路有圓弧的「金」形，如果由上空鳥瞰，很像一塊可口的土司麵包；商業百貨業，最喜「土金相生」這一種，是屬於巨富的格局，一間SOGO就抵數家的大型百貨公司，我曾經用這家SOGO百貨的拍立得相片評量，分數極高，偶有小人煞氣，一些水、火之劫煞，仍無傷其巨大納財格局。但是對角新SOGO氣勢雖大，又更臨捷運站，一些硬體設施與車道通路仍有些瑕疵，希望不要因此與當地鄰居有衝突，失了人和頗不宜長期的人氣累積，因此還有不少改善的空間。

這種土金相生格局的還有國泰集團在信義計劃區的總部大樓，也是方整的大樓，在大樓頂部設計出圓頂，尤其在夜間燈火通明，更拉拔秀氣罩住此格局，這也是極佳的土金相生格局，被建築界推選爲台北市最佳設計建築物之一。

至於「木火相生」的，就像新光百貨的站前店，修長聳立是木的五行，頭頂是尖的造型屬火，木火走的是科名貴氣，如果是屬於高科技的公司，像是「文筆星」般聳立台北都會中心，這種局勢，在此設立賺智慧財的公司總部就很不錯。

另外位在仁愛路敦化南路圓環新完工的台新集團總部，它的造型就是另一格了，彎曲的波形屬「水」形與高聳的書脊「木」形，一邊又呈現圓的「金」形，成「金生水」，「水又生木」這種接續相生的格調，表示經營團體屬於機謀權變，多角經營型，但因爲明堂爲圓環，雖然用曲線來導煞氣化解，在辰、戌年的坐山與出向之太歲與歲破年月，起伏較大。

至於世界最高的101大樓，像竹子一節一節的架上去，每一節有方整平台的「土」形，有菱有角的斜度屬「火」行，在整體而言又是高聳的「木」形，故完整的來說屬「木、火、土相生」的局，是極有開創力與穩健經營企業的理想辦公大樓。當然有人說它的造型很像降魔劍，這些喝形取像的都令人各有想像的空間，我們還是以幾何的基本圖形組合來分析這棟建築的巒頭硬體，這樣算是較合乎邏輯，而避免穿鑿附會的說法。

台北市是個盆地，像個對上天展開的衛星大天線，東有101大樓尖塔、西有新光站前大樓尖塔，呈現雙極的收發天線架構，越來越旺，只是東區有計劃的開發，路面寬廣，有路橋將各區塊連成一氣；西區則是老市區，街道窄小，所以目前人潮集中到東區氣較旺盛；就像台北市政府的市長人氣，比總統府的總統所獲得的人氣更上一層，也算是很奇怪的一種現象。

6-1　觀音山是七星聚講

風水格局方面，像北部八里觀音山，此乃從士林遠眺最神似，但它本尊卻是一座獅子狀的山嶺，從五股角度觀之，各個峰形就有金、木、水、火、土等五行之變化。玄通師父稱此山是眞正北斗七星墜地之象，其蘊藏的精微風水能量，可名之爲七星聚講，此架構就具有接收宇宙與大地間源源不斷又循環不已的能量，這一種山龍是做陰宅時絕佳的父母山，是第一選擇；當然，有福分的家族，再獲得明師點到正穴位安葬，蔭助後代的能力就非常巨大！目前該區已禁葬，因此想透過在觀音山造陰宅來獲得祖蔭，會越來越難了。

我們看一座山，從不同角度來觀察就有不同的結果，因此，這些五行相互間的關係，就要依據我們本身所住的地點或所要安葬祖先的穴位來做參考，正看成嶺（平台是土星）側看是峰（秀直高聳是木星），古人有一格局是夢幻風水穴場，就是北方玄武是水形的文曲山勢，西方白虎有圓滿的武曲山峰，南方朱雀則有尖聳的廉貞祖山，東方青龍有秀拔的貪狼筆峰，穴場則是中央平台藏風聚氣的巨門土財星。這種巒頭的結構實在是可遇不可求，但是如果有心，自己小小佈下這種格局來做一棟建築，也許能夠給住家帶來不可思議的結果呢！

何去收納或遠離它們，也許這和每個人的業力有關。

高明的命理老師都是八字與斗數兩者合參，使眞相更清楚，當然，風水上我們也建議兩者一樣共同參考。只是，在意識科技萌芽的新紀元開始後，我們將光子密碼的波動頻率評量技術引進風水的領域，希望數位化與數據的評量，能夠提供客觀的資訊供我們參考。

第七節：各家風水口訣大補帖

下面所敘述的是風水的應用軟體部分，就是所謂的理氣。這部分就是推演佈局的公式，但是，理氣很好，如果沒有巒頭硬體配合，是沒什麼作用的！閱讀以下的簡單訣竅，宜配合附帶的小圖案來一起對照，效果會很好，會讓你對風水學很輕易的入門。

7-1　八煞水與八煞位

以下的八煞位是坐山的卦氣，要避開有形的壓迫巒頭或水流，口訣是：坎龍、坤兔、震山猴，巽雞、乾馬、兌蛇頭，艮虎、離豬為八煞，宅墓逢之一起休。它的凶兆是因為坐山的五行被水口的五行剋住了。因為坎是水，見龍（辰）是土，土剋水，所以坐北朝南的坎山，東南方辰位最怕有破碎的山形或沖射反弓的水路，對主人是不利的。

四凶水之示意圖

以此類推，如坐南朝北的離山屬火，怕豬（亥）方屬水的五行來剋破，這是選擇坐向的第一步。

7-2　黃泉八煞是忌水流出旺位

第二步是避開黃泉八煞水：它的口訣是「庚丁坤上是黃泉，乙丙需防巽水先，甲癸向中憂見艮，辛壬水路怕當乾。」以上的局勢就是納水使用雙山五行，要避開水流出臨官或帝旺的位子。臨官與帝旺是什麼？它是由以下的五行陰陽輪迴法則來推演的。

7-3　十二宮衰旺的輪迴表

十二長生的順序也可以背下來，它的順序是：長生（出世了）、沐浴（產嬰洗澡）、冠帶（少年郎）、臨官（成人青年）、帝旺（壯年）、衰（退休）、病（老弱）、死（離世）、墓（入土為安）、絕（靈界）、胎（投胎）、養（懷胎十月），然後再長生，一直循環不

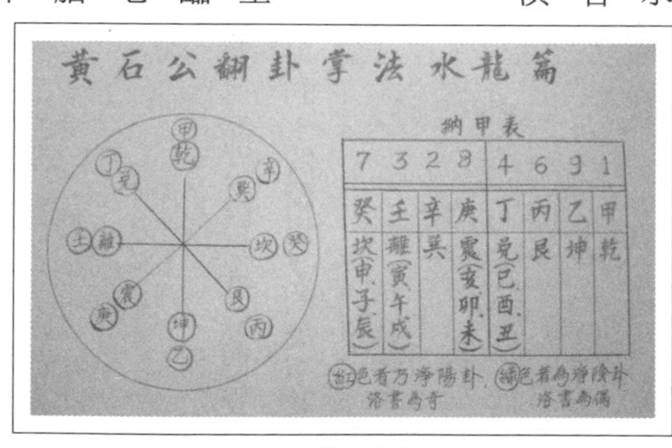

納甲表

已。木長生起於亥宮，火與土長生起於寅宮，金長生於巳宮，水長生於申宮。

以上這也是影射人一生的輪迴縮影，佛家簡單的用成、住、壞、空來解釋娑婆世界中一切現象的存在法則。

7-4 立向千金訣

三合淨陰淨陽派（由24山推演）：

歸陰的屬性：艮丙、巽辛、兌丁、巳丑、震庚、亥未。

歸陽的屬性：乾甲、坤乙、離壬、寅戌、坎癸、申辰。

（註：近賢較正爲離癸、坎壬）這裡面還包含納甲的原則。

陽來龍、扦陽位、立陽向、收陽水、納陽水入堂、陽去水口吉。

水神／星運	一	二	三	四	五	六	七	八	九
零水	坎	坤	震	巽		乾	兌	艮	離
正水	離	艮	兌	乾		巽	震	坤	坎
催水	乾	兌	艮	離		坎	坤	震	巽
照水	巽	震	坤	坎		離	艮	兌	乾

三元零正催照表

陰來龍、扦陰位、立陰向、收陰水、納陰水入堂、陰去水口吉。

三合派已公式化，簡單易學。下面是立向的口訣：「乙丙交而趨戌，辛壬會而聚辰，斗牛（丑）納庚丁之氣，金羊（未）收癸甲之靈。」

三元派：陰陽相對待。

子午卯酉天元陰龍、水口↓乾坤艮巽「陽天元龍」坐、向。

寅申巳亥陽人元龍、水口↓乙辛丁癸「陰人元龍」坐、向。

甲庚丙壬陽地元龍、水口↓辰戌丑未「陰地元龍」坐、向。

四大局：天地定位，雷風相搏，山澤通氣，水火不相射（陰陽相交）。來去水口，與坐山立向，收峰消砂皆在本局的卦氣內。

飛星派：以山、向兩星依元運陰陽飛佈九宮，而依照下面規則演佈其凶吉剋忌。主

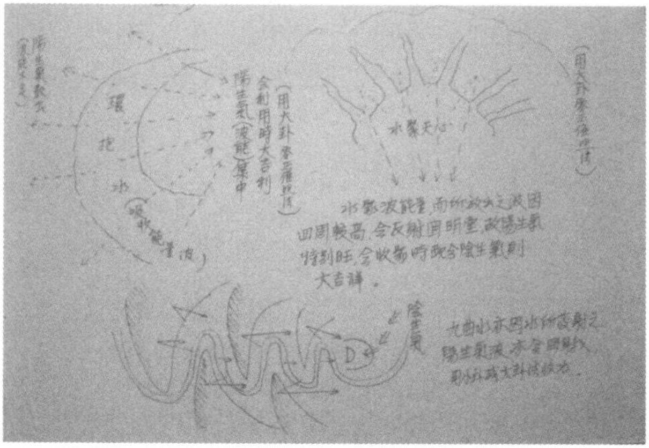

收納陽(水)能量的原理

要是先了解何謂天心正運，以及當山盤挨到當運的飛星，表有旺丁官貴之兆，而向盤挨到旺星時，主當事人有發財生女之期！依元運星、地盤星、山星、向星等五行相互生剋關係，再配合流年的九星與流月的飛星，得元運時最佳，飛星彼此間又有相生或比和爲吉，如果失運在先，又彼此間五行相剋，就會展現凶兆。

二〇〇六年寫本書時，已經是八運了，二〇〇四年起到二〇二三年間。以丑未山向及乾亥、巽巳山向6種方位，作爲坐或是向最爲吉利。因爲這六種組合的坐與向，都是當運的八白山星到坐山；當旺的八白水星到向方。但是要獲得地理的「福壽康寧」吉應，也需有後有好山，前有好水，優勢的巒頭來對應，才能享受到。

三元九宮靜盤派：以元運盤飛佈九宮，或以坐山爲主星入中飛佈，以中宮爲主人，依九宮位的飛星五行，對應中宮的五行，產生生、旺、洩、死、殺的相對關係，推定該位的吉凶，這一套主要用在房子內部再分房分區的配置。例如書房是坐南離向北坎，以離宮的飛星九入中順挨，飛星四綠文昌星到離方，四綠是屬木，生中宮的九紫火是生方，所以在離方擺書桌就佔了文昌星與生方的地利。而單位主管則最好是坐煞迎旺，例如：業務部門坐東朝西，則以三碧入中宮順挨，得四綠旺方在西北的乾卦位，六白武曲財星屬金在東北方，金剋中宮木是煞方，此時主管坐於東北艮位，面朝辦公室西北的乾卦位，就成了駕煞迎旺，是有實權的主管位了。

八宅游年派：本派是唐朝末年發展出來的相宅法，分東四命，西四命。東四命卦配坎7、離3、震8、巽2，屬於水、木、火相生的格局。西四命卦配乾9、坤1、艮6、兌4，屬土、金相生的格局。納氣不同，一則是木爲主軸，故用東四命宅，另一方面則以西方金爲依歸，故稱爲西四命宅。

本卦是伏位，伏位的數加五是生氣位，與伏位數合十是延年位，五或十五減去伏位的數是天醫位，以上都是該東或西四命的吉位；不符合此四吉位的就是六煞、五鬼、廉貞、禍害的位了。如何分辨自己的年卦，速食法就是找出生本命年，以九星來定是何卦後，再來定自身屬東四命或西四命。簡易方法是以西元的出生年加起各別數字後，再一次將和的各別數再加總，得到的數字男生以十一的數減，女生則加四，如此所的的數就是男與女的年命屬卦。接下來將門、房、床、桌安排在四吉，而廚、廁、溝、垃圾桶等壓凶方。夫妻不同命（東西）時，以宅向、門向、灶座合夫命；床位合妻命，作爲權宜之計。關於八宅游年派，主要應用在古時候的四合院平房爲主，重要的是因爲那時候的建築、門戶都分得很清楚，但是現代的建築就比較複雜，特別是大廈的住宅，所以應用時較難以定奪。

龍門八局：以八卦相對位之先天、後天、賓、劫（劫又分天刑、地劫、案劫）、客、輔等八局，來論斷坐向、來去水之吉凶。此派以先天水朝堂旺丁，後天水朝堂旺財爲主軸；忌水流出先後天位，會敗財丁。

正三元玄空派：這是以陰陽順逆挨排之64卦爲推演根據之學派，經筆者多年經驗，此派極爲精準，亦是有意一窺風水學堂奧，必定要下一番功夫的寶貴軟體。8x8=64卦，其實是解析4度的時空場彼此間之變化。每個卦位立體空間（三維）以向量來分，有八個象限，各象限彼此間的位移就是變動（交易），位移牽涉到時間（一維），易經玄空卦象就是探討時空交易（四維）的變化因果關係，精華在此。

玄空紫白飛宮派：「紫白」即洛書九星，「飛宮」者，即飛佈八方。八方俱，下元爲七、八、九運，得元運則興盛，失元運則衰廢。以當下元運之星入中宮，照排山掌飛佈八方。再來定出宅之坐與向，以坐山宮位排到的數字入中宮來排山盤的飛星，依陰逆或陽順而挨各數到八宮，向盤也一樣先訂陰陽來挨排；山盤挨到的飛星數要合旺運（也就是當運或接下來的元運），而且又有實體穩固的靠山出現，就有利於官運與健康運；向盤方面，也要在當運飛星臨到的宮位有曲水或馬路來迎，才能有利於營運發財。氣運有三元之分，上元爲一、二、三運，中元爲四、五、六運，下元七、八、九運。

八卦的名稱與各種意義

坤	艮	坎	巽	震	離	兌	乾	卦名
地	山	水	風	雷	火	澤	天	自然
老母	少男	中男	長女	長男	中女	少女	老父	人倫
夏交秋	冬交春	冬季	春交夏	春季	夏季	秋季	秋交冬	四時
南西	北東	北	南東	東	南	西	北西	方位
土	土	水	木	木	火	金	金	五行
未坤申	丑艮寅	壬子癸	辰巽巳	甲卯乙	丙午丁	庚酉辛	戌乾亥	24山
腹、胃	胃、手	腎、耳	肝、股	肝、足	心、目	肺、口	肺、首	身體
8	7	6	5	4	3	2	1	先天卦序
二	八	一	四	三	九	七	六	後天卦序
包容	守靜	漂陷	不定	虛驚	文書	毀謗	果決	人事
棕	黃	黑藍	青綠	碧綠	紫紅	白	銀灰	五色
雲霧	山嵐	雨露	風寒	雷電	日霓	雨澤	晴朗	天時

7-5 要有創意的α腦波才能成為風水大師

以下是風水學中比較重要的一些經典，收錄在下節。由於古人沒有現代人生活這麼緊張，所以α波比較高，不肯說清楚講明白的讓人馬上體會，卻要吟詩做詞來讓人猜，由於其中有很多口訣非常有價值，特選錄下來，一方面尊重古賢的雅興，一方面也能增加讀者的漢文水準，供讀者玩味。最近很多密碼書都很暢銷，要解密碼要有強的聯想力與想像力，讀者想吃速食大餐就苦了，享受開悟「風水之道」前，還是慢慢來吧！

例如：常常看到的字如「山、峰、丘、崗、嶺」是實體的山；「江、河、溪、海、湖」是實體的水。「高、突、狹、靜、滿」則是虛體的山；「低、陷、闊、曲、動」則是虛體的水，以此觀念來細心體會風水之妙。

以下第八節諸典籍中，特別用加粗的字，都是關鍵要訣，不管多難理解，能夠先背誦下來最好，這些是先賢們嘔心瀝血之作，有極重要的提示在其中。

玉山是台灣的祖山

第八節：風水堪輿的古籍經典要義

最先從《青囊經》開始，這是中國老祖宗第一部正式留下來有記載的經文，秦始皇焚書時，應該有這方面的資料，可惜，先秦的風水堪輿文獻沒有留下來。風水最基本的元素，就由先後天八卦爲基礎；再由陰陽交媾，而使生命能量的氣開始流轉，以化始、化機、化成爲堪輿架構的基礎平台所著作之《青囊經》，是風水學開宗明義的第一篇讀物。

《青囊經》

（黃石公授，赤松子述義）

以下經文的內容，其中就包含了宇宙創生是由先有一純然無垢之全思想，在一個偶然中的瞬息間，產生了一個意識的念頭（化始）。

有了這個念頭的意識產生以後，就模擬全思想中一部分的規劃與設計，出現了一種「形態發生場」（Morphogenesis Field）的出現（化機）。

接下來，自由意識賦予的能量將「形態發生場」投射到這個物質世界，於是這個娑婆世界的山川大地形成了，這個大地就是我們集體生命意識共同承認並願意共同尊重的「共生共業」物質場域（化成）。

《青囊經上卷》——「化始」

天尊地卑，陽奇陰偶。一六共宗，二七同道，三八為朋，四九為友，五十同途。闔闢奇偶，五兆生成，流行終始，八體洪布，子母分施。天地定位，山澤通氣，雷風交薄，水火相射。中五立極，臨制四方，背一面九，三七居旁，二四為肩，六八為足，縱橫紀綱。陽以向陰，陰以含陽，陽生於陰，柔生於剛，陰德洪濟，陽德順昌。是故，**陽本陰，陰育陽，天依形，地附氣，此之謂：「化始」**。

化始一篇中，由單極純然一體之境，有了第一次分裂之象，形成了相對性的陰、陽兩極。四維的時空場有八個象限，分成上下兩組，一到四是上元，六到八是下元。

一坤、二巽、三離、四兌、六艮、七坎、八震、九乾等就是玄空大卦中的天卦五行，一、二、三、四運為上元，六、七、八、九運為下元。

先天八卦，無不相對；六十四卦，也兩兩相對，所謂山與水是相對的，所以稱「水來當面是眞龍」。

以上重點在於每一屋、每一墳，皆因物物有居中的太極。氣爲陽時從風而行，氣爲陰時從水而流。陽氣能散陽，是因爲陽中有陰的緣故；行陰氣則能止陽，是陰中有陽存在。就是要定出不動方（陰方）與收納氣勢的動方（陽方）來用陰收陽。

所以乘風乃要用正神（當運的卦），界水則以零神（衰運的卦）爲用。陰陽宅的納氣有內局法與外局法兩法，皆要依六十四卦的陰陽排列，以及當不當運來看，就知道其成果了。

根據作者評量經驗，一般而言，一座陽宅或陰宅，當它的設計，只要坐山、立向、收水、收峰是當運時，總體能量會達到98以上；若低於95已經是沒有幫助的風水了，90以下最好改善否則楣運連連，因爲氣已經退潮了，要再等漲潮，不知當事人撐得到那時否？

《青囊奧語》

唐朝楊筠松著

坤壬乙，巨門從頭出；艮丙辛，位位是破軍；巽辰亥，盡是武曲位；甲癸申，貪狼一路行；左爲陽，子癸至亥壬；右爲陰，午丁至巳丙。

雌與雄，交會合玄空。雄與雌，玄空卦內推。

山與水，需要明此理。水與山，福禍盡相關。

明玄空，只在五行中，知此法，不需尋納甲。

顚顚倒，二十四山有珠寶，順逆行，二十四山有火坑。

認金龍，一經一緯義不窮。動不動，直待高人施妙用。

第一義，要識龍身行與止。第二言，來脈明堂不可偏。第三法，傳送功曹不高壓。第四奇，明堂十字有元微。第五妙，前後青龍兩相照。

第六秘，八國城門鎖正氣。第七奥，要向天心尋十道。第八裁，屈曲流神認去來。第九神，任它平地與青雲。第十眞，若有一缺非眞情。

明倒杖，卦坐陰陽何必想。識掌模，太極分明必有圖。知化氣，生剋制化需熟記。說五星，方圓尖秀要分明。曉高低，星峰須辨得元微。鬼與曜，生死去來眞要妙。向放水，生旺有吉休囚否。**二十四山分五行，知得榮枯死與生。翻天倒地對不同，其中秘密在玄空。**認龍立穴要分明，在人仔細辨天心。天心既辨穴何難，但把向中放水看。**從外生入名爲進，定知財寶積如山。從內生出名爲退，家內錢財盡虛廢。**

生入剋入名爲旺，子孫高官盡富貴。生出剋出名爲衰，年年災禍如鼎沸。脈息生旺要知因，龍歇脈寒災禍侵。縱有他山來相助，空勞祿馬護龍行。勸君再把星辰辨，吉凶禍福如神見。識得此篇眞妙微，又見郭璞再出現。

《青囊奧語》一文中起頭的是一段口訣，又稱「坤壬乙訣」，應用於八卦的玄空挨星方法中。正常的挨星法，是當坐山位於二十四山的正中央位置容許左右各五度誤差時，稱爲「下卦」（沒有兼挨到鄰卦）。這時，就以本卦的後天卦數入中宮，陽卦就順挨而陰卦則逆挨。

如果陰陽宅的坐山立向是介於兩個方位之間，就落入「空亡」的陷阱，此方位方向陰陽不交，是極爲凶險的方位與立向。這種坐向，光子密碼中的黑暗靈力與外星干擾線特別多，如果該處又是有螺旋（Vortex）向下的區域，則用來做「前世催眠」療法或是「觀落陰」等法術，在此種地方最有效果。

卦位是在離開兩宮交界的兩到三度時，稱爲「兼卦」，此時要用起星替卦來挨，口訣就是坤壬乙巨門從頭出……，例如我們的坐山屬於坤、壬或乙卦的兼卦時，雖然壬是在一白坎；乙在三碧震，但這時候都要把九宮中央天心的山或向替換爲二黑坤，如此順推，整個口訣就是兼卦時的挨星替換法則。

如果有問題，最好測一下大門或墓碑的能量，對的兼卦，能量皆有98以上。顛倒乾坤，順逆行都是暗示挨星的陽順挨與陰逆挨運作法則。

十個要點是指巒頭硬體的基本條件；明倒杖是解明陰宅應用玄空六十四卦時使用五行的生剋制化要義，我們在上一章已經說到此篇最重要的生入與剋入的原因與原則，生入增加本宮的能量，剋入乃要有陰陽之剋，夫妻之禮也，能生子生孫。

以上這些，都是講能量場的變化組合，以及它們在風水光索網路的相對性波動變化，這些能量場間交互摩擦產生的新組合波動就呈現了各種吉凶關係。

在看得見的風水氣場，陰宅包括穴心有太極暈，玄通施力文大師就收集了很多穴心石，珍惜如金銀般的布置於其道場中。至於在穴場立碑後會有出油的現象（墓碑表面一層一層油由下往上覆蓋）最快兩分鐘一層。陽宅則其大門會發亮有光澤，入內則有嗡嗡聲人氣旺盛的感覺。這種好的風水場在光子密碼評量上總能量會達到99以上。找穴位要在當運逢元的龍脈末端尋，才有能量，失運的脈氣能量都低於90，千萬不能用。

《青囊序》
唐代曾文辿著

楊公養老看雌雄，天下諸書對不同。先看金龍動不動，次察血脈認來龍；**龍分兩片陰陽取，水對三叉細認蹤，江南龍來江北望，江西龍去望江東**；是以聖人卜河洛，瀍澗二水交華嵩，相其陰陽觀流泉，卜年卜世宅都宮；晉世景純傳此術，演經立意出玄空，朱雀發源生旺氣，一一講說開愚蒙；一生二兮二生三，三生萬物是玄關，山管山兮水管水，此是陰陽不待言；**識得陰陽玄妙理，知其衰旺生與死，不問坐山與來水，但逢死氣皆無取**；先天羅經十二支，後天再用干與維，八干四維輔支位，子母公孫同此推；二十四山分順逆，共成四十有八局，五行即在此中分，祖宗卻從陰陽出；**陽從左邊團團轉，陰從右路轉相通，有人識得陰陽者，何愁大地不相逢**；陽山陽向水流陽，執定此說甚荒唐，陰山陰向水流陰，笑殺拘泥都一般；若能勘破固中理，妙用本來同一體，陰陽相見兩爲難，一山一水何足言；二十四山雙雙起，少有時師通此義，五行分佈二十四，時師此訣何曾記；**山上龍神不下水，水裡龍神不上山，用此量山與步水，百里江山一響間**；更有淨陰淨陽法，前後八尺不宜雜，斜正受來陰陽取，氣乘

日大隅田川，曲水表財富極旺。

生旺方無煞；來山起頂需要知，三節四節不須拘，只要龍神得生旺，陰陽卻與穴中殊。

天上星辰似織羅，水交三八要相過，水發城門需要會，卻如湖裡雁交鵝；**富貴貧賤在水神，水是山家血脈精，山靜水動晝夜定，水主財祿山人丁**；乾坤艮巽號御街，四大神尊在內排，生剋須憑五行佈，要識天機玄妙處；乾坤艮巽水長流，吉神先入家豪富，請驗一家舊日墳，十墳埋下九墳貧；唯有一家能發福，去水來山盡合情，宗妙本是陰陽玄，得四失六難爲全；三才六建雖是妙，得三失五盡爲偏，只因一行擾外國，遂把五行顚倒編；以訛傳訛竟不明，所以禍福爲胡編。

《青囊序》是詳述玄空六十四卦，這個三維空間的波動能量和時間的變化，彼此間互相振盪所產生的吉凶影響，以及山與水、陰與陽彼此相對待的交媾，在地球進入不同的時空場（元運），是會吉凶顚倒的。此文也批判一行禪師造僞訣，本來皇帝想用這僞訣來滅蠻邦，卻也害了國人誤判成爲風水的正訣。

用東四命與西四命的方式來相宅，是很普遍的民間迷信，這其中唯一有價值的是談到，人與宅彼此間還有相容性的問題。光子密碼技術中，只要將該宅相片與主人相片或頭髮置於檢測盤上，就有明確的數據定出相容性結果，如主人光子能量95，與該宅相片一配，變成99，就是極相容，反之，光子能量下降，代表不相容，沒有助益，簡單明瞭。

西晉，郭璞

《葬書》始見於《宋史・藝文志》，只一卷。

這是一部經典之作，不但文藻華麗，義理也極爲精確。古人利用先人祖骨的基因，透過光索，在能量聚集之處，吸納IDF的能量，再傳輸給後代，這篇經文就是集其大成，特別是對巒頭的分析判定，清楚明白。對於水與氣的關係，也說明得很深入，值得一再品嚐。十二長生的輪迴法則，應用於三合水法也出現於此書。

生氣，就是風水所有能夠提高人類的總體生物能量之稱呼，光子密碼就是以「9-49」這一組做代表，而它們是一組精微資訊能量場的信息波動，用人類的潛在信息場的記憶體DNA來與之共振，吸收能量，眞有虧中國的這些天才們想的出來！生氣，就像是潮水般將能量推過來，但潮水有來有往，都有週期性，乘生氣，像是衝浪板運動，退潮時是不好玩的。

內篇

葬者乘生氣也。五氣行乎地中，發而生乎萬物。人受體於父母，本骸得氣遺體受蔭。經曰：氣感而應鬼福及人。是以銅山西崩，靈鐘東應。木華於春，栗芽於室。蓋生者氣之聚，凝結者成骨，死而獨留。故葬者反氣人骨，以蔭所生之法也。丘壟之骨，岡阜之支，氣之所隨。經曰：**氣乘風則散，界水則止。古人聚之使不散，行之使有止，故謂之風水。**

風水之法，得水爲上，藏風次之。經曰：外氣橫形內氣止生，蓋言此也。何以言之氣之盛，雖流行而其餘者猶有止，雖零散而其深者猶有聚。故藏於涸燥者，宜深。藏於但夷者，宜淺。經曰：**淺深得乘，風水自成。**

夫陰陽之氣，噫而爲風，升而爲雲，降而爲雨，行乎地中，而爲生氣。**夫土者氣之體，有土斯有氣。氣者水之母，有氣斯有水。**經曰：土形氣形物因以生。夫氣行乎地中，其行也因地之勢其聚也小因勢之止。葬者原其起，乘其止。中篇地勢原脈，山勢原骨，委蛇東西，或爲南北。千尺爲勢，百尺爲形。**勢來形止，是謂全氣。**全氣之地，當葬其止。宛委自複，回環重複。若踞而候也。若攬而有也。欲進而卻，欲止而深。來積止聚，沖陽和陰。土高水深，郁草茂林。貴若千乘，富如萬金。經曰：**形止氣蓄，化生萬物，爲上地也。**

地貴平夷，土二貴有支。支之所起，氣隨而始。支之所終，氣隨以鍾。觀支之法，隱隱隆隆，微妙玄通，吉在其中。經曰：**地有吉氣，土隨而起。支有止氣，水隨而比。勢順形動，回復始終。**法葬其中，永吉無凶。山者，勢險而有也，法葬其所會，乘其所來。審其所廢。擇其所相。避其所害。是以君子奪神功，改大命，禍福不旋日。

經曰：葬山之法，若呼吸中言應速也。山之不可葬者，五氣以生和，而童山不可葬也。氣因形來，而斷山不可葬也。氣因土行，而石山不可葬也。氣以勢止，而過山不可葬也。氣以龍會，而獨山不可葬也。經曰：童斷石過，獨生新凶而消已福。

上地之山，若伏若連，其原自天。若水之波。若馬之馳。其來若奔。其止若屍。若懷萬寶而燕息。若具萬善而潔齊。若橐之鼓。若器之貯。若龍若鸞，或騰或盤。禽伏獸蹲，若萬乘之尊也。天光發新。朝海拱辰。龍虎抱衛，主客相迎。四勢朝明，五害不親。十一不具，是謂其次。

夫重岡疊阜，群攏眾支，當擇其特。大則特小，小則特大。參形雜勢，主客同情，所不葬也。夫支欲伏於地中，位欲峙於地上。支壟之止，平夷如掌。故支葬其巔，坑葬其麓。卜支如首，蔔位如足。形氣不經，氣脫如逐。夫人之葬，蓋亦難矣！支坑之辨，眩目惑心，禍福之差，候虜有間。**乘金相水，穴土印木。外藏八風，內秘五行。天光下臨，地德上載。陰陽沖和，五上四備。**目力之巧，工力之具，趨全避闕，增高益下，微妙在智，觸類而長，玄通陰陽，功奪造化。勢如萬馬，自大而下。形如負扆，有壟中峙，法葬其止。

經曰：勢止形昂，前澗後岡，龍首之藏。鼻顙吉昌，角目滅亡。耳致侯王，脣死兵傷。宛而中蓄，謂之龍腹。其臍深曲，必後世福。傷其胸脅，朝穴暮哭。**夫外氣所以聚內氣，過水所以止來龍。**千尺之勢，宛委頓息。**外無以聚，內氣散於地中。**經曰：不蓄之穴，腐骨之藏也。夫噫氣能散生氣，龍虎所以衛區穴。疊疊中阜，左空右缺，前曠後折，生氣散於飄風。經曰：騰陋之穴，敗槨之藏也。**夫土欲細而堅，潤而不澤，裁肪切玉，備具五色。**

夫乾如聚粟。濕如刲肉。水泉砂礫。皆爲凶宅。

夫葬以左爲青龍，右爲白虎，前爲朱雀，後爲玄武。玄武垂頭。朱雀翔舞。青龍蜿蜒。白虎馴俯。形勢反此，法當破死。故虎蹲謂之銜屍。龍踞謂之嫉主。玄武不垂者，拒屍。朱雀不舞者，騰去。夫以支爲龍虎者，來止跡乎岡阜，要如時臂謂之環抱。以水爲朱雀者，衰旺系乎形，應忌乎湍激，謂之悲泣。**朱雀源於生氣。派于未盛，朝於大旺，澤其相衰，流于囚謝，以返不絕。**法每一折，瀦而後泄。洋洋悠悠，顧我欲留。其來無源，其去無流。

經曰：**山來水回，貴壽而財。山囚水流，虜王滅侯。**

《天玉經內傳》

劉江東著

首先這一篇《內傳上》是講玄空六十四卦的陰陽五行與零正如何配置於巒頭，正神是旺星要安在山上，零神是衰神要排在水中；還有龍脈、山峰以及二十四山卦氣的陰陽如何定，另外也述及飛星如何依照元運來分布九宮，最重要的是格局要找到極爲珍貴的三般卦與發達長遠的父母卦，這是具有眞工夫的大師，夢寐以求的風水穴地。全部六十四卦可以分成「江東」與「江西」兩個集團，當江西漲潮時就是江東退潮時，這些大波浪中還有小波浪，江西、江東各再分成四個小浪潮，所以一個元運180年分成八個波浪潮流，我們講「乘生氣」，就要要乘著浪而行，不要逆浪走。住到順勢來旺潮的房子，光子能量皆在98以上；氣旺人也旺。但住到剛退氣退潮的房子，光子能量皆低於96，人的氣也跟著漏失，至於低於90，是很背的，衰敗可想而知。

《內傳上》

江東一卦從來吉，八神四個一。江西一卦排龍位，八神四個二。南北八神共一卦，端的應無差。二十四龍管三卦，莫與時師話，忽然知得便通仙，代代鼓駢闐。天卦江東掌上尋，知了尋千金，地畫八卦誰能會，山與水相對。父母陰陽仔細尋，前後相兼定，前後相兼兩路看，分定兩邊安。**卦內八卦不出位，代代人尊貴，向水流歸一路行，到處有聲名，**龍行出卦無官貴，不用勞心力，只把天醫福德裝，未解見榮光。倒排父母蔭龍位，山向同流水，十二陰陽一路排，總是卦中來。**關天關地定雌雄，富貴此中逢，翻天倒地對不同，秘密在玄空。**三陽水向盡源流，富貴永無休，三陽六秀二神富，立見入朝堂。水到御街官便至，神童狀元出，應綬若然居水口，御街近台輔，鼕鼕鼓角隨流水，豔豔紅旆貴。上按三才并六運，排定陰陽算，下按玉輦捍門流，龍去要回頭。六見分明號六龍，名姓達天聰，正山正向流支上，寡夭遭刑杖。共路兩神爲夫婦，認取眞神路，仙人秘密定陰陽，便是眞龍岡。**陰陽二字看零正，坐向須知病，若遇正神正位裝，撥水入零堂，**零堂正向須知好，認取來山腦，水上排龍點位裝，積粟萬餘倉。**正神百步始成龍，水短便遭凶，零神不問長和短，吉凶不同斷。**父母排來到子息，須先認生剋。水上排龍照位分，兄弟更子孫。二十四山分兩路，認取五行生，龍中交戰水中裝，便是正龍陽，前面若無凶交破，莫斷爲凶禍，凶星看在何公頭，仔細認蹤由。**先定來山後定向，聯珠不相放，須知細覓五行蹤，富貴結全龍。**五行若然翻値向，百年子孫旺，陰陽配合亦同論，富貴此中尋。**東西父母三般卦，算値千金價**，二十四路出高官，緋紫入長安，父母不是未爲好，無官只豪富。

父母排來看左右，向手分休咎，**雙山雙向水零神，富貴永無貧**；若遇正神須敗絕，五行當分別，隔向一神仲子當，千萬細推詳。若行公位看順逆，接得方奇特，公位若來見逆龍，男女失其蹤。更看父母下三吉，三般卦第一。

《內傳中》

此《內傳中》述及天機安在內的玄機，就是要合元運乘旺才能獲得最好的波動能量，三合派、三元派都是風水共振頻率的法則，三元玄空判斷的吉凶發生時間，特別是在太歲年或三合六沖年月的時間最爲強烈。山與水都要有扭動擺動的形勢才有力量，山勢容易以垂直面的上下擺動來看出，水勢乃水平面的曲折迂迴來顯示。山與水勢越折曲，表示越有波動，光子的能量是波動的型態，所以硬直的山或水是沒有能量的，只是小角色。

二十四山起八宮，貪巨武輔雄，四邊盡是逃亡穴，下後令人絕。唯有挨星爲最貴，洩漏天機密，**天機若然安在內**，家活當富貴，**天機若然安在外，家活漸退敗**。五星配出九星名，天下任橫行。干維乾艮巽坤壬，陽順星辰輪。支神坎震離兌癸，陰卦逆行取。分定陰陽歸兩路，順逆推排去，知生知死亦知貧，留取教兒孫。天地父母三般卦，時師未曾話，玄空大卦神仙説，本是此經訣，不説宗枝但亂傳，開口莫胡言，若還不信此經文，但覆古人墳。

分卻東西兩個卦，會者傳天下，學取仙人經一宗，切莫亂談空，五行山下問來由，入首便知蹤。分定子孫十二位，災禍相連値，千災萬禍少人知，剋者論宗枝。五行位中出一位，仔細秘中記，假如來龍骨不眞，從此誤千人。一個排來千百個，莫把星辰錯，**龍要合向向合水，水合三吉位，合祿合馬合官星，本卦生旺尋，合凶合吉合祥瑞，何法能趨避，但看太歲是何神，立地見分明，成敗定斷何公位，三合年中是**。排星仔細看五行，看自何卦生，來山八卦不知蹤，八卦九星空，順逆排來各不同，天卦在其中。甲庚丙壬俱屬陽，順推五行詳，乙辛丁癸俱屬陰，逆推論五行，陰陽順逆不同途，須向此中求，九星雙起雌雄異，玄關眞妙處。東西二卦眞神異，須知本向水，本向本水四神奇，代代著緋衣。水流出卦有何全，一代作官員，一折一代爲官祿，二折二代福，三折父母共長流，馬上錦衣遊，馬上斬頭水出卦，一代爲官罷，直山直水去無翻，場務小官班。

《內傳下》

這些是《內傳下》談及一卦純清的大格局，當所有的坐山、向水、收峰、擇時、卦運等波動頻率都是同一天心正運的頻道時，共振時產生的能量特別大；當然這種頻率是可遇不可求，有時諧振也不錯，像是合音的借庫也很好，可惜氣勢不夠長遠。

六十四卦分配在二十四山裡，每一山都有不同的元運分布可以選擇，只要應用動爻來改變星運，原本衰敗的卦也有翻身變旺的能力。總之，要應用陰陽相對互補的原則來安排陰陽宅的配置，就是最大的訣竅了。

如果用我們熟知的政黨輪替執政的例子來解釋，也很傳神，全世界都一樣。例如現在當運的是江東卦，代表下元所有卦正當家做主，像是執政黨；但是執政黨中也有派系，掌權當家的嫡系，就是像目前天心正運的八運左輔星的卦，光子能量常常見到98～100等級，而六、七運的就是該黨退休的元老或顧問們，光子能量約92～96，九運右弼星則是未來的青年明星才俊，光子能量約96～98。另一方面，目前走衰運的是江西卦，則代表在野黨，能量從84～92間，正發憤圖強、磨刀霍霍，等待時機的到來，準備奪回政權；因為當下是不當運，權力不在這邊手上，資源比較有限，所以走得比較辛苦，任你在野黨是何派系，通通一樣累。但是，此困難之際若能與執政者溝通協調，取得共識，雖然不是執政黨，但也能夠分享當權者的部分權力，也就是說，將自己的卦運、抽爻換象變成天心正運，好像移星換斗一般；三元派稱這種工夫叫「北斗七星去打劫，離宮要相合。」光子能量90以下是有問題的等級，最好搬遷，三十六計走爲上策。

乾山乾向水朝乾，乾峰出狀元，卯山卯向迎源水，驟富石崇比，午山午向午來堂，大將值邊疆，坤山坤向水坤流，富貴永無休。**辨得陰陽兩路行，五星要分明，混鰍浪裡跳龍門，渤海便翻身。**依得四神爲第一，官職無休息，穴上八卦要知情，穴內卦裝清。要求富貴三般卦，出卦家貧乏，寅申巳亥水來長，五行向中藏，辰戌丑未叩金龍，動得永不窮，**若還借庫富後貧，自庫樂長春。**大都星起何方是，五行長生旺，大旆相對起高岡，職位在學堂，捍門官國華表起，山水亦同例，水秀峰奇出大官，四位一般看。坎離水火中天過，龍墀移帝座。寶蓋鳳闕四維朝，寶殿登龍樓。罡劫弔殺休犯著，四墓多銷鑠。金枝玉葉四孟裝，金廂玉印藏。帝釋一神定縣府，紫微同八武，倒排父母養龍神，富貴萬餘青。**識得父母三般卦，便是眞神路，北斗七星去打劫，離宮要相合。**子午卯酉四龍岡，作祖人財旺，水長百里佐君王，水短便遭傷。識得陰陽兩路行，富貴達京城，不識陰陽兩路行，萬丈火坑深。前兼龍神前兼向，聯珠莫相放，後兼龍神後兼向，排定陰陽算，**明得零神與正神，指日入青雲，不識零神與正神，代代絕除根。倒排父母是眞龍，子息達天聽，順排父母倒子息，代代人財退。**一龍宮中水便行，子息受艱辛，四三二一龍逆去，四子均榮貴，龍行位遠主離鄉，四位發經商。時師不識挨星學，只作天心摸，東邊財穀引歸西，北到南方推，老龍終日臥山中，何當不易逢，此是自家眼不的，亂把山岡覓。

金。**又從分水脈脊處，便把羅經照出路，節節同行過峽眞，前去必定有好處**。子字出脈子字尋，莫教差錯丑與壬，莫是陽差與陰錯，勸君不必費心尋。子癸午丁天元宮，卯乙酉辛一路同，若有山水一同到，半穴乾坤艮巽宮。

取得輔星成五吉，山中有此是眞龍，辰戌丑未地元龍，乾坤艮巽夫婦宗。甲庚壬丙爲正向，脈取貪狼護正龍，寅申巳亥人元來，乙辛丁癸水來催。更取貪狼成五吉，寅坤申艮御門開，巳丙宜向天門上，亥壬向得巽風吹。貪狼原來發來遲，坐向穴中人未知，**立宅安墳過兩紀，方生貴子好男兒**。立宅安墳要合龍，不須擬對好奇峰，主人有禮客尊重，客在西兮主在東。

《中篇》

天下軍州總住空，何須撐著後來龍，人不識玄機訣，只道後頭少撐龍。大凡軍州住空龍，便與平洋墓宅同，州縣人家住空龍，千軍萬馬悉能容。分明見者猶疑慮，龍不空時氣不空，教君看取州縣場，盡是空龍撥擺蹤。莫嫌遠來無後龍，龍若空時非活龍，兩水界龍連生窟，穴得水兮何畏風。但看古來卿相地，平洋一穴勝千峰，子午卯酉四山龍，坐對乾坤艮巽宮。莫依八卦陰陽取，陰陽差錯敗無窮，百二十家渺無訣，此訣玄機大祖宗。來龍需要望龍穴，後若空時必有功，帝座帝車並帝位，帝宮帝殿後當空。萬代侯王皆禁斷，予今隱出在江東，陰陽若能得遇此，蚯蚓逢之便化龍。子午卯酉四山龍，支兼干出最豪雄，乙辛丁癸單行脈，半吉之時又半凶。坐向乾坤艮巽位，兼輔而成五吉龍，辰戌丑未四山坡，甲庚丙壬葬墳多。若依此理無差謬，清貴聲名天下無，爲官自有起身路，兒孫白屋出登科。八卦不是眞妙訣，時師休把口中歌，敗絶只因用卦差，何見依卦出高官。陰山陽水皆眞吉，下後兒孫禍百端，水若朝來須得水，莫貪遠秀好峰巒。審龍若依圖訣葬，官職榮華立可觀，玄機妙訣有因由，向指山峰細細求。起造安墳依此訣，能令發福出公侯，眞向支山尋祖脈，干神下穴永無憂。寅申巳亥騎龍走，乙辛丁癸水交流，若有此山幷此水，白屋科名發不休。昔日孫官鍾此穴，從此聲名表萬秋，來龍須看坐正穴，後若空時必有功。州縣官衙爲格局，必然清顯立威雄，范蠡蕭何韓信祖，乙辛丁癸財足豐。亥壬聳龍興祖格，巳丙旺相一般同，寅申巳亥等五吉，乙辛丁癸四位通。紫緋晝綿何榮顯，三牲五鼎受王封，龍回朝祖玄字水，科名榜眼及神童。後空已見前篇訣，穴要窩鉗脈到宮，試看州衙及臺閣，那個靠著後來龍。砂揖水朝爲上格，羅城擁衛穴居中，依圖取向無差誤，不是王侯即相公。**天機妙訣本不同，八卦只有一卦通。**乾坤艮巽躔何位，乙辛丁癸落何宮。甲庚壬丙來何地，星辰流轉要相逢，莫把天罡稱妙訣，錯將八卦作先宗。乾坤艮巽出官貴，乙辛丁癸田莊位，甲庚壬丙最爲榮，下後兒孫出神童。未審何山消此水，合得天心造化工，**五星一訣非眞術，城門一訣最爲良。**

識得五星城門訣，立宅安墳大吉昌，堪笑庸愚多慕此，妄將卦例更陰陽。不向龍身觀出脈，又從砂水斷災祥，筠松寶照眞秘訣，父子雖親不肯說。若人得遇是前緣，天下橫行陸地仙，世人只愛週迴好，不知水亂山顛倒。時師但云講八卦，卻把陰陽分兩下，陰山只用陽水朝，陰水只用陽山收。俗夫不知天機妙，自把山龍錯顛倒，胡行亂作害世人，福未到時禍先到。陽若無陰定不成，陰若無陽定不生，陽水陰山相配合，兒孫天府早登名。都天大卦總陰陽，翫水觀水有主張，能知山情與水意，配合方可論陰陽。

都天寶照無人得，逢山踏路尋龍脈，前頭走到五里山，遇著賓主相交接。卻求富貴頃時來，記取筠松眞妙訣，天有三奇地六儀，天有九星地九宮。十二地支天干十，干屬陽兮支屬陰，時師專論這般訣，誤盡閻浮世上人。陰陽動靜如明得，配合生生妙處尋。

尋得眞龍龍虎飛，水城屈曲抱身歸，前朝旗鼓馬相應，下後離鄉著紫衣。乙字水纏在穴前，下砂收鎖穴天然，當中九曲來朝穴，悠揚瀦蓄斗量錢。

《下篇》

兩畔朝歸穴後歇，定然龍在水中蟠，若有聲爲數錢水，催官上馬御階前。安墳

最要看中陽，寬抱明堂水聚囊，出夾結成玄字樣，朝來鸞鳳舞呈祥。外陽起眼人皆見，乙字彎身玉帶長，更有內陽坐穴法，神機出處覓仙方。水直朝來最不祥，一條直是一條鎗，兩條名爲插脅水，三條云是三刑傷。四水射來爲四殺，八水名爲八殺殃，直來反去拖刀殺，徒流客死少年亡。

時師只說下砂逆，禍來極速怎堪當，城圳路街如此樣，亟當遷移免災殃。前水來朝又擺頭，淫邪凶惡不知羞，乾流自是名繩索，自縊因公敗可憂。左邊水反長房死，右邊水射小兒亡，水直若然當面射，中子離鄉死道旁。東西南北水射腰，房房橫死絕根苗，貪淫男女風聲惡，曲背駝腰家寂廖。左邊水反長房死，離鄉忤逆皆因此，右邊水反男兒傷，風吹婦人隨人走。當面水反中男當，斷定二房有損傷，左右中反房房絕，切忌墳塋遭此劫。一水裏頭名斷城，下之雖發未爲榮，兒孫久後房房絕，水到破收反主興。茶糟之水實堪憂，莫作蔭龍一例求，穴前太偪割唇氈，不見榮兮反見愁。玄武擺頭有多般，未可慳然執一端，或斜或側或正出，須憑直節對堂安。擺頭直出是分龍，須取何家龍脈蹤，大山出脈分三訣，未許專將一路窮。家家墳宅後高懸，太陽不照太陰偏，必主其家多寂寞，男孤女寡實堪憐。貪武輔弼巨門龍，方可登山細認蹤，水去山朝皆有地，不離五吉在其中。破祿廉文凶惡龍，世人墳宅莫相逢，若然誤作陰陽宅，縱有奇峰到底凶。**本山來龍立本向，返吟伏吟禍難當**，自縊離鄉蛇虎害，作賊充軍上法場。**明得三星五吉向，轉禍爲祥大吉昌。龍眞**

穴正誤立向，陰陽差錯悔吝生，幾爲奔走赴朝廷，纔到朝廷帝怒形。緣師不曉龍何向，墳頭下了剝官星，尋龍過氣尋三節，父母宗枝要分別，孟山需要孟山連，仲山需要仲山接，干奇支耦細推詳，節節照定何脈良。**若是陽差與陰錯，縱吉星辰發不長，一節吉龍一代發，若逢雜亂便參商。先識龍脈認祖宗，峰腰鶴膝是眞蹤，要知吉地行龍止，兩水相交夾一龍。**夫婦同行脈路明，須認劉郎別處尋，平洋大水收小水，不用砂關發福久。水口石似人物形，定出擎天調鼎臣。龍若直來不帶關，支兼干出是福山，立得吉向無差誤，催祿催官指日間。乾坤艮巽脈過凹，節節同行不混淆，向對甲庚壬丙水，兒孫列土更分茅。仲山過脈不帶關，三節山水同到前，斷定三代出官貴，古人準驗無虛言。發龍多向支神取，若是干神又不同，支若載干爲夫婦，干若帶支是鬼龍。子癸爲吉壬子凶，三字眞假在其中，乾坤艮巽天然穴，水來當面是眞龍。要識眞龍結眞穴，只在龍脈兩三節，三節不亂是眞龍，有穴定然奇妙絕。千金難買此玄文，福緣遇者毋輕洩，依圖立向不差分，榮華富貴供休歇。

時師不明勉強行，雖發不久即敗絕，**一個星辰一節龍，龍來長短定枯榮。**孟仲季山無雜亂，數產人龍上九重，**節數多時富貴久，一代風光一節龍。**

以下皆清代最偉大的風水師蔣大鴻的文章，言詞清楚明確，我特別標示粗字者是重點中的重點。

文中斥責江湖術士的三合五行四大局的錯誤，以及分房論的遺禍族人，非常明確與深入，這種論調，往往造成家族互爭好方位與坐向，使親情分裂造成兄弟鬩牆，非常的可悲。而《下篇》則是其學生繼續為老師的論述補強，強調三元卦運的時空法則才是正確的風水理論，也斥責分房的謬誤。個人看法是祖骨藉基因光索將好能量送給子孫，只要是後代基因都會共享，如果後代住的陽宅漏氣，祖骨收的好能量流到有漏洞的後代子孫氣場，也是流失無存達不到任何效果，重點是後代陽宅的頻道必須與先人的光索傳輸頻道有共振才行。

光子密碼的評量結果，支持蔣大師的理論，我們不要太拘泥在一些並不成熟的三合理論相容性問題，倒是與卦運及五行的生剋有關。

陰、陽對待像是男女談戀愛，陰陽交媾，千變萬化只在於一個「有情」。穴場就是山水巒頭的女性生殖器官，花朵的形像也是生殖器官，只有這種架構才能孕育後代，其實，衛星天線的架構也是如此，穴星像雌性陰部，都有接受外來授精授粉的形狀。因此，蔣大師評起

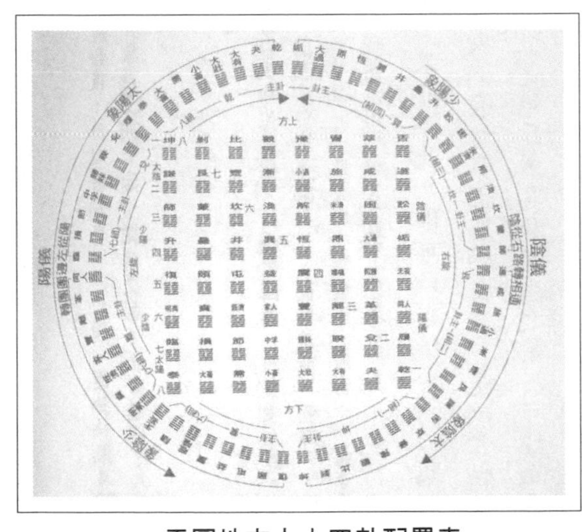

天圓地方六十四卦配置表

陰陽的正僞很深入，其作品值得有意深入了解風水理氣者再三玩味。

《平砂玉尺辨僞》

清朝雲間，(蔣大鴻著)

〈辨僞總論〉地理多僞書，平尺者，僞之尤者也。或曰，是書也，以目視之儼然經也，子獨辨其僞何居。曰：唯世皆以爲經也，余用是不能無辨，今之術家守之爲金科玉律，如蕭何之定趺法，苟出乎此，不得爲地理之正道。術士非此不克行，主家非此不敢信，父以教其子，師以傳其弟，果能識此，即可以自號於人曰堪輿家。延之上座，操人身家禍福之柄而不讓，拜人酒食金帛之賜而無慚。是以當世江湖之客，寶此書爲衣食之利器，譬農之來耜，工之斧斤，其於謀生之策，可操之而得也。有朝開卷而成誦，暮挾南車以行術者矣，豈知其足以禍世，如是之酷哉，知其禍世而不辨，余其無人心者哉；或曰，是書之來也遠矣。又安知其爲僞也，乃從而辨之曰：我亦辨之以理而已矣，或曰：亦一理也彼亦一理也，安知子之理是，而彼之理非與？曰：余故惠於先之賢哲，而授余以黃石青鳥、楊公幕講之秘要，竊自謂於地理之道，得之眞，而見之確矣。故於古今以來，所謂地理之書，無所不畢覽。**凡書之合於秘要者爲眞；不合秘要者爲僞**。而此書不合之尤者也，既得先賢之秘要，又嘗近自三吳兩浙，遠之齊魯豫章八閩之墟，綜觀近代名家墓宅，以及先世帝王聖賢陵墓古蹟，考其離合正其是非。凡理之取者爲眞，無所取者爲僞。而此書不爲之尤者也，故敢斷其僞也。益以黃石青烏楊公幕講，斷之以名家墓宅先世古蹟，斷之非余敢以私見臆斷之也。或曰：然則秉忠之譔、伯溫之註、盅與曰此其所以爲僞也。**夫地理者，裁成天地之道，輔相天地之宜，以經邦定國禍福斯民者也，**三代以上明君哲相，無不知之世道下衰，其說隱秘而寄之乎山澤之地，逃名避世之士，智者得之，嘗以輔翼興王扶持景運，而其說之至者，不敢顯然以告世也，文成公之事，太祖其最著者矣，及其沒也，盡舉生平所用天文地理數學之書，進之內府；從無片言隻字，存於家而教其子孫，況肯著書立說，以傳當世耶。故凡世本之稱青田者，皆僞也。均之佐，命之英，知青田則知秉忠矣，或曰：何是書之文辭，井井乎若有可觀者也。

曰：其辭近是，其理則非（疏是先生不得不辨處）蓋亦世之通人，而不知地理者，以意爲之，而傳會其說，託之乎二公者也，余特指其謬，而一一辨之，將以救天下之溺於其說者。

〈辨順水行龍〉

易曰：立天之道，曰陰與陽，惟此二氣，體無不具，用無不包，是二者不可偏廢，故曰孤陽不生，獨陰不長，是二者未嘗相離。故曰陽根於陰，陰根於陽。舍陽而言陰，非陰也、舍陰而言陽，非陽也。聖人作易，必扶陽抑陰者，何也？曰，道一而已，故曰乾分而爲二，而名之曰坤。以兩儀之對待者言，曰陰陽；以一元之渾然者言，唯陽而已。言陽，而陰在其中矣。就人事言，則陽爲君子、陰爲小人。內君子外小人爲泰、內小人外君子爲否。由此言之，陽與陰不可分也。苟其分之，則貴陽陰，如聖人之作易。何也，若貴陰賤陽，是背乎聖人作易之旨，而亂天地之正道也。《玉尺》乃以艮巽震兌四卦爲陰之旺相而貴之，以乾坤坎離爲陽之孤虛而賤之。即以納甲，八干十二支。丙納於艮、辛納於巽。庚納於震而亥卯未從之，丁納於兌而巳酉丑從之，十者皆謂之陰而貴。以甲納乾，以乙納坤，以癸納坎而子申辰從之，以壬納離而午寅戌從之，十者皆謂之陽而賤。於是當世之言地理者，不論地之眞僞若何，凡見陰龍陰水陰向，則概謂之吉，而見陽龍陽水陽向，則概謂之凶，此乖謬之甚者也。**夫，吉凶之理莫著於易，易六十四卦各有其吉，各有其凶，**八卦，六十四卦之父母也，豈有四卦純吉、四卦純凶之理。八干十二支亦然，吾謂論地，只論其是地非地，不當論其屬何卦體，屬何干支。若果**龍眞穴的，水神環抱，坐向得宜，雖陽亦吉也。若龍非眞來，穴非眞結，砂飛水背，坐向偏斜，雖陰亦凶也。**又拘所謂三吉六秀，而以爲出於天星，考之天官家言，**紫微垣在中國之壬亥**

方，而太微垣在丙午方，天市垣在寅艮方。且周天二十八宿分布十二宮，皆能爲福，皆爲災。地之二十四千支上應列宿，亦猶是也。何以在此爲吉，在彼爲凶，此與天星之理全乎不合？至謂乾坤老亢、辰戌爲魁罡、丑未爲暗金煞，然種種悖理。夫乾坤爲諸卦之父母，六子皆其所產，何得爲凶。**老嫩之辨在於龍**，龍之出身嫩也，即乾坤亦嫩也；龍之出身老，即巽辛兌丁亦老也。斗之戴匡爲天魁，斗柄所指爲天罡，此樞幹四時，斟酌元氣，造化之大柄也。理數家以爲天罡所指，眾煞潛形，何吉如之，而反以爲凶耶。五行皆天地之經緯，何獨忌四金？庚酉辛，金之最堅剛者也，既不害其爲吉，而獨忌四隅之暗金，甚無謂矣。諸如此類，管郭楊賴從無明文，不知妄作，流毒天下，始作俑者其無後乎。我不禁臨文而三嘆也。

<辨龍五行所屬>

盈天地間只有八卦。**先天之位，曰乾坤定位，山澤通氣，風雷相薄，水火不相射。八卦總之陰而已，山陽澤陰、雷陽風陰、火陽水陰，皆兩儀對待之象。**

對待之中，化機出焉。**所謂玄牝之門，是爲天地根，一陰一陽之謂道。八卦者，天地之體；五行者，天地之用。**當其爲體之時，未可以用言也。故坎雖爲水，此先天之水，不可以有形之水言也；離雖爲火，此先天之火，不可以有形之火言也。故艮爲山而不可以土言也、兌爲澤而不可以金言也、震巽爲風雷而可以木言也。若論後天方位八卦，而以坎位北而爲水、以離位南而爲火、以震位東而爲木、以兌位西而爲金，似矣。四隅皆土也，又何以巽木乾金不隨四季，而隨春秋耶？此八卦五行之一謬也。及論二十四龍則又造爲三合之説。復附會之以雙山，更屬支離牽強而全無憑據。夫，既以東南西北爲四正五行，則巳丙丁皆從離以爲火、亥壬癸皆從坎而爲水、寅甲乙皆從震而爲木、申庚辛皆從兌而爲金，辰戌丑未皆從四隅以爲土，猶之可也。今又以子合申辰而爲水，并其鄰之坤壬乙亦化爲水；以午合寅戌而爲火，并其鄰之艮丙辛亦化爲火；以卯合亥未而爲木，并其鄰之乾甲丁亦化爲木；以酉合巳丑而爲金，并其鄰之巽庚癸亦化爲金。論八卦則卦爻錯亂，論四令則方位顛倒，此三合雙山之再謬也。所謂多岐亡羊，朝令夕改，自相矛盾，不持悖於理義，亦不通於辭説者矣。又以龍脈之左旋右旋，而分五行之陰陽，曰亥龍自甲卯乙、丑艮寅、壬子癸方來者爲陽木龍；亥龍自未坤申、庚酉辛、戌乾方來者爲陰木龍。其餘無不皆然，謬之謬者也。又以龍之所屬而起長生、沐浴、冠帶、臨官、帝旺、衰、病、死、墓、絶、胎、養；又以龍順逆之陰陽分起長生，曰陽木在甲，長生在亥，旺於卯、墓於未；陰木屬乙，長生在午，旺於寅、墓於戌。其餘無不皆然。舉世若狂以爲定理，眞可哀痛矣。**夫五行者，陰陽二氣之精華，散於萬象，周流六虛，盈天地之內，無處不有五行之氣，無物不具五行之體**。今以龍而言，則又窮五行之變體，而曰貪狼木、巨門土、祿存土、文曲水、廉貞火、武曲金、破軍金、左輔土、右弼金。五行之變盡矣。此楊曾諸先覺，明目張膽以告後人者也。夫此九星五行者，或爲起祖之星、或爲傳變之星、或爲結穴之星、或爲夾從輔佐之星，或兼二、或兼三、或兼四，甚而五星傳變，則地大不可名言，以此見五行者變化之物，未有單取一行不變以爲用者也。今不於龍體求五行之變化，而但執方位論五行之名字，是使天地之生機不變不化，取其一，盡廢其四矣。又從方位之左右旋分五行之陰陽，是使一氣之流行左支右絀，得其半而未能全其一矣。試以物產言之。若曰南方火地無大水；北方水地不火食；西方金地不產各材；東方木地不產良金，有是理乎？試以品性言之。盡人皆具五德，若曰東方之人皆無義；西方之人皆無仁；北方之人皆無禮；南方之人皆無智，有是理乎？且不獨觀四時之流行乎，春氣一噓而萬物皆生，不特東南生，而西北無不盡生；秋氣一肅而萬物皆落，不特西北落，而東南無不盡落。是生殺之氣不可以方隅限也。又不觀乎五材之利用乎，棟樑之木遇斧斤以成材；入冶之金，須鍛鍊而成器；大塊非耒耜不能耕耘；清泉非爨燎不能飲食。道家者流，神而明之，故有水火交媾、金木合幷之義，以爲大丹作用，即大易既濟、歸妹之象也。故曰**識得五行顛倒顛，便是大羅仙。相生者何嘗生，相剋者何嘗剋乎**，今《玉尺》曰：癸壬來自兌庚，乃作體全之象；坎水迎歸寅卯，名爲領氣之神。金臨火位，自焚厥屍；木入金鄉，依稀絕命。火龍畏見兌庚，遇北辰而自廢；東震愁逢火劫，見西兌而傷魂。是山川有至美之精英，而以方位廢

〈辨陰陽交媾〉

天地之道，不過一陰陽交媾而已。天地有一大交媾，萬物各有一交媾，變變化化，施之無窮，論其微妙，莫可端倪而實有其端倪。故曰玄牝之門，是爲天地根。地理之道，若確見雌雄交媾之處，則千卷《青囊》皆可付之祖龍。斯理甚秘，而實在眼前，若一指明，觸目可睹。然斷不在五行生旺墓上討消息也。《玉尺》乃曰：有乙辛丁癸之婦，配甲庚丙壬之夫。又曰：陰遇陽而非其類，號曰陽差；陽見陰而非其偶，名曰陰錯。乃取必於乙丙之墓戌；辛壬之墓辰；丁庚之墓丑；癸甲之墓未，此眞三家村學究之見也。夫陰陽交媾自然而然，不由勉強，亦活潑地不拘一方，豈可以方位板格死煞排算乎。即以天地之交媾者言，天氣一降，地氣一升，而雨澤斯沛矣，子能預定天地之交於何方，合於何日乎？更以男女之交媾者言，陽精外施，陰血內抱而胎元斯孕矣，子能預擬胎孕之何法而成，何時而結乎。知天地男女之不可以矯揉造作，則知地理之所謂天根月窟，亦猶是矣。此唯楊公《都天寶照》言之鑿鑿，不啻金針暗度，而因辨《玉尺》之謬而偶洩於此，具神識者，精思而冥悟之，或有鬼神之告也。

〈辨砂水吉凶〉

今之地理家，分龍穴砂水爲四事。或云龍雖好、穴不好；或云龍穴雖好，砂水不好。何異癡人說夢。**古之眞知地理者，只有尋龍定穴之法，無尋砂尋水之法。**正以雖有四者之名，而其實一而已矣。**穴者，龍之所結；水者，龍之所源；砂者，龍之所衛；故有是龍則有是穴，有是穴則有是砂水。未有龍穴不眞而砂水合格者也。亦未有龍眞穴的，而砂水不稱者也。**《玉尺》反曰：龍穴之善惡從水，猶女人之貴賤從夫。穴雖凶而水吉，尚集吉祥。是以本爲末，以末爲本，顛倒甚矣。且其所謂吉凶者，只取四生三合，雙山五行，論去來之吉凶，而以來從生旺、去從墓絕者爲吉，反此者爲凶。既屬可笑。又以砂水在淨陰方位者爲吉，在淨陽方位者爲凶，尤爲拘泥。**夫，水之吉凶只辨天元衰旺之氣，砂者，借賓伴主，只要朝拱環抱，其形尖圓平正秀麗端莊，皆爲吉曜。**若斜飛反去，破碎醜拙則爲凶殺。或題之曰文筆、曰誥軸、曰御屏、曰玉几、曰龍樓、曰鳳閣、曰仙橋、曰旗幟、曰堆甲屯兵、曰煙花粉黛，**諸般名色皆以象取之，以類應之，而不可拘執。**亦須所穴者果是眞龍胎息，精靈翕聚，而後一望臚列皆其珍膳兩假。如一山數家，同見貢砂，而一冢獨發，其餘皆否，非貴之與賤在龍穴而關於砂乎。況四神八國並起星峰，皆堪獻秀，何必淨陰之位則吉、淨陽之位則凶。龍穴無貴陰賤陽之分，砂水又豈有貴陰賤陽之分耶。其云文筆在坤申爲詞訟、旌旗見子午爲劫賊；高峰出南離，恐驚回祿、印星當日馬，必遭瞽疾；乾戌爲鼓盆之煞、坤流爲寡宿之星；寅甲水、瘋疾纏身、乙辰水，投河自縊；又云：未離胎而夭折，多因沖破胎神、纔出世而身亡，蓋爲擊傷生氣。四敗傷生，雖有子而母明父暗、望神投浴，居官而淫亂可羞。諸如此類，不可枚舉，**立辭愈巧其理愈虛**。一謬百謬，難以悉辨。總其大旨曰：**廢五行衰旺之説，破陰陽貴賤之名，可以論龍穴，即可以論砂水矣**。我於是書，取其四語，曰：本主興隆，殺曜變為文曜；龍身微賤，牙刀化作屠刀。此則沙中之金，石中之玉也。采葑采菲，無以下體。故特舉而存之。

〈辨八煞黃泉祿馬水法〉

水法中有「祿上御街」、「馬上御街」，其説鄙俚不經，而最能使俗人艷慕。又有八煞、**黃泉二種禁忌，使人望而畏之若探湯焉。我以為其説皆妄也**。

夫，祿馬貴人，起例見於六壬，在易課中已屬借用，與地理祿命皆無干涉。世人學術無本，一見干支便加祿馬，推命家用之，地理家亦用之，東挪西借，以張之子孫繼李之宗祖，血脈不通，鬼神不享。此在楊曾以前，從不見於經傳，後之俗子妄加添設，不辨自明。夫，地理之正傳，只以星體為巒頭，卦爻為理氣，捨此二者，一切説玄説妙，且無所用之，況其鄙俗之甚者耶。其所稱馬貴者，亦有之矣，曰貴人、曰天馬，此皆取星峰以為名，不在方位也。

水之御街亦以形言，不在方位。至於八煞、黃泉，尤無根據，全屬揑造。更與借用不同。夫，**天地一元之氣，周流六虛。八卦方位，先天後天互爲根源，環相交合，相濟爲用。得其氣運則皆生，違其氣運則皆死，但當推求卦氣之興衰而爲趨避者**，從無此卦忌見彼卦，此爻忌見彼爻之理。若失氣運，則巽見辛、艮見丙、兌見丁、坤見乙、坎見癸、離見壬、震見庚、乾見甲，本宮納甲正配尚足以興妖發禍。若得氣運，雖坎龍，坤兔、震猴、巽雞、乾馬、兌蛇、艮虎、離豬，而卦氣無傷，諸祥自致。我謂推求理氣者，須知有氣運隨時之眞煞，實無卦爻配合之煞。今眞煞之刻期刻應，剝膚切骨者不知避，而拘拘忌八曜之假煞，亦可悲矣。**黃泉即四大水口，而強增名色者也**。故又曰四個黃泉能殺人，辰戌丑未爲破軍；四個黃泉能救人，辰戌丑未巨門。故又文飾其名爲「救貧黃泉」。夫，既重九星大玄空水法，則不當又論黃泉矣。何其自相矛盾一至於此。或亦高人心知其誣，而患無以解世人之惑，故別立名色，巧爲寬譬耶，未可知也。其實則單論三吉水可矣，不必論黃泉也。且黃泉忌，於彼所言淨陰淨陽、三合生旺墓水法皆不相合。若論陰陽，則乙忌巽是矣，而丙則同爲純陰；庚丁忌坤、申癸忌艮、辛忌乾是矣，丙壬則同爲純陽，何以亦忌此？於淨陰淨陽，自相矛盾也。若論三合五行，則乙水向見巽、丁木向見坤、辛火向見乾、癸金向見艮，同爲墓絕方，忌之是矣，丙火向見巽，庚金向見坤、壬水向見乾、甲木向見艮，皆臨官方也，何以亦忌此。**於三合雙山，自相矛盾也**。我即彼之謬者，而証其謬中之謬，雖有蘇張之舌，亦無亂以復我矣。《玉尺》

遂飾其說曰：八煞黃泉雖爲惡曜，若在生方，例難同斷，此眞掩耳盜鈴之術。既云惡曜矣，又焉得云生方；既云生方矣，又焉得稱惡曜。孰知惡固不眞，而生方亦皆假也。又或者爲之辭曰：黃泉忌水去而不忌來。或又曰：忌水來而不忌去。總屬支離，茫無一實。**我謂運氣乘旺，雖黃泉亦見其福；運氣當衰，雖非黃泉而立見其禍。**苟知其要，不辨自明。而我之偲偲然論之不置者，以世人迷惑已久，如墮深坑，無力自脫，多方曉譬，庶以云救也。嗚呼，當世亦有見余心者耶。

〈辨分房公位〉

夫葬者所以安親魄也，親魄安則眾子皆安，親魄不安則眾子皆不安。今之世家巨族，往往累年不葬，甚之遷之久久終無葬期，一則誤於以擇地爲難，再則誤於以分房之說。**一子之家猶可，子孫愈多，爭執愈甚**，遂有挾私見以隄防，用權謀以自使者矣。有時得一吉地，惑於旁人之言，以爲不利於己而阻之者，阻之不已，竟葬凶地，同歸於盡，亦可哀哉。原其故，**皆地理書公位之說爲之禍根。使人滅倫理、喪良心，無所不極其至也。**豈知葬地如樹木，根莖得氣則眾枝皆榮，根莖先撥則眾枝皆萎。亦有一枝榮一枝枯者，外物傷殘之耳。葬親者但論其地之凶吉，斷不可執房分之私見。吾觀歷來名臣宗室，往往共一祖地，各房均發者甚多。亦有獨發一房或獨絕一房者，此有天焉，不可以人之智巧爭也。或問曰：然則公位之說全謬歟？

又何以有獨發獨絶者耶？曰：是固有之，而非世人之所知也。其說在易曰，震爲長男、坎爲中男、艮爲少男；巽爲長女、離爲中女、兌爲少女。孟仲季之分房由此而起也。

然其中有通變之機，非屬此卦即應此子、應此女之謂也。《玉尺》乃云：胎、養、生、沐屬長子；冠、臨、旺、衰屬仲子；病、死、墓、絶屬季子。即就彼之言以析之，**生則諸子皆生矣，旺則諸子皆旺矣，死絶則諸子皆死絶矣**，何以以此屬長、以此屬仲、以此屬季？曰：亦以其漸耳。析之曰：以爲始於胎養，繼而之旺，既而死絶，似矣，若有四子以往，則又當如何耶，其轉而歸生旺耶、抑另設名以應之耶？此不足據之甚者也。世人愼勿惑於其說也。

〈總論後〉

余作《玉尺辨僞》既成，或問曰：子於是書訛謬，辨之則既詳矣，子謂吉凶之理在乎地，而非方位之所得而限也，然則八干、四維、十二支，寧無有吉凶之當論乎？曰：何爲其然也！我正謂**八干、四維、十二支皆分屬於卦氣**，夫，卦氣吉凶之有辨，蓋灼灼矣，特非淨陰淨陽、雙山三合生旺墓之謂也。

乃若《青囊》正理，方位之辨實有之，其秘者不敢宣洩，姑就《玉尺》之文以概舉之。《玉尺》所畏者曰乙辰、曰寅甲，而以《青囊》言之，乙之與辰、寅之與甲，相去何啻千萬里也。有時此凶而彼吉，有時此吉而彼凶者矣。所最羨者，曰巽巳丙，而以《青囊》言之，巽巳之與丙，相去亦不啻千萬里也。

有時此吉而彼凶，有時此凶而彼吉者矣。所最欲分別而不使之混者，曰丙午丁、曰乾亥、曰甲卯乙、曰辰巽、曰丑艮寅。而以《青囊》言之，午之與丙丁、亥之與乾、卯之與甲乙、巽之與辰、丑寅之與艮，所爭不過尺寸之間而已，有時而吉則必與之俱吉、有時而凶則必與之俱凶矣。今乃於其當辨而不可不辨者，如黃精之與勾吻、附子之與烏頭，一誤用之而足以入口傷生者反置之不辨；於其易辨而可以不辨者，如白粱與黑秬，異色而皆可以養人，堇之與鴆，異類而皆可以殺人者，屑屑然悉舉而辨之，彼自以為智，而乃天下之大愚也。且生旺死絕之說，《青囊》未嘗不重之，故《葬書》曰：**葬者，乘生氣也。卦氣之所謂生，非三合五行之所謂旺；卦氣之所謂死絕，非三合五行之所謂死絕**。且地氣之大，生旺不知趨，而區區誤認一干一支之假生旺而求迎之；地氣之大，死絕不知避，而區區誤認一干一支之假死絕而思避之，悲夫，所謂雀以一葉障目，而謂彈者不我見也。以此為己，適以害己；以此為人，適以害人而已。故乎《玉尺》之於地理，猶鄭聲之於雅樂、楊墨之於仁義，一是一非，勢不兩立，實有關乎世道之盛衰，天地之氣數。竊聞嘉靖以前，其書尚未大顯，至萬曆時，有徐之鏌者爲之增釋圖局而梓行之，於是江湖行術之徒，莫不手握一編以求食於世，至今日而惑於其說者，且遍天下也。悖陰陽之正，干天地之和，與倣擾五行，怠棄三正者同其患，有聖人者出，而誅非聖之書，於陰陽一家，必以此書爲之首。嗚呼，此書不破，世運何由而息水火，生民何由而儕仁壽哉。我拭目望之矣。

《平沙玉尺辨僞歌》

——會稽姜垚汝皋撰——

萬卷地書總失眞，平沙玉尺最堪嗔。二劉名姓憑伊冒，那有當年手澤存。開國伯溫成佐命，嘗將妙訣定乾坤。晚年一篋青囊秘，盡作天家石室珍。天寶不容人漏洩，曷忍隱禍中兒孫。片言隻字無留影，肯借他人齒頰名。秉忠亦是元勳列，敢冒嫌疑著此經。世上江湖行乞者，秖貪膚淺好施行。户誦家傳如至寶，與災釀禍害生民。幸遇我師垂憫救，苦心辨駁著斯文。竊恐愚夫迷不悟，括成俚句好歌吟。願君細察篇中意，莫負宗陽一片心。**天下山山多順水，此是行龍之大體。眞龍發足不隨他，定是轉關星特起。**特起之龍變化多。渡水逆行不計里。玉尺開章說順龍。順水直衝爲大旨。水來甲卯兑不收。

水來丁午坎不取。必要隨流到合襟。直瀉直奔名漏髓。全無眞息蔭龍胎。山穴平陽皆失軌。勸君莫聽此胡言。誤向順流探脈理。八方位位有眞龍。爻象干支總一同。山脈陰陽分兩界。此是天然造化功。陽脈出身陽到底。陰脈出身陰爲宗。從無僞來並僞落。豈有貴賤分雌雄。若是眞胎成骨相。乾坤辰戌也崢嶸。若是穴亡無氣脈。巽辛亥艮盡爲凶。品水評砂原一例。三吉六秀有何功。勸君莫聽此胡言。旺相孤虛理不通。五行相生與相剋。此是後天粗糲質。山川妙氣本先天。生不須生剋非剋。木行金地反成材。火入水鄉眞配匹。南離爐冶出眞金。陰陽妙處全須逆。原説五行顛倒顛。庸師之輩何能識。

先天理氣在卦爻。生旺休囚此中出。量山步水總一般。立向收砂非二格。安有長生及官旺。全無墓庫與死絶。卦若旺時路路通。卦若衰時路路塞。**有人識得卦興衰。眼前盡是黃金陌。**納甲本是卦中玄。用他配合皆無益。堪笑三合及雙山。玄空生出並剋出。更有祿馬及赦文。咸池黃泉八曜殺。庸奴袛把掌上輪。誤盡天涯總慧客。勸君莫聽此胡言。**五行別有眞消息。雌雄交媾大陰陽。月窟天根卦內藏。此是乾坤造化本。會時便號法中王。**曾公説箇團團轉。一左一右兩分張。明明指出夫和婦。有箇單時便是雙。二十四山雙雙起。八卦之中定短長。豈料庸奴多錯解。干支字上去商量。誤起長生分兩局。

會同墓庫到其鄉。未曾曉得眞交媾。那裡懷胎喚父娘。我即汝言來教汝。陰陽指氣不指方。甲庚丙壬是陽位。有時占陰不喚陽。乙辛丁癸是陰位。有時占陽即喚陽。陰陽亦在干支上。不用排來死煞方。眼前夫婦不識得。卻將寡婦守空房。勸君莫聽此胡言。玄竅相通別主張。四大水口歸其位。此是卦之眞匹配。如何說到墓庫方。左旋右旋來附會。**四水四卦逐元輪。一元一卦乘旺氣。周流八卦逐時新。會者楊公再出世**。今將墓庫作歸原。失運失元迎殺氣。勸君莫聽此胡言。陽錯陰差非斯義。公位亦自卦中來。長少中男各有胎。不論干支並龍脈。如何亦取三合推。胎養生沐乃云長。仲子冠臨及旺衰。

少子病死並墓絶。若然多子作何排。**世人信此爭房分。停喪不葬冷爲灰。更起陰謀相賊害。傷倫滅理召天災。陷人不孝並不睦。此卷僞書作禍胎**。我願今人祇求地。得地安親大本培。親安衆子皆蒙慶。休把分房出亂猜。試看閱閥諸名墓。一祖枝枝甚衆材。分房蓋爲分陽宅。莫論偏倚到夜台。平沙一卷何人作。註解翩翩尤醜惡。添圖添局死規模。強把山川牢束縛。從謙失著布衣宗。之鏌直是追魂鑿。嘉隆以上無此書。萬曆中年方樸朔。由此家家無好墳。迄今遍地成蕭索。焉得將書付眞龍。免使蒼生遭毒藥。

相剋而有相濟之功，先天之乾(9)坤(1)大定；相生而有相凌之害，後天之金(7)木(3)交併。木(3、4)傷土(2、5、8)而金位(6、7)重重，雖禍有救；火(9)剋金(6、7)而水(1)神疊疊，災不能侵；土(2、8)困水(1)而木(3、4)旺無妨，金(6、7)伐木(3、4)而火熒何忌。吉神(1、4、6、8、9)衰(失元)而忌神(2、3、5、7)旺，乃入室而操戈；凶神旺而吉神衰，直開門而揖盜。**重重剋入，立見消亡；位位生來，連添財喜**。不剋我而我剋，多出鰥寡之人；不生我而我生，乃生俊秀聰明之子。爲父(6)所剋(3)，男不招兒・被母(2)所傷(1)，女不成嗣。後人不肖，因生方之反背無情；賢嗣承宗，緣生位之端拱朝揖。我剋彼而反遭其辱，因財帛以喪身。我生之而反被其災，爲難產以致死。腹(2)多水(1)而膨脹・足(3)以金(7)而蹣跚。巽宮(4)水路繞乾(6)，爲懸樑之犯。兌位(7)明堂破震(3)，主吐血之災。風(4)行地(2)而硬直難堂，室有欺姑之婦。火(9)燒天(6)而張牙相鬥，家生罵父之兒。而局相關，必生雙子；孤龍單結，定主獨夫。坎(1)宮高塞而耳聾；離(9)位巉岩而目瞎；兌(7)缺陷而唇亡齒寒，艮(8)傷殘而筋枯臂折。山(8)地(2)被風(4)，還生瘋疾；雷(3)風(3)金(7)伐，定被刀傷。

家有少亡，只爲沖殘子息卦(8、9)；庭無耄耋，多因裁破父母爻(6、2)。漏道(5)在坎宮(1)，遺精洩血。破軍(7)居巽位(4)，顛疾瘋狂；開口筆插離方(9)，必落孫山之外；離鄉砂見艮位(8)，定遭驛路之亡。金(7)水(1)多情，貪花戀酒；木(3)金(7)相反，背義亡恩；震(3)庚(7)會局，文臣而兼武將之權；丁(9)

丙朝乾(6)，貴客而有耆耄之壽。天市(8)合丙(9)坤(2)，富堪敵國，離(9)壬(1)會子癸(1)，喜產多男。四生(寅、申、巳、亥)有合人文旺，四旺(子、午、卯、酉)無沖田宅饒；丑(8)未(2)換局而出僧尼，震(3)巽(4)失宮而賊丐。南離(9)北坎(1)，位極中央；長庚(6)啓明(9)，交戰四國。**健而動，順而動，動非佳兆；止而靜，順而靜，靜亦不宜**。富並陶朱，斷是堅金(6)遇土(2)；貴比王謝，總緣喬木(3)扶桑(4)。辛比庚(7)，而辛要精神；甲附乙，而甲(3)亦靈秀。癸(1)為玄龍，壬(1)號紫氣，昌盛各得有因；丙(9)臨文曲(4)，丁(9)近傷官，人財因之耗乏。見祿存(3)瘟皇必發，遇文曲(4)蕩子無歸。值廉貞(5)而頓見火災，逢破軍(7)而多虧身體。四墓(辰、戌、丑、未)非吉，陽土陰土之所裁；四生(寅、申、巳、亥)非凶，卦內卦外由我取。**要知禍福緣由，妙在天心橐籥**。

《玄機賦》

宋，吳景鸞著

大哉！居乎成敗所係。危哉！葬也興廢攸關。**氣口司一宅之權，龍穴樂三吉之輔**。陰陽雖云四路，宗支只有兩家。數列五行體用，恩仇始見星分。九曜吉凶，悔吝斯章。**宅神不可損傷，用神最宜健旺**。值難不傷，蓋因難歸囚地。逢恩不發，祇緣恩落仇宮。一貴當權，諸凶攝服。眾凶剋主，獨力難支。

結論

1.巒頭五行簡易分辨口訣：頭圓足闊是金、頭圓身直爲木、頭平生浪成水、頭平體方定土、頭尖足寬變火。有相兼的五行，要分辨相生或相剋，才知道此巒體的好壞。巒頭要眞實，理氣才可以發揮吉凶之應。

2.意識的投射，就是可見的風水場，正信的教堂、廟宇等衆人精神專注處，該地衆信徒的心識焦點，使神靈成形而旺起來，神旺會帶動地氣旺，正信的門人也因此分享此旺氣。

3.三元玄空六十四卦，引用的上下元江東江西卦，卦運的時間分配與長短是依照陽爻九年、陰爻六年的計法，一九九六年已經接八運，故易卦的收山出煞以此爲準。我們用「地運」做區別。

4.玄空飛星法的元運中宮挨星起運，則以每運二十年爲準，我們用「天運」代表。八運則以二〇〇四年爲開始，山、向星挨到8在該年後當家做主。在此八運時空場下，卦氣的星運、飛星等逢八、九、一爲吉，見六、七爲退，餘皆無氣做凶論。例如一白水星在八運爲未來生氣，能夠表現出「智巧聰明多度量」；但是在七運時則代表「風流無制敗人家」。

5.流年飛星的挨排，口訣是西元二〇〇〇年以後，以99減當年西元年兩位數，所得的差再除以9，餘數就是該年的流年星數。流月飛星以子午卯酉年的寅正月8入中，辰戌丑未年的寅正月是5入中，寅申巳亥年的寅正月爲2入中。依序逐月減1；如二〇〇七年的二月，我們的算法是99減7除以9得10餘2，我們知道07年正月是2，那麼二月就是1入中宮了。

6.地運爲主的六十四卦，吉凶剋應由下往上盤旋而上，越住在下面感應越快越深；天運爲主的玄空飛星，則是由上層往下迴轉進逼，這是我多年的經驗，願與衆讀者分享。

7.華人經濟圈的命理風水師等同西方的心理治療師，中華文化數千年的傳承中，對人生際遇的吉凶，有「一命、二運、三風水、四積陰德、五讀書。」這樣的諺語。

8.巒頭硬體不眞，理氣軟體無用。而研究中國的風水學問最大的派系，是分爲三元與三合派，兩者也都是以陰陽五行作爲個別方位的基本元素，只是應用的軟體程式有所不同。我們經過長期的實際經驗，三元派中的玄空六十四卦爲主的學派，與玄空飛星爲主的這兩派學說，可說準確性很高。

9.我們以光子密碼來評量風水場的能量，其結果與該玄空派理論最符合。玄空九星的三元九運，與六十四卦的江東江西上下兩元之說法，是不同軟體的程式寫法，就像八字命理的月柱依節氣，斗數則只看陰曆一樣。

第四章

風水與我們的修行

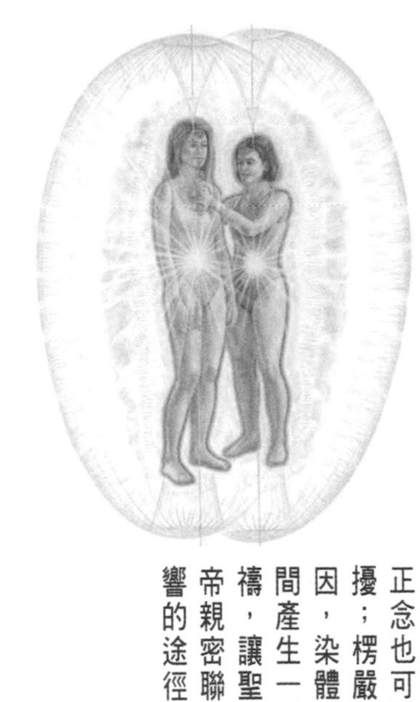

正念也可以改善風水場，不受外來惡形風水的干擾；楞嚴經中香嚴童子證果修法用「淨心恆樂善因，染體常思惡業」來正念清神，此效應就能使空間產生一種「屏蔽干擾」效果，而基督徒淨心祈禱，讓聖靈來進駐，也能使靈體進化提升，而與上帝親密聯結，這是個人最方便的修行與改善風水影響的途徑。

第一節：高能量的心識讓我們活得更豐富

1-1　命運像股票指數是波動的，看動能大小

我們尋找好風水，住到好風水的房子，是不是對修行有幫助？這個答案是肯定的。修行能夠明顯提升我們的生物能量，使我們與宇宙意識更爲接近，但是，也不可能呆坐在風水好位，就能大徹大悟，因爲有幸佔到好穴位就像一個人擁有寬頻高速網路的使用權，但不能保證這個人就會獲得大智慧，端看使用人的心態及其價值觀和他會不會應用這個優異的背景。

我們一世的生涯命運是一種波動狀態，有時高有時低，就像股票的加權指數一般；當交易量低，能量不足，就無法推升行情。我並不鼓勵投機的股票活動，以上只是一種譬喻，我們可以透過股票市場這個經濟「活動櫥窗」的變化，了知整個經濟環境變化趨勢。另一方面，我們可以藉由廣泛了解風水與修行的知識，來增加自己的生命動力，如此就可以讓自己的運勢指數能夠保持在高檔，像股票必須有動能，指數才有高檔可期；

人們也一樣，也要有強的內在能量才有旺盛的運勢可期。而人的能量高低，與一個人的心識變化會有明顯的影響，由於心識能創造出他內在意識的境界，也就是說高能量的心識幫助我們往好的運勢走，會讓我們活得更豐富。命運中有兩樣重要的因素要列入考慮，就是心智的成長與人格的提升。

對於心智（Mind）的定義，學界認為由Fredric Schiffer的說法較受大家接受：「個體用以體驗、思考以及決定的部分。」而人格（Personality）則據韋氏字典解釋為：「個人的行為、情感特質或習慣的綜合表現。」這兩個是命運轉換的調控因素，也可以說是意識中兩個最能表現出來的面向。

如果我們目前境遇不順，風水環境也不好，這是上天讓我們有反躬自省的好機會，此際要用靜心正念來修行，這樣才能先增強自身的生命能量，把底子打穩，就像股票指數如果沒有打個W雙重底，就沒有大行情可期。

正念也可以改善風水場，不受外來惡形風水的干擾；《楞嚴經》中香嚴童子證果修法用「淨心恆樂善因，染體常思惡業」來正念清神，此效應就能使空間產生一種「屏蔽干擾」效果，而基督徒淨心祈禱，讓聖靈來進駐，也能使靈體進化提升，而與上帝親密聯結，這是個人最方便的修行與改善風水影響的途徑。

業行銷活動，往往透過製造偶像來榨取人類的意識能量，透過偶像崇拜來迷惑人們理性的判斷，從中獲得巨利。這一點，我們特別提起，希望因此而使得這門意識科技，會越來越受大家的重視。有些消費場所如果播放的是含有「暗示」（subliminal）的催眠方式音樂，就會影響人們的腦袋思維，大衆傳播更要有這種管制，而關於意識方面的知識會越來越受重視。

進入二十一世紀，今天的社會必須靠知識情報來提高競爭力，這是一種不可抑止的趨勢。我們的政府行政單位，如果不懂得這個大趨勢，趕緊建立好的意識科技基礎，並且要避免故步自封，被這種保守錯誤的意識型態自亂腳步，如此，國家才有前途可言。在解體前的蘇聯，這方面的研究領先全球，有關超感視覺方面還有極多的軍事應用，美國政府知道後就趕緊急起直追，曾經成立一個稱爲星門（Star Gate）的計劃，有計劃的培訓一些先天有靈視（Remote Viewing）的人士，進行情報偵蒐的任務。日本近年來也有民間單位進行研究，留美回到日本的一些大學機電科系的研究人員與心理學專家，正一頭鑽進這個領域並提出很多論調與著作。

台灣好不容易之前有國科會主委陳履安起個頭，近來也有台大李嗣涔校長，很宏觀、很努力來開拓這個領域，但遇到我執與唯物的保守科學家無情的攻擊，受到的阻撓也不少。

大部分研究特異功能的科學家都會藉由研究腦部的活動來找出答案，一般都是利用一種稱爲EEGs（Electroencephalograms）譯名爲腦波儀，以及另一種需要注射放射性顯影物質的PET（Positron Emission Tomography Scan）譯名爲正子斷層掃瞄儀，藉由這兩種工具來進行測試與記錄腦部的各種活動所產生的變化資訊。《美國科學人》雜誌附屬的MIND心智月刊，都有詳盡的臨床報告可供參考。日本有一位具有特異功能的政木和三工學博士，根據其本身的體驗，強調人類在腦波呈現θ波（4赫芝）爲主波時，常常會有超能力出現，當人在θ波下思想的時候，肉體會反應出我們內心所想的變化，他認爲人想要改變肉體，需要先捨棄所有的慾望，在此種境界時，神明就會與人同在，而不是存在於人的外界。他也提出一種可稱爲「眞空粒子」假說，認爲光、電磁波、重力波等都藉由此粒子爲媒介，產生各式各樣波動，由於全宇宙的眞空粒子密度不一樣，所以光會曲折，重力也會曲折；人在不同的時空場下，密度也會跟著改變。他有強的念力，能折斷金屬物品，所以認爲念力屬精神波，波長是10^{-123}公尺，這個波能夠切斷原子與原子間的引力，是自由電子振動波數的十分之一以下。通常我們所了解的紅外線波長是10^{-3}公尺，紫外線是10^{-5}公尺。我們一般稱一個人有特異功能，也就是說具有超能力者，其心電感應測驗的命中率是38%以上，一般人是25%，但是開悟成道的人士可以達到60%。

以用人類製造出來的「偶像」來代表，它變化成千千萬萬讓我們看得到、摸得到的頭銜、圖像或器具。而這些東西，常常需要經過宗教界特定人士的見證與授與，才被認定確實「擁有」某種修爲之「境界」。信仰若執著在這些名器上，自我察覺的意念就不存在了，它成了這些外來名器、偶像的奴隸，很容易被誤導至「走火入魔」的偏差方向或只會任人指使，毫無主張，如果修行變成這樣，這是非常可惜的！因此，有宗教信仰是好事，但不要變成「迷信」，以及更嚴重的成了「狂熱」分子！

1-5　強調神通很容易走火入魔，反而誤了修行

「神通」是什麼呢？眞如自性就是「神」，沒有隔礙就是「通」。正信的宗教，絕不會教你如何「神通」、「靈動」，這些所謂的特異功能是當我們自然而然開悟時，全身之氣輪振動頻率，漸與天地宇宙波動的意識同步時，修行者就能以星光體開始進出及遨遊此時空宇宙資訊場，同時也就能到大宇宙資料庫中查閱所想要了解的情報，佛教稱道的六神通，也變成大宇宙送給我們的禮物。我認識一些出家人及居士都具有好的神通力，卻只用於修行有關的諮詢與指導，不會介入人世間有關權力與財富的議題，這才是眞正的佛菩薩解脫之道。

如果自己的修行，還很幼稚（氣輪頻寬不足、頻率不高），卻硬要獲得神通靈動等

感覺，而藉外力強行進行「通靈」的行動，而進入宇宙高頻率、高頻寬的高速光索網路，這時就像是騎腳踏車上高速公路硬闖，非常的危險，如果沒有察覺，更會誤入歧途，這就是一般所謂的走火入魔，其後果可想而知！《金鋼經》云：「若以色見我，以音聲求我，是人行邪道，不能見如來。」「一切有為法，如夢幻泡影，如露亦如電，應作如是觀。」這些有為法都是「有所求」，想獲得神通，結果有些人惹來「耳報神」這種靈鬼，喜歡依附人身，吸人精血能量，追求神通，不小心會變成幻聽，麻煩大了！由於佛學認為鬼與阿修羅都有神通法力，故神通非解脫之標準，求神通會落入「有作為」的羅網，一入網就難脫離了。《華嚴經》就有一句話值得我們深思，佛陀就認為「忘失菩提心，修一切善法，皆成魔道。」

修行可以當它是一種心靈的藝術，它帶著四分的想像力、三分的敏感性、兩分的喜悅再加一分的幽默。只有在「為無為」、「無所住」這種一無所求之際，才能進入它的大門。有些朋友非常虔誠的禮佛，做禮拜，但都是有所求的；求平安、求健康、求學業進步、求事業成功。為達到目地，向神佛許願，談條件，走入執著與滿足世俗欲望之途。當有這種市場需求，就會產生供應者，這些供給者就是擁有神通、靈通的眞假修行者，許多宗教組織就是藉由這個市場機制而斂財坐大。為了早日通靈，預知未來，成功後就能夠出名顯耀，接受鉅款供養，看在這麼好的報酬，就拼命努力苦修，花錢拜師父進入一個所謂的愛克尼亞星爲中心的光子帶，這個光子帶，不是用我們現代唯物的科學光學儀器能顯示出來的，是星光體層次展示的宇宙景象。

當瑪雅人的曆法被解讀出來，指出2012年冬至日前後，地球就完全進入這個每隔約兩萬六千年一次循環的千年光子帶，由於此光子帶的精微能量較高，也就是說振動頻率更快，我們正進入一個意識躍升的大時代，而整個地球的風水穴位能量與它的振動頻率，也會更爲提升。只是人類整體的修行生命能量指數還是偏低，當整體地球往四到五維的高頻時空場躍升時，人類還停在三到三點五次元的水準，眞的會讓宇宙高等靈氣的衆仙佛、菩薩、天使們心急呀！

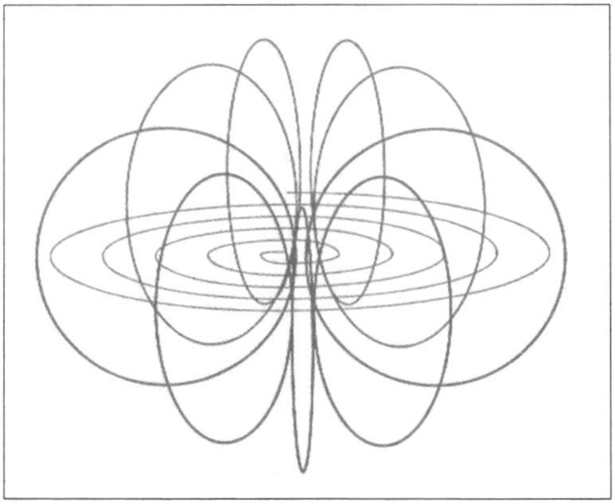

光子帶波動示意圖

這些風水穴位的光束螺旋管，經由光子帶的能量加強後，會使得整體地球的光索網路發出進化的信號，讓人類的DNA編入新碼（Encode），也就是說讓人類的DNA螺旋更爲進化，人類在此和諧共振的全球光索中，意識上就可以獲得提升，就像是物理學所講的量子躍升（Quantum Leap）這般，有大幅度的進步，只是人類是否也能進化到能承受這麼高的能量，請大家一起爲此來努力吧！

當人們進入此穴心光子能量管的時候，大腦的松果體振動頻率會加快，會對重力產生一種遮蔽效應，替意識打開一道門，讓我們進入更高的次元維度空間，如果沒有經過訓練會很不舒服而無法適應，人會感到暈眩與虛脫。

2-3 千載難逢的修行好時機

如果我們能夠把握這一世有幸遇到這個千載難逢的光子帶臨到太陽系的好機會，我們就比較容易進到更高維的時空場去旅行，更了解這個幻化的世界假象，而及早開悟，走向成道之路。

如果機緣好，就能接觸到好的朋友，這些人都有好的光索聯繫到一體光明之境，他們會分享寬恕、喜悅之道，帶領我們一起進入此境修行，並走向正信、正念之道，讓我們省下很多世繼續留在這個娑婆世界輪迴。因爲師父只能領進門，我們的修行還是靠自己，任是佛陀、耶穌也沒辦法硬拉我們到我們承受不起的時空場去生存。

物質是地、水、火、風四大假合聚集而呈現的，地與水是屬於收斂下沉的意識元素，火與風則是上揚的意識元素，當物質的振動頻率上升，四大假合中的地與水，這兩量，同時也因他的能量提升，透過基因光索的聯結，也讓地球的整體能量更爲提升，幫助整體往大進化之路邁進。

以佛家角度來談，人體能量層次共有七大，就是「地大、水大、火大、風大、空大、根大、識大」，此七個層次與人的七個光體是可以通融的。由「地大」與第一光體的經絡體開始，「水大」與第二光體的情緒體，「火大」與第三光體的理性體，「風大」與第四光體的星光體，然後「空大」與第五光體的精神三體，「根大」與第六光體的精神二體，一直到「識大」與精神一體，此七大的共振能量一路提升，光體能量越來越強，修行境界就像坐在上樓的電梯，省時省力，可是你若沒有積好福分與修行機緣，永遠也碰不到。

2-5　地靈加持以太能量，明山秀水好修行

道家修行有一訣：「合其光，同其塵。」讓我們這種生活於緊張與壓力頗大的社會人有個方便法；也就是說身雖忙，但心不要急、不要亂，保持與大自然和諧；走生命的無爲之路，不要想控制別人，順其勢而行，在塵世中保持平常心，一樣能安心成道；因此「合光同塵」可謂在今天混沌之世裡，最容易讓小市民的我們引用的一種自然修行之道。

所謂：「寧靜而致遠，淡薄以明志。」有位朋友，不求名求利，事業退休後，委身於一個竹林、松柏參立的幽靜鄉間，經營有機農場自食其力，閒時，就在穴位靜坐吸收地靈的能量，生活是怡然自得，偶爾出現和好友聊聊天，這號人物就好像已經活在另一時空場了，只是有空時再跑出來這個娑婆世界低維的空間走走而已，修行如果有好地理穴點，也就是說有好地靈相助，可說是事半功倍。我曾經用光子密碼偵測這位朋友常打坐的地方，總體能量是接近100。由於能量的波動有時序的，一年中春、夏、秋、冬會有一點差異，最低也有99.5；要定出該修行穴場能量的方法，就是把該穴地點利用拍立得相機對準該目標直接拍下來，經完全曝光成像，然後再利用IDF來分析評量，好穴場旁邊常常伴隨著好泉水，我曾經在四立（春、夏、秋、冬）前取樣檢測其能量，皆有99以上的高數據表現。月圓時刻，地球位於太陽與月球之間，當時水中含有的宇宙光子能量也會提高，奧地利有個礦區的礦泉水，出水日是月圓的那批貨，價格比平常日出水的產品要高出三倍，原因就給讀者去推敲了。

法南普羅旺斯的修道院（鉗穴）

今年春節我們一家到日本東京北方近郊的日光過農曆年，在那須高原湯西川溫泉區的伴久飯店吃除夕的年夜飯，夜裡泡飯店的溫泉，感覺全身無比舒暢，泡完澡出來，飯店經理在澡堂門口，介紹我們喝這裡出的溫泉水，牆壁上列出官方檢驗出的泉質，還有溫泉學會提供該泉質與對人體的另類療養功效。我喝下甚感潤澤，剛好有空的寶特瓶，就取了300毫升的樣本帶回台灣評量。經光子密碼機一測，結果讓我咋舌，總能量達到99.2分，難怪我岳母常去日本超乾淨又有好能量的各溫泉區泡湯，她老人家泡到以前因爲糖尿病而腳背上的皮膚斑痕都恢復過來。我在日本各地好幾家溫泉區「男湯」，想摸到一點灰塵或透視泉水有一絲的雜質都沒有，實在無可挑剔；想一想，一天泡三次澡，全身浸泡在99.2的能量湯中，哇！享受呀！其實台灣也有好的溫泉的泉源，但是泉質的衛生管理與民衆對泡湯的道德觀念還沒有建立，這幾年我到過幾個風景區的溫泉豪華旅館，摸摸浴場地板與浴場邊，還是會有油膩膩的感覺，最後還是沒有勇氣跳下去泡。

台灣各地的泉水能夠被收集來我的試驗室，乃是因爲一位進口並生產烘焙咖啡豆的工廠老闆丁新發先生，他很講究泡咖啡水質，丁老闆曾經給我很多種咖啡豆測其能量，結果是藍山最高，夏威夷可納次高，接著黃金曼特寧，最低的是羅布司它的冰咖啡豆，很有趣的是，測出來各種豆子的能量高低排序，竟然與它們的售價高低排序是完全相同，由於好豆子如果沒有好水質來泡煮，口感就襯托不出好豆子絕佳風味。茶道高手很注重水質也都是同樣的道理。

幸虧有丁老闆的用心，經過一年多來往返全省各個礦泉水出產區，給我好多的礦泉水樣品，讓我透過此水質能量評估，體會到環境保護的重要。由於礙於商業的機密與各區的權益，我只能大概指出最棒的天然泉水在烏來瀑布上面，能量有99.4，而宜蘭是武荖坑的泉水也有98.6，南部以大武山區某處的泉有98.5，前幾天，友人王方平小姐從青島開會回來，帶回嶗山的天然礦泉水，一測竟然是98.4，有別於前一陣子好友羅柏圓兄很辛苦的從大陸地區收集許多礦泉水所測得的普通能量，由於有好的水質來釀酒，難怪青島原廠啤酒風味口碑很好。台灣的礦泉水品質有待改善的空間仍然很大，國內還好有統一企業的林總裁在生物能量上有深入研究與關心，讓國產品麥飯石礦泉水的品質有所提升，且一直逐漸改進中。希望政府與民眾能對環保意識更重視，了解水質對國民的隱形健康有極大的影響力。依個人檢測結果，國外進口的礦泉水以法國產品最優異，許多修行人飲用後都很喜歡，它們的特色是純天然岩層過濾後直接

日本奧入瀨溪的天然泉水

裝瓶封罐，完全沒有經過任何人工消毒殺菌手續。近來日本與台灣，正利用得天獨厚的地理位置，從高知、琉球、花蓮、台東等深海湧升流，以深入海平面數百米的管線，取得極乾淨與擁有豐富微量礦物質元素的海洋深層水，加工後提供民衆使用，筆者曾以光子密碼儀評量這些產品結果都還不錯。當然，目前對於各國礦泉水的能量內容分級，由於我收集到的各國礦泉水樣本還很有限，因此有關水質這方面的資料，尚在繼續研究整理中，就等有緣再另外著書說明。

2-6　道場獲地靈加持更殊勝

因爲人體整個構造中，有一百億以上的大腦神經元，是人類資訊傳輸的主要通路，訊息傳遞時，皆有微妙的電磁效應。

穴場是地球光子風水能量傳導最佳的地點，也就是波動能量最純、最沒有阻力的地方；當人體本身的精微電磁場與該穴心精微電磁場交集時，由於共振的關係，身體會藉由這股更高、更純的能量與頻率，一方面提升自己本身的精微能量，一方面排除身體不協調的振動頻率，也就是說讓大腦一百億的神經元間通訊的頻率皆維持在最高與最佳狀態，在這種情境下，會使得自己的意識與大宇宙高能量意識達到同頻共振，所以說中國道家精於「採氣」，就是應用這個道理。中國道家的九陽、九陰神功，如果有地靈的能量增加其振動頻率，達成全身經脈頻道加寬更順暢，氣的阻力越來越小，則練功效率可以加倍達成。

人的脊髓液的水分比例高達99％，這部分是人體氣輪（Chakra）發動螺旋（Vortex）運作的所在，所以飲用能量高的穴場湧出的所謂龍泉神水，喝到的不只是H_2O，而是其中地靈穴場所存放的好訊息波動能量，有些好泉水能夠治病，被稱爲神仙靈水，就是它們含有極高的以太能量，讓喝的人獲得意想不到的好處！通常好穴都會伴隨好泉水湧出，這些泉水會吸收穴場所匯聚的生命能量，因此喝起來甘甜順口，是天賜的甘露靈水，而一天中最棒的出泉時刻是黎明時分，白天地氣會升起於土膚之表，夜間則下沉到地層中，容易被吸附於泉水中，黎明前一刻的泉水是吸收地靈能量最多也是它最值得收藏和保存的時間。

喝好水有兩個好處，當水中高頻率的信息透過氣輪的轉譯後，肉體情緒都會好轉，而心智與靈性也會獲得提升，實在一舉數得！

最近市面上出現一些標榜可以製造「能量水」的電磁儀器，但是業者對眞正的氣、能量並不是很清楚，「能量水」不是只有打破水分子聚集的團塊，或是呈現鹼性離子化這些化學層面的改變；爲了保護讀者有飲用好水的知識與權益，我再次嘮叨說明：水分子是個極佳運輸載具，它的分子內部所搭載的乘客與貨品是「精微能量」、「極微波動」、「意識思維」、「光子密碼」這些很精緻的情報信息。

2-7 用寬恕與大愛來回饋地球意識光子風水場

由於科技的進步，特別是意識科技的萌芽，我們不但能檢測得到精微能量場，還能夠應用這種技術來製造與強化精微能量場的波動光子儀器，像光子風水機，使得人間處處皆能成爲好風水、好能量的穴場，人人不必破壞山林找傳統的風水地理穴場，而直接把風水的大地能量引到自己的家中，引到自己的辦公室，隨時能夠把自己調整到極佳的狀況。我們也能藉著這種意識科技的先進技術，了解自己的內在生命意義。如果個人的意識是線性的話，只是像星光般小小一點，但是人類的集體意識，只要共振合一就能編織成立體網狀的星光網路。期待地球上的人類，還要提升意識的水準，使這個光體網路繼續進化、躍升。

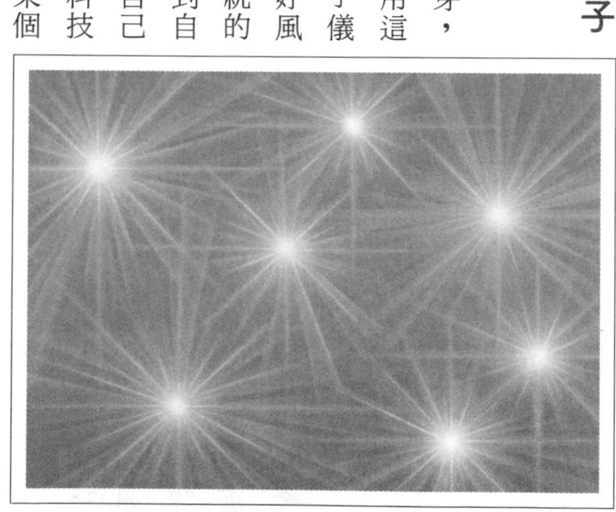

人人是光子束集合體

今後人類教育的方向，一定要站在以「愛」爲中心的體系，走向超越物質的「高我自性」的意識領域，人們能將合作代替衝突，折衷代替對抗，寬恕代替報復；當人人把這些納入光子密碼的修行程式，將它變成每日的靈修課程，我們將因此都成了聖人、菩薩、佛陀，我們的地球必定會一步一步進化到天國或佛土的世界。

當人類都能遠離無明，充滿智慧，行寬恕之道，融入一體永恆合一之境，能夠繼續與生命源頭的上主一起做無窮盡的創造，這是何其令人狂喜的境界呀！

後記

好不容易趕出這一份著作，回首再翻閱巴巴拉・漢・克勞在十多年前，以天啓方式所寫的鉅作《昴宿星團的行程表》（Pleiadins Agenda），該書提到二〇〇三年四月六日起，治癒的「光子密碼」開始根植地球，今年二〇〇六年六月廿三日，光子能量開始進行清除第五界所有的負面業力，二〇〇七年十二月十九日起我們肉體的光子能量將提升振頻到第二光體的情

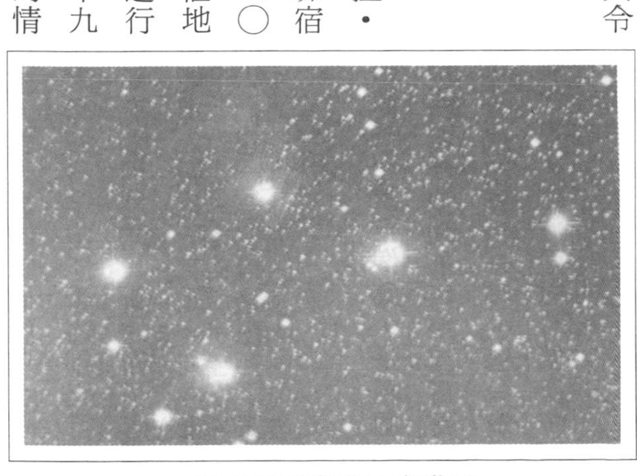

昴宿星團高次元意識區

不勞我們這群意識科技的原始人替他們「過慮」，在最近的數百年間，地球上有少部分人已經開始有靈體的進化，且有能力出入高次元時空。爾後這個低層次的娑婆世界仍然是依照「混沌」的法則來運作，因爲幻化的世界必須要讓人們無法捉摸，它才能繼續生存下去。

老子也敎我們不需要拼命的想要維持這個世界的存在，只要自在的體念眞道是不生不滅的；老子曰：「谷神不死，是爲玄牝；玄牝之門，是爲天地根，綿綿若存，用之不勤。」意思是說：虛空之中的眞道是永存不死的，玄是指眞空，牝是指妙有，眞道是一種眞空妙有的境界；我用微宇宙的黑洞來代表玄這個眞空，以白洞來代表牝這個妙有，所以微宇宙的黑白洞這扇門戶，就是眞道創造出這個天地的根源所在。而這個眞道卻讓人感覺是綿綿不絕且似有似無，我們只有在「爲無爲」的情境下，才能體悟與發揮出眞道的作用。

順便提到安藤忠雄這位極受世界業界推崇的日本建築師，在其提出成熟的都市建築設計理念的建言中，常常強調「余白」的重要性，「余白」就是在設計的空間要「留白」，不要將所有空間全部利用塡滿，而是因爲有這個「留白」，就像他設計位於大阪的「光的敎會」，才有令人發揮無限創意的想像空間，這些「留白」也將是都會文化記憶體的一部分，所以「爲無爲」的觀點，本身也是設計好風水的一個要項，在此就借花獻佛提供所有建築業的讀者一個善意的建言。

奉勸每個讀者要有所領悟，未來的日子是變化莫測，混沌仍然是小我所控制這個娑婆世界的把戲。然而混沌中也有「當下的一刻」是完全眞實的，如果你珍惜並察覺每一刻，透過寬恕，透過聖愛，你將會獲得開悟並與永恆之境結合為一體；如此，你的無限未來只有圓滿、豐富與喜悅。

畢竟這個娑婆世界還是我們集體意識所共同創作的幻相與夢境，它怎麼演變，還是遠離究竟涅槃，希望讀者透過閱覽本書，能夠體會到風水場是連接並包含我們肉體的一個潛意識能量場，架構於星光體層次中，只是它還是在幻境裡。因此，即使有幸能夠進到再殊勝的風水穴場，並練成再高的神通功力，還是遠離究竟的實相，唯有當下一刻，將我們的自性心靈與神聖的天靈合一，憶起本來面目，才能眞正進入無限圓滿的天堂實境。

太陽系正準備進入一個五次元的光子能量帶

寄望有緣的讀者，能從「有所爲而爲」的陰陽對立的物質化風水場裡，一起進化到「爲無爲」的光子風水網際網路中遨遊，則我們群體意識所編織的風水網絡就能進化到無限次元的光索宇宙中，人類的心靈視野也才能脫離幻境而回到無限與永存的實相中。